Secretos de Crédito:

Una Guía Paso a Paso De Los Mejores Trucos Y Secretos Para Reparar Su Crédito, Mejorar Su Puntuación, Arreglar El Mal Crédito Y Cambiar Su Vida Financiera

Ruben Hanson

ESTE LIBRO INCLUYE:

CÓMO ARREGLAR TU CRÉDITO

Levantando tu puntaje de crédito de pobre a excelente

CÓMO LIDIAR CON LAS DEUDAS DE CRÉDITO

Descubre cómo manejar tus deudas de crédito, la bancarrota, el juicio o el embargo para que puedas salir de ellas

REPARACIÓN DE CRÉDITO

Eleva tu puntaje crediticio a más de 720

TABLA DE CONTENIDO

CÓMO ARREGLAR TU CRÉDITO

CÓMO LIDIAR CON LAS DEUDAS DE CRÉDITO

REPARACIÓN DE CRÉDITO

CÓMO ARREGLAR TU CRÉDITO

Levantando tu puntaje de crédito de pobre a excelente

Ruben Hanson

INTRODUCCIÓN

Logan Miller

Denver, Colorado. Febrero 2011

"Me temo que esta es una situación bastante difícil, Sr. Miller. Entiendo que su situación está bien, pero por mucho que me gustaría ayudarle, mis manos están atadas. Es nuestro principio estricto aquí en el Banco de Denver. Nunca se otorgan préstamos superiores a $ 5000 a personas con un puntaje de crédito menor de 640, y pensar que su cuenta aquí con nosotros está solo a un paso de la inactividad. Puede que tenga que consultar en otro lugar."

A Logan le resultaba difícil concentrarse con las palabras del gerente del banco después de que se hizo evidente que este era otro callejón sin salida. Una copia de su informe de crédito estaba allí, en el escritorio, entre él y el gerente, con el testimonio de sus desafíos financieros, recordándole que tal vez no podría salir de esta. Como sus ojos posaban en la obra de arte colgada en la pared detrás del gerente del banco, su mente regresó a todos sus intentos y fracasos anteriores en obtener un préstamo — cuál habría sido su quinto préstamo en los últimos doce meses.

Había probado en el *Wealth Legacy Institute*, *MountainView* Solución financiera y *E* Trade*, así como bancos como el *Wells Fargo Bank* y el *Bank of America*. También había intentado bancos situados fuera de Denver para un préstamo de tan solo $ 5000… Solo $ 5000, pensó. Pero ninguno estuvo de acuerdo en ofrecerle incluso menos que eso. ¡Siempre su crédito fue demasiado malo y otra puerta se cerraría en su cara! Un amigo había sugerido al Banco de Denver que decía que actualmente estaban ejecutando un paquete especial de préstamos para empresarios.

Sr. Miller. ¿Está ahí?

Cuando las palabras del gerente se entrometieron en sus pensamientos y lo trajeron de vuelta al presente, se sorprendió de sí mismo porque se había perdido tanto en sus pensamientos y de repente comenzó a sentir que se formaban gotas de sudor en su frente. He hizo un último esfuerzo débil.

Ehh... ¿Quieres decir que realmente no hay ninguna posibilidad? Preguntó.

Me temo que ninguna, señor Miller.

Muy bien, me iré entonces.

Con las manos debilitadas por el dolor, recogió lentamente sus papeles y se levantó para irse, y los pensamientos volvieron a su mente sin obstáculos con tanta fuerza como el líquido de una tubería de agua dañada, trayendo de vuelta a su memoria por enésima vez cómo habían empezado sus problemas. Hace unos dos años, cuando había contraído una deuda incobrable en su negocio de gestión patrimonial. Por primera vez desde que comenzó, unos cinco años antes, cayó en manos de estafadores, y de una manera demasiado barata. Ahora que lo pensaba de nuevo, se preguntó cómo no pensaría que $ 100,000 era demasiado bajo para la serie de apartamentos que le habían mostrado. Con la esperanza de obtener un rendimiento del 500% en el transcurso de diez años, había reunido los fondos de algunos socios de confianza, y esa única decisión fue el comienzo del fin de su carrera. Quizás su situación no hubiera sido tan mala si hubiera prestado la debida atención a sus registros de crédito todo el tiempo. La realidad vino cuando descubrió que tenía una puntuación inferior a 450, que había seguido disminuyendo a medida que saltaba de una pequeña deuda a otra en un intento por salvar lo que quedaba de su carrera. Como si el mundo estuviera en una gran convivencia contra él, también había sufrido múltiples golpes fuera de su carrera. Solo tres semanas antes, se le había notificado el vencimiento de su renta dentro de seis semanas. Le quedaban apenas dos semanas para resolver el alquiler o sería expulsado de una casa donde había vivido durante cuatro años. Suspiró y volvió a pensar en su puntaje de crédito. Si tan solo no fuese tan malo. Al igual que nuestro amigo, Logan Miller, hay toneladas de personas que buscan un trabajo, personas de negocios que necesitan préstamos, empleados en busca de pastos más verdes, individuos que buscan alquilar un apartamento adecuado, y muchas otras categorías de personas que han sido privados de oportunidades que podrían haber mejorado su carrera y/o su vida personal únicamente porque dichos privilegios requieren un buen historial crediticio. Como el mundo continúa evolucionando en sus prácticas, aproximadamente todos los ámbitos de la vida requieren un medio confiable de seguridad, especialmente cuando se trata de transacciones financieras. La empresa hipotecaria quiere estar segura de que puedes pagar tu préstamo a su debido tiempo; el empleador debe asegurarse de que no sería un pasivo financiero si estás empleado, así como tu capacidad para administrar fondos personales y de empresa; el arrendador o el administrador de la propiedad quiere estar convencido de que no tendrás dificultades para cumplir con el alquiler requerido a su debido tiempo; la compañía de seguros quiere saber si puedes mantenerte al día con tu prima después de tres o más años, y la institución financiera necesita una garantía de tu tendencia a pagar el préstamo debidamente, entre muchas otras situaciones.

Como puedes ver, es casi imposible en el mundo moderno pasar por una organización sin que te pidan tu informe de crédito. Lamentablemente, muchas personas han quedado atrapadas en el lado equivocado de esta tendencia por varias razones, incluida la gestión de crédito imprudente, el incurrir en deudas incobrables y falta de pago, pago tardío de facturas, etc. Con este libro en mano, es seguro asumir que eres nuevo en la idea del puntaje de crédito y te gustaría aprender cómo obtener uno favorable o si estás buscando aprender cómo arreglar tu crédito ya dañado. Cualquiera que sea tu situación, está en la dirección correcta. Arreglar tu crédito no requiere magia, ni milagro. Conseguir un buen el puntaje de crédito es producto de muy pocos actos progresivos que tienen lugar durante un período de tiempo. Sin embargo, entiendo cuán grave y rápido te gustaría arreglar tu crédito si entra en la última categoría. Por lo tanto, te proporciono en este libro estrategias prácticas fáciles de bricolaje que pueden aumentar tu puntaje de crédito a al menos 700 en cuestión de semanas. Del mismo modo, si está a punto de comenzar a construir su puntaje de crédito, encontrarás estas estrategias indispensables. No tiene que esperar hasta que necesites un préstamo o hasta que un empleador te pida que presente tu informe antes de tomar en serio su puntaje de crédito. ¡El mejor momento es ahora! Para ayudarte a comprender las ideas y los procesos sugeridos en este libro, primero te guiaré a través de los conceptos básicos más fundamentales sobre crédito, informe de crédito, índices de puntaje de crédito, los beneficios de tener un buen puntaje de crédito, así como la desventaja de tener un puntaje de crédito bajo, entre muchos otros factores clave para conocer. Es un viaje rápido para construir y aumentar tu experiencia financiera. ¡Anímate!

¿Qué es el crédito? ¿Qué es un puntaje de crédito?

En términos generales, el crédito se refiere a la adquisición de un artículo o servicio con un acuerdo de pago en un momento posterior. En las sociedades más avanzadas, esto a menudo se hace con tarjetas de crédito. Se pueden comprar pequeños bienes y servicios a crédito porque el comprador no tiene efectivo físico en el momento para pagar los servicios prestados, sino con el entendimiento de que el pago se realizará en el futuro. En casos más graves, el crédito es el valor de una persona o empresa para recibir fondos de otra persona u organización con el entendimiento mutuo de pagar en el futuro con ciertos términos y condiciones según lo acordado. Esto vale para recibir fondos y pagar más tarde, se basa en el historial crediticio de un individuo u organización y en transacciones anteriores. Para decirlo de manera más simple, para que pueda ser considerado para un préstamo o cualquier otro beneficio financiero, debe haber tenido un registro de transacciones sin problemas, reembolsos y pago de facturas, entre otros, para calificarlo. Es lógico esperar que, si has podido pagar un préstamo anterior, debes ser capaz de pagar el presente a su debido tiempo. No obstante, no esté condicionado a creer de mis ilustraciones hasta ahora que el crédito involucra sólo préstamos. De hecho, significa mucho más, por lo que me detendré mucho más adelante en este libro. Esta solvencia crediticia se mide en cifras sólidas utilizando varios sistemas de puntuación, entre los que destacan Vantage 3.0 y FICO. Con el tiempo, el puntaje de Fair Isaac Corporation se ha adoptado en muchas sociedades. El puntaje FICO de un individuo u organización se genera utilizando estadísticas derivadas del cálculo de sus patrones de pago, reembolso de préstamos, el monto de tus deudas, la cantidad de tarjetas de crédito que posee y varios otros factores. Las clasificaciones pueden variar de 300, lo que se considera bajo a aproximadamente 850, que se considera alto. Un puntaje de crédito alto implica que tiene un excelente historial de crédito y puede pagar todos sus préstamos a su debido tiempo. Por otro lado, un puntaje de crédito bajo implica lo contrario. Es la información relativa a su historial financiero que las agencias de crédito envían a sus prestamistas, empleadores o arrendador como el caso puede ser ayudarlos a tomar una decisión con respecto a su solicitud. Un hecho importante a tener en cuenta es que tu puntaje de crédito puede variar dependiendo del área de enfoque de la organización que lo solicita. Por ejemplo, tu puntaje FICO para una compañía de seguros puede diferir significativamente de una tienda por departamentos o un banco hipotecario. La única forma de desarrollar una excelente calificación crediticia que sirva para múltiples propósitos y organizaciones es emprender estrategias cuidadosas, como se sugerirá en este libro, para construir un historial crediticio completo. Aunque un puntaje de crédito se representa en tres cifras simples, tiene una gran importancia en la carrera y las finanzas de un individuo y, por extensión, en todos los demás sectores de la vida que dependen de las finanzas. Lo mismo se aplica a las organizaciones y empresas. Tu puntaje de crédito puede hacer que te afecte o estropee mucho, y esto explica por qué se le debe prestar suficiente atención.

En un intento por desarrollar su historial crediticio, los empresarios, los individuos y las empresas se concentran más en lo que piensan que mejorará su solvencia crediticia, descuidando lo que no deberían hacer para mantener su crédito. De hecho, te interesaría saber que algunas personas no son conscientes de lo que no se debe hacer en las transacciones financieras si debes mantener un buen crédito. Como resultado de esta negligencia ignorante, muchos buenos créditos se han vuelto inútiles en poco tiempo. Si esto resuena contigo, ya que, tu eres una de las categorías de personas a las que se dirige este libro. En el mismo sentido, si solo está buscando comenzar de nuevo tu historial de crédito, encontrarás los baches que debe evitar y los pasos activos que debes seguir para ayudarte a obtener un puntaje de crédito de más de 700 en unas pocas semanas. Las ideas sugeridas aquí son fáciles, prácticas y productivas para una reparación de crédito rápida y eficiente. Si estás listo, estoy listo. ¡Comencemos!

S8+
SOLID STATE

CAPÍTULO UNO:

ENTENDER LO BÁSICO

¿Qué es el crédito?

El crédito es un nombre técnico que desea poner en su cabeza cada en el momento en que entras en el mundo de los negocios. Tal vez mucho más grande que un nombre, un instrumento vital que puede dar vida a su negocio, tanto como su inversión en sí misma. Es la primera alternativa que cruza la mente de cada empresario cuando no hay suficiente efectivo para mantener el negocio en funcionamiento y está bastante seguro de que nadie va a invertir pronto. El crédito puede ser la línea de vida de su negocio, y ese toque extra que necesita para salpicar su negocio para que florezca. Sin embargo, debo decir que no es una buena idea comenzar un negocio con uno, y eso se debe a que, en algunos casos, tales negocios no llegan lejos. Tú te endeudas y al final, retira la empresa. Por lo tanto, debes comenzar con tu capital y construir con créditos, tomando riesgos calculados. Comenzaré por decirte qué crédito es exactamente. El crédito es el nombre general de cada bien o servicio que recibe de los propietarios por un período fijo, con el acuerdo mutuo de que lo devolviesen en un momento posterior. Es lo que obtienes cuando entras en una empresa y tratas de convencerlos de que te brinden algunos de sus servicios, asegurándote de que liquides las facturas antes de un tiempo fijo o con un método acordado. En otras ocasiones, ni siquiera aceptes servicios o bienes a crédito, obtén préstamos blandos con la promesa de pagar. Por eso, estoy hablando de dinero y ese es el crédito más popular. Prácticamente, puedes obtener créditos de amigos (documentados, por supuesto), de socios comerciales, comerciantes y, como es de suponer, bancos y otras instituciones financieras. También hay acreedores o prestamistas profesionales; un conjunto de hombres de negocios que están listos para ofrecerte servicios, bienes o dinero en préstamo en cualquier momento que necesites. Son, de hecho, las fuentes más ricas de crédito. Puedes ingresar a su oficina y obtener el crédito que necesites de ellos en cualquier momento. Aunque, en la mayoría de los casos, esto no siempre funciona de esa manera. Muchos incluso lo encuentran la opción más difícil. ¿Por qué? La investigación empírica demuestra que solo el 21% de las personas que solicitan préstamos eventualmente obtienen todo lo que necesitan en un acuerdo mano a mano. El asombroso porcentaje de los que quedan no reciben suficiente en la mayoría de los casos, y las pocas veces que algunos lo hacen obtienen tratos horribles que los obligan a entregar más de la mitad de sus ganancias a las manos de los prestamistas. Es por eso que muchas personas piensan que los prestamistas son humanos terribles que debes evitar cuando puedas. ¿Pero es eso siempre cierto? Por supuesto no. Son hombres de negocios, pero no vinieron al mercado para asegurarse de que sus clientes, los otros negocios que les prestan, se derrumben. Después de todo, no puede obtener sus créditos si no tienes comercio en primer lugar, y ellos obtienen sus pequeños intereses y su riqueza de las ganancias que obtienen. Entonces, ves que no ganan nada al aplastar a otras empresas, hay algo que aproximadamente el 79% no está haciendo bien al solicitar crédito. ¿Qué podría ser eso? Lee cada una de ellas en las siguientes líneas, y primero comenzaremos mencionando los diversos tipos de créditos.

Tipos de crédito

Hay una lista interminable de los tipos de crédito que puede obtener, dependiendo de a quién solicite. La lista se amplía si estás considerando algún tipo de crédito financiero. Los más simples son los préstamos que obtienes de amigos o familiares, generalmente respaldados con pagarés. Luego, hay otras formales, cada vez más grandes, como tarjetas de crédito, préstamos para automóviles, hipotecas, préstamos bancarios, sobregiros, hipotecas, préstamos personales, préstamos de compra, préstamos escolares y muchos otros préstamos que no sabías que existen. No puede solicitar cada uno de ellos cada vez. Se necesita mucha consideración cuando necesitas obtener uno, y determinan a quién recurrir en esos momentos. Puedes recurrir a tu banco para obtener préstamos para automóviles, a sus amigos para obtener préstamos comerciales, etc. Pero será bastante difícil presentar todo tipo de préstamos posibles y a quién recurrir cada vez que los necesites. Algunas formas de créditos son reconocidas en algunas comunidades y no en otras. También, existen políticas que los guían y algunas pueden modificarse, erradicarse o establecerse, todo depende de las políticas gubernamentales.

Este libro está destinado a ser su guía para siempre, por lo que, en lugar de enumerar todos esos créditos, las variedades de crédito se agruparían en dos categorías principales en las que siempre puede agrupar a los demás.

Estas son:

a. **El crédito abierto:** Estas son formas simples de créditos que se pueden tomar en cualquier momento. Por lo general, una compañía de tarjetas de crédito otorga dicho préstamo emitiendo una tarjeta de crédito. Es muy posible comprar productos mientras los cargos se pagan a la compañía de crédito y esperan que se les pague cuando finalice el mes. En algunos casos, no tiene que completar el crédito total extraído en el mes de una sola vez, se pueden pagar de manera constante a lo largo del tiempo. Es lo que oiría que la gente llama crédito rotativo. Ejemplos prácticos son los préstamos con garantía hipotecaria, las líneas de crédito con garantía hipotecaria (HELOC), los créditos de servicio y, por supuesto, las tarjetas de crédito (que pueden usarse para gastos diarios, uso, transporte, etc.) son ejemplos de casos como este.
b. **El crédito cerrado:** Créditos como estos se obtienen para financiar un propósito específico dentro de un período acordado. Son del tipo que utiliza en préstamos para automóviles, hipotecas, préstamos estudiantiles, etc. El método

de pago, la duración y todos los artículos relacionados se acuerdan desde el principio. Es peligroso no cumplir con los términos acordados porque corre el riesgo de perder sus garantías a la compañía de préstamos. A menudo se les llama créditos a plazos. Cualquier otro crédito puede agruparse en uno de estos.

Ahora, puedes agrupar fácilmente la forma de crédito que te gustaría obtener. Al mismo tiempo, debes comprender los posibles factores que pueden influir en el éxito o el fracaso de tu solicitud de préstamo, todo lo discutido en el próximo capítulo.

¿Cuál es tu puntaje de crédito?

Tu puntaje de crédito es una forma del puntaje anterior que puede predecir tus posibilidades de devolver tu cliente propuesto al prestamista si eventualmente te prestan. Puedes considerar el puntaje de crédito como una especie de informe fáctico de tu empleador anterior a tu próximo empleador, presentando detalles de cuán comprometido estuvo en tu trabajo formal. Pero esta vez, no se trata de empleo, presenta un análisis estadístico de sus préstamos anteriores, las reglas acordadas, el patrón de pago y qué tan bien se adhiere a cada uno de ellos. Existen diferentes formas de clasificar cada préstamo, sin embargo, todos pueden recopilarse y analizarse, analizando compañías como FICO.

Según las guías de FICO, el puntaje de crédito total más alto que alguien puede obtener es 999. Y 850 y superiores se consideran puntajes increíbles. Antes de que pueda hacer tales puntajes, debe ser del tipo que tiene excelentes registros de reembolso de crédito. Tienes que pagar tus préstamos bastante rápido y tener transacciones comerciales impresionantes. También debes ser considerado muy confiable. La mayoría de las compañías de préstamos estarían más que dispuestas a ofrecer créditos a cualquiera que pertenezca a esta clase.

Curiosamente, dos revistas diferentes de negocios informan que solo el 7% de los deudores encajan en esa categoría en la mayoría de los casos. Los empresarios restantes nunca llegaron a esa etapa. La clase 850 y superior de personas nunca pueden tener problemas para obtener créditos de nadie. Obtienen todos los préstamos que necesitan y cumplen las reglas de la manera más estricta posible. Eso es diferente a cualquiera que esté por debajo de 600. Su puntaje de tarjeta de crédito se considera bastante bajo, y los acreedores no creen que sean confiables. Por lo tanto, convencer a las firmas de préstamos o cooperativas de crédito para un gran préstamo puede ser bastante difícil para ellos, y a menudo terminan sin obtener lo que quieren. Es por eso que debes prestar mucha atención a cómo pagas tus préstamos. El puntaje de crédito promedio es "650 a 720", mientras que 720-850 tiene una mejor oportunidad. Cualquier persona cuyo puntaje de crédito no esté en una de estas listas puede resultar infernal para garantizar préstamos justos a corto plazo. Y es por eso que debes vigilar los puntajes. Si no estás seguro de cómo calcular tu puntaje de crédito, puedes comunicarte con *Equifax*, *TransUnion* o *Experian* para obtener tu copia gratuita. Por lo general, envían eso en un informe de crédito detallado. Por cierto, eso es una o dos veces al año. Por lo tanto, voy a enseñarte cómo hacerlo tú mismo en algunas de las siguientes líneas.

¿Cuál es tu informe de crédito?

¿Has escuchado "informe de crédito" y no puedes evitar adivinarlo? Probablemente; cualquier significado es lo primero que te pasa por la mente la primera vez que lo escuchas. Un informe de crédito es un desglose estándar de tu registro financiero. Ahí es donde encontrarás detalles de tu interacción con compañías de préstamos anteriores. Tu posición actual y tus posibilidades de obtener nuevos créditos, en otras palabras, tu puntaje de crédito.

¿Qué contiene un reporte de crédito? Por lo general, encontrarás cuatro secciones en tu informe de crédito. La primera sección detalla tu información personal que necesariamente incluirá tu nombre, de seguro social y dicha información relacionada con el negocio. Cuando abras la siguiente sección, que se llama Una línea comercial experimentada, encontrarás un análisis "poco a poco" de su interacción financiera, crédito y, cómo podrías adivinar, estadísticas crediticias. La tercera sección muestra los juicios públicos que tú y tu empresa han recibido, especialmente sobre asuntos financieros y casos relacionados, pero principalmente sobre finanzas. La última sección detalla el grupo de personas que tienen derechos legales para solicitar tu información de crédito y han solicitado tu informe de crédito para consideración comercial pertinente. Por lo general, nadie tiene derecho a tu información de crédito, pero en el momento en que está involucrado o solicita participar en transacciones de crédito con una empresa, tienen derecho a comprender tu estado financiero y pueden, con tu consentimiento, solicitar tu reporte de crédito.

Ahora comprendes que tu informe de crédito es un documento vital que debes tener siempre a tu alrededor, consultándolo de vez en cuando y observando el progreso en él. Puedes determinar mucho, desde tus posibilidades de obtener préstamos, hasta inversiones y actividades financieras. Si no tienes una copia de estos, puedes comunicarte con cualquiera de las empresas mencionadas en los puntajes de crédito para obtener tu copia.

Historial de crédito: Retroceder en el tiempo

Es interesante decirte que mucho más allá de las historias generales que escuchas sobre los créditos, la idea del crédito es una de las actividades más antiguas de la historia. Ya sabes, a los inversores modernos les gusta hacernos pensar que hicieron todo. Correcto, la idea de las tarjetas de crédito comenzó en el siglo XX, entre otras cosas, pero la imagen original del crédito (préstamo) debe haber comenzado al menos hace 5.000 años. Eruditos notables como Jeff D. creen que los sumerios (la comunidad más antigua conocida por haber vivido en la tierra) en algún momento se han ofrecido créditos entre sí, prestando productos agrícolas para el consumo, con la esperanza de pagar pronto. Esta historia se remonta a los babilonios, sirios y las diferentes etapas de desarrollo en Europa.

Otro hecho interesante es que los informes de crédito fueron iniciados por un grupo de sastres. Sospechaban que algunos de sus clientes les debían a otros, así que se reunieron para presentar y examinar los informes financieros de cada uno de sus clientes. Esto fue en Inglaterra, 1803, antes de 1826, cuando *The Manchester Guardian Society* (La sociedad guardiana de Manchester) comenzó a publicar los nombres de todas las personas que les debían a otros y se negaban a pagar cada mes. El seguimiento de la solvencia crediticia de las empresas comenzó con la Agencia Mercantil de Nueva York, antes de la *Retail Credit Company* (Empresa de crédito minorista), una empresa ahora conocida como *Equifax* que se estableció hoy en 1899 para investigar y publicar la lista de empresas solventes en Nueva York. Posteriormente, se han registrado varios desarrollos, incluidos la introducción de las tarjetas de crédito de Frank McNamara en 1950. Hasta la fecha, se observa un impulso en la industria del crédito.

Ya tienes una buena idea de lo que la tarjeta de crédito, el informe de la tarjeta y el crédito pueden hacer a tu negocio. También sabes lo que significa tener un puntaje de crédito alto o bajo en tu informe. Tendrás pocas preocupaciones si obtienes puntajes altos en tu informe de crédito. Pero si no lo haces, probablemente te preguntarás, ¿Es así cómo van a quedar las cosas? ¿Puedo subir esto a una mejor puntuación?, La respuesta es sí, puedes. Si también se pregunta cómo mantener sus puntajes altos, aprenderás eso y cómo mejorar tus puntajes en las páginas siguientes

Resumen del capítulo

Este capítulo se inicia en la exposición de los conceptos de crédito y fijación de crédito o reparación de crédito en un intento por darte una comprensión de los conceptos básicos que necesitas antes de que puedas aumentarlo de pobre a excelente.

CAPÍTULO DOS:

MAXIMIZANDO TU PUNTUACIÓN DE CRÉDITO

Maximizar tus puntajes de crédito es algo que debes hacer una misión, ya sea que ya estés o no en el negocio. Así es como puedes tener una mejor oportunidad de mayores fondos, mayor soporte y un negocio más grande la próxima vez que necesites pedir dinero.

¿Por qué aumentar tu puntaje de crédito?

Estas son las principales razones por las que debes tomar en serio el aumento de tu puntaje de crédito:

a. **Tasas de interés más bajas:** ¿Recuerdas que mencioné esto en el último capítulo? Hay muchas posibilidades de que los inversores no quieran ofrecerte un préstamo cuando tienes un puntaje de crédito bajo. En las circunstancias que lo hacen, debes esperar tasas de interés peligrosas, el tipo que podría hacer que quieras cerrar tu empresa porque casi no ganó nada. Muchas veces, estas compañías establecen sus políticas de esa manera. Una compañía de crédito notoria en algunas partes occidentales de los Estados Unidos, para todo 2018 cobró un 35% de interés por el crédito retirado con puntajes de crédito muy bajos y solo un 4% por puntajes de crédito altos. Entonces, cómo ves, necesitas actualizar a puntajes altos. Están seguros de que obtendrán sus fondos, sus ganancias y se lo prestarán a otra persona en poco tiempo, y se encargarán de atender todo lo que solicites sin problemas.

b. **Mayores posibilidades de más préstamos:** Esto es una situación muy práctica. Imagina que tienes un amigo que corre a tu oficina para prestarte dinero en efectivo de vez en cuando, siempre regresará unas horas después, con tu dinero y los intereses acordados. ¿Te preocuparía volver a prestarle cuando aparezca por centésima vez? Apuesto a que no lo harías. Así es como funcionan estas empresas también. Incluso si te acercas a una empresa de crédito de la que nunca has obtenido un préstamo, pueden decirte a través de tu informe de crédito y puntajes de crédito si tú eres o no el tipo de persona que honra tus tratos y negocios. Tus cálculos ya se basan en qué tan confiables y qué tan pronto se reembolsará su dinero. Entonces, ya sea que desees un rango de crédito más grande, más pequeño o el mismo, tiene una mayor probabilidad con un puntaje de crédito alto.
c. **Ninguna empresa tiene que acosarte:** Si tienes un puntaje de crédito pobre, es probable que estés en deuda con algunas empresas durante mucho tiempo. Ya sea que lo desees o no, esa empresa te llamará de vez en cuando, te acosará dentro y fuera de tu trabajo y tu hogar, mantendrá sus ojos en tu cuenta bancaria, colateral, te enviará correos electrónicos desgarradores y te hará infeliz. Tu mejor manera de salir de un caso como ese, o incluso evitarlo, es pagar rápidamente y alcanzar un puntaje de crédito atractivo.
d. **Tener una oportunidad de préstamos más grandes:** Esto viene con un puntaje de crédito alto y también estable. Todos piensan que pueden tener una oportunidad si tienes buenos registros de crédito y de repente apareces, solicitando un crédito más grande de lo que has tenido. El crédito está en pasos, como ya sabes. Nadie emite miles de millones en el primer enfoque, debes construir un historial de crédito largo e impresionante con créditos ligeramente más bajos antes de tener la posibilidad de obtener préstamos más altos.

e. **Obtén una tasa de seguro más baja:** Esto es algo que la mayoría de la gente no sabe. Si tienes un puntaje de crédito muy bajo y crees que las primas de tu seguro son bastante altas, ten en cuenta que tus cargos son tan altos porque tienes una tasa de crédito baja. Un puntaje de crédito alto significa que te mueves bastante bien en tus préstamos para automóviles o hipotecas, y no tienes que pagar tanto nuevamente. Quizás incluso lo tengas todo despejado. Estás obligado a tener una prima de seguro barata y satisfactoria, entonces, si deseas confirmar qué tan cierto es eso, obtén un puntaje de crédito mucho mejor y compara los precios.
f. **La rara necesidad de garantías:** Con impresionantes registros financieros, la mayoría de las firmas de crédito no tendrían la intención de ver tus garantías antes de ofrecer sus préstamos. No te resultará difícil obtener garantías de todos modos porque tus registros hablan por ti. La historia opuesta va para cualquier persona con puntajes de crédito bajos. A pesar de proporcionar todo lo que se necesita, siempre se requieren confirmantes o garantías. Entonces, una vez que asciendes a puntajes altos, sabes lo fácil que pueden ser las cosas para ti.
g. **Puedes lograr los objetivos de tu vida fácilmente:** Importa cuán simple sea tu trabajo, puedes obtener el automóvil, la casa, la educación y todos tus objetivos y sueños si mantienes un registro increíble. Es posible que hayas tenido registros de créditos más pequeños, pero muchos se arriesgarían considerando tu registro inmaculado. Y ahí está: ¡tus sueños encajan uno tras otro!
h. **Mantén tu vida y tu negocio en movimiento:** Quieres mantener una vida humana feliz y libre. Deseas mantener tu negocio floreciente con créditos más grandes y mayores ganancias. Estas son las razones por las que debes, por necesidad, mantener un excelente historial crediticio. No querrás comenzar juegos de escondite con todos, fingiendo tu muerte o suicidándote porque los problemas de tus empresas de

crédito son cada vez más intensos. Por lo tanto, debes hacer todo lo posible para asegurarte de cumplir con las cláusulas acordadas en tu contrato de crédito.

Estas son algunas de las razones por las que debes fijar tu puntaje de crédito lo más alto posible, hay algunas otras razones que incluso puedes descubrir. ¿No crees que deberías trabajar para maximizar tus puntajes de crédito tanto como puedas ahora? Sé que lo haces, pero no sabes cómo. Está atento, y pronto lo descubrirás. En los párrafos siguientes, te guiaré a través de los factores que no sabías que podrían influir en tus esfuerzos para construir una excelente calificación crediticia.

Factores que reducen tu puntaje de crédito

Justo antes de mencionar cómo encajonar tus puntajes de crédito. Veamos ¿cuáles son las estadísticas que pueden eliminar la vida de tus tarjetas de crédito?

a. **Historial de pagos:** Este es el pico y el más importante de todo. tus acreedores potenciales están interesados en tu historial de pagos. Cuán consistente fuiste mientras pagabas los otros préstamos, cómo te apegaste a las regulaciones acordadas y cuántos créditos que te comprometiste y pagaste según las regulaciones. Esto puede ayudarte a predecir cómo pagaría tus créditos. Si tienes un puntaje de crédito general promedio o te moviste bastante por encima del promedio, aún puedes tener dificultades para convencer a la empresa de crédito si tienes un historial de pagos deficiente. Porque, literalmente, lo que pueden y quieren leer de tu historial de pagos (lo que más les importa) es que hayas tomado varios préstamos, que hayas arrastrado el pago, incumplido las regulaciones acordadas o hayas obtenido una mala clasificación en los últimos casos. Probablemente harás lo mismo con ellos. Por cierto, tu historial de pagos suma hasta el 35% de tu puntaje de crédito total según el análisis de puntaje de FISCO, por lo que sería difícil incluso llegar al promedio sin un historial de pagos impresionante.

b. **Registro de mezcla de crédito:** El historial de mezcla de crédito también es muy importante. A tus acreedores potenciales a menudo les gusta confirmar si has ejecutado diferentes cuentas de crédito en diferentes momentos; si pueden mezclar crédito (Ejecute diferentes préstamos juntos y pague de manera consistente) Los tipos de créditos que has tenido anteriormente y cómo los pagaste, en comparación con lo que estás pidiendo ahora. La mezcla de crédito te gana el 10%.
c. **Historial de crédito:** Tus acreedores potenciales quieren saber qué tan experimentado eres en el juego. Entonces, leen tu historial de crédito, descubren cuánto tiempo llevas en él y qué tan bien. Es una gran idea mover una cuenta de crédito y mantenerla, en lugar de abrir varias. También quieren saber si has ejecutado solo créditos rotativos toda tu vida y de repente apareces para créditos a plazos o viceversa. Cuánto depende de tu crédito, especialmente el crédito rotativo. Quieren asegurarse de que, si tu negocio se basa en préstamos, no en capital (que obtienes calificaciones negativas). Si no pagas nada sin tus créditos renovables, etc. (lo que también es malo). También quieren confirmar cuánta deuda tienes en el momento (tener una pequeña deuda es ideal). Todo esto está documentado en la Línea de Comercio de tu informe de crédito. ¿Recuerdas lo que es una línea comercial? Si no lo haces, es posible que debas pasar algunas páginas al primer capítulo. Y recuerda, tener buenas estadísticas aquí también te permite ganar no menos del 30% de tu informe de crédito.
d. **Juicios públicos:** Recuerda la tercera sección de tu informe de crédito. Ahí es donde pueden leer todos los juicios legales que hayas recibido sobre temas relacionados especialmente con las finanzas. Pueden decirte si acabas de recibir una multa considerable, si en algún momento estuviste involucrado en un escándalo de crédito, etc. Es solo el lugar para descubrirlo todo. Es necesario evitar escándalos financieros.

Si ya tienes mucho de eso, ahora sabes lo que tienes estado reduciendo tus puntajes de crédito, y continuará hasta siete años completos, cuando puedas retirarte de tus informes de crédito.

e. **Otras consultas de crédito:** Las compañías de crédito están interesadas en tus competidores. Por lo general, están interesados en averiguar las otras empresas con las que has contactado para obtener créditos y por qué, probablemente porque pagan más rápido, cobran menos u ofrecen algunos servicios que esta compañía no ofrece. También leen las decisiones de esa empresa en ese momento. Pero eso no es todo, quieren averiguar a cuántas empresas has intentado llegar en cada punto en el que también necesitabas algunos fondos. Llegar a dos cada vez que necesitas algunos fondos no es malo, pero cualquier cosa más puede atraer marcas negativas.

Para que sepas, tu historial de crédito, mezcla de crédito e historial de pagos pueden afectar drásticamente tu puntaje de crédito y tu juicio público, por supuesto, así que ponlos en tu corazón cuando negocies.

Cómo calcular tu puntaje de crédito

Muchas personas no tienen idea de cómo calcular su puntaje de crédito. Alguien que entiende apenas está disponible para enseñar a los demás. Por eso este aspecto; Cómo calcular tu puntaje de crédito se discute ampliamente en los siguientes párrafos Solo se deben considerar cinco factores al medir su puntaje de crédito. Se mencionaron brevemente en la última sección y se considerarán completamente a continuación.

a. **Historial de pagos:** Este es un análisis estadístico que brinda información sobre su historial de pagos anterior. Con qué regularidad pagó las cuotas acordadas, qué tan comprometido y regular fue en cada caso, qué tan bien cumplió con el plazo, etc. Tener registros impresionantes aquí suma aproximadamente el 35% del puntaje crediticio total. ¿Cuántos te quedan por contabilizar? 65%.

b. **Tu estado de crédito:** Esto es similar a averiguar tu estado financiero. ¿Tienes deudas en este momento? ¿A cuánto asciende? ¿Cuántas son? ¿Tienes los medios para enfrentarlos e incluso agregar otro? ¿Qué tan pronto terminarás con los préstamos actuales? Tener pequeñas deudas, registros financieros estables y dichos informes positivos en tu *TradeLine* (línea de comercio), puedes ganarle hasta el 30% de tu comercio financiero. Eso significa que después de estos dos factores, todo lo que queda equivale a sólo el 35%.
c. **Tiempo de cuenta de crédito:** Aquí hay otra característica generalmente considerada. Es un análisis estadístico de cuánto tiempo has estado en el negocio, cuánto tiempo has estado tomando préstamos y la experiencia que tienes para manejar otro. Esto suma hasta el 15% de tu puntaje de crédito, mientras que los dos últimos factores comparten el 20%.
d. **Informes recientes en tu cuenta:** ¿Has estado visitando a muchas compañías de crédito en busca de ayuda? Recuerdo haber dicho que no es una gran idea. ¿Has estado involucrado en escándalos legales o financieros? ¿Has manejado tus interacciones previas de manera competente? Son las principales historias que tus acreedores quieren descubrir antes de agregar un 10% a sus resultados acumulados.
e. **Mezcla de crédito:** Por último, ¿cómo pueden pagar juntos diferentes préstamos? ¿Qué dice tu registro sobre eso? Ya sabes, es bastante difícil participar en una sola transacción de crédito. Por ejemplo, hay tarjetas de crédito, facturas de servicios públicos para el hogar y créditos a plazos, como una hipoteca, un préstamo para automóvil, etc., que debes pagar simultáneamente en algún momento. Se llama mezcla de crédito. ¿Has obstaculizado uno para el otro? Las compañías de crédito generalmente están interesadas en descubrirlo. Luego, califican tu último 10% en función de tu nivel de éxito.

Como puedes ver, debes considerar hasta cinco factores. Tienen diferentes porcentajes de tu puntaje de crédito y tú puedes decir cuán importante es cada uno de ellos por el número de porcentajes asignados a eso. Puedes hacer un esquema de esto tú mismo de vez en cuando. Cada punto es vital, haz lo que puedas.

¿Sin puntaje de crédito? El camino a seguir

¿Notas algo? Hemos pasado todo el tiempo hablando de estadísticas crediticias. Te dije cómo y por qué deberías cambiar de puntajes de crédito pobres a puntajes impresionantes para aumentar tus posibilidades de obtener buenas ofertas de crédito. Pero no hemos tratado de mencionar cómo comenzar con alguien que ni siquiera tiene una cuenta de crédito. Bueno, me ha quedado pendiente hablar de eso hasta ahora. Por lo tanto, si no tienes una cuenta de crédito y te preguntas cómo comenzar, las siguientes líneas te serán de gran ayuda.

Primero, debes tener una cuenta de crédito. No importa cuán simple o de qué tipo, debes comenzar con algo. A veces, no necesitas las cantidades pequeñas sino una cantidad mayor, puedes construir fácilmente tu puntaje de crédito para fondos más grandes retirando créditos más pequeños y devolviéndolos rápidamente. Es una situación práctica también. Has manejado tu negocio solo, sin el dinero de nadie. Hay posibilidades de que te resulte difícil adaptarte a los planes de pago, los horarios, etc., ya que no estás acostumbrado a ellos desde el principio. Puede ser difícil convencer a los prestamistas, si quieres un préstamo enorme en algún momento y quieren registros que no tienes. No es tan diferente de aquellos con puntajes de crédito malos, ya que tú mismo tienes cero registros. Para evitar situaciones tan desalentadoras, ya existen algunos métodos para los ciudadanos de los Estados Unidos. Las opciones incluyen:

1. **Encontrar un co-signatario:** La forma más fácil de obtener un buen préstamo y comenzar a construir tu historial crediticio es encontrar un codeudor experimentado. Consulta, debe haber un par de amigos, familiares o socios comerciales confiables que

tengan un historial crediticio agradable y que lo sustituyan como una garantía. Para hacer esto, aún no necesitas tener ningún historial de crédito, pero sí, tu co-signatario o codeudor debe hacerlo. Una impresionante en eso. El préstamo se refleja en los registros de crédito de ambos y puede ser un comienzo increíble para ti si pagas, por el contrato, sabes lo que significa para ti y el registro de tu compañero si no cumplen con los estándares. Esta es tu mejor opción si necesitas los fondos con urgencia.

2. **Obtener un crédito de préstamo:** Si no necesitas créditos con urgencia, es una buena idea comenzar a construir tus registros cuando tengas todo el tiempo y los recursos para obtener buenos puntajes. Comienza con un préstamo de construcción de crédito. ¿Qué es eso? Un tipo de plan de préstamo diseñado principalmente para ayudarte a construir un excelente historial crediticio. Puedes obtenerlos de los bancos locales que te rodean y posiblemente de las cooperativas de crédito. Y, ¿cómo funciona? Se te otorga un préstamo, principalmente para ayudarte a construir tu registro de crédito, y se le notifica debidamente a una agencia de crédito. El préstamo no se te entrega. Por el contrario, se mantiene en una cuenta separada y ti, paga todo según con los términos acordados. Después del pago, se te emite el fondo y la agencia de crédito considera cómo que has pagado los fondos para calificar tu informe de crédito. Eso significa que puedes crear convenientemente un registro de crédito con puntajes notables, todo a tu conveniencia.
3. **Obtención de tarjetas de crédito rotativas controladas:** También puedes comenzar una acumulación con tarjetas de crédito simples. Así es cómo. Simplemente solicita tarjetas de crédito de tus empresas minoristas. Muchos de ellos ofrecen eso. La estación de servicio, la cafetería, la boutique, etc. Puedes solicitar y obtener estas tarjetas fácilmente. Luego, mantén tus fondos, en lugar de pagar en cada compra. Usa las tarjetas de crédito en su lugar. Tus cargos son aproximadamente los mismos al final del mes si pagaste con efectivo en cada compra,

y ahora, has creado un registro de crédito con ellos. Siempre y cuando envíen tu registro de crédito a tu oficina de crédito y pagues todas tus compras antes de fin de mes, ya estás generando un puntaje de crédito emocionante.

4. **Vigilar contra el robo de identidad:** Ahora ¡Esto es importante! Hay altas posibilidades de suplantación si utilizas alguno de estos procedimientos simples. Posiblemente, alguien ha pirateado tu perfil y solicitó servicios por los que se te acreditará. El personal de una de tus compañías de crédito decide atraer rápidamente a algunos clientes o sucede algo similar. Se te cobrarán los servicios que no hayas comprado, y puede ser bastante difícil demostrar que no solicitaste esas cosas. Es por eso que debes mantener un buen registro de tus compras a crédito. Cuando notes cargos extraños, acude a las firmas apropiadas de inmediato.
5. **Construir historial de crédito:** En una nota pertinente, mencioné lo importante que es obtener un registro de crédito, y ahora te lo advertiré. No solo obtén un registro de crédito. Quédatelo. Actualízalo. Asegúrate de construir una historia larga y envidiable. Debes asegurarte de que todos tus registros estén en un perfil con las agencias de crédito, y actualízalo durante el mayor tiempo posible. El historial crediticio antiguo aumenta tus posibilidades de obtener mejores créditos.

Resumen del capítulo

El enfoque de este capítulo es aumentar tu conocimiento sobre tu puntaje de crédito, para observar qué factores pueden aumentar, por un lado, y qué factores pueden ser contrarios a él por otro lado.

CAPÍTULO TRES:

QUÉ SABER SOBRE LAS AGENCIAS DE INFORMES DE CRÉDITO

Necesitas información de fondo para aumentar tus posibilidades de créditos. Esto es algo que el porcentaje más alto de quién obtiene puntajes de créditos pobres no tiene en cuenta. Tu información de fondo no está solamente en tu crédito, No son solo tus puntajes de crédito y tu historial de crédito. También debes recopilar algunos datos sobre las agencias de informes crediticios y las cooperativas de crédito. ¿Estás sorprendido? Bueno, miles de personas que leen esta página están tan sorprendidos como tú, pero ese hecho sigue siendo un hecho. Entonces, ¿Cuáles son los puntos que debes tener en cuenta? Cada uno de ellos se mencionará en las próximas líneas. Seguro que no crees que saber que "hay una agencia a cargo de tus registros de crédito" es suficiente. ¿No deberías saber cómo funcionan? Sus políticas, regulaciones, reglas de juego financiero, derechos, tus derechos, etc. Si me preguntas, también debes conocer los actos de Informes de acreditación justa.

Comencemos aprendiendo sobre las cooperativas de crédito prominentes que existen y cómo operan:

Prominentes cooperativas de crédito en los Estados Unidos hoy

populares en los Estados Unidos y otras sociedades civilizadas en la actualidad. Son grupos especializados en el mundo de los negocios que se reúnen para apoyar las finanzas de sus miembros o personas calificadas. Han existido desde el siglo XVIII. Pero eso fue Europa, tuvieron notables impactos en los EE. UU. A principios del siglo XIX, pero tuvieron menos aceptación hasta 1934, cuando su existencia y registro se formalizaron en la ley. Además, se estableció una organización gubernamental federal para ellos. Por lo general, no están coordinados por establecimientos con fines de lucro como los bancos, simplemente se reúnen para resolver los problemas financieros de sus miembros. Es lo que haces cuando formas una organización de crédito o de ahorro con tus amigos o colegas, establece las políticas e invitas a otros a unirse a ti.

Según los registros de *American Banker*, el número de miembros en las cooperativas de ahorro y crédito en los Estados Unidos hoy supera los 110 millones. La Administración Nacional de Cooperativas de Ahorro y Crédito (el organismo que registra a todas las cooperativas de ahorro y crédito en los EE.UU.) También informa en un comunicado reciente que hay más de 6,000 cooperativas de ahorro y crédito registradas en el país durante todo 2019. A veces son administradas por particulares, estados y el Gobierno federal. Los encontrarás aquí y allá en todos los estados del país. Muchos de ellos tienen menos de un millón de miembros, pero algunos tienen millones de contribuyentes. Es probable que tengan servicios de cajero automático en ubicaciones específicas y, como puedes suponer, por lo general no tienen sucursales en todos los estados. Excepto en los casos en que tienen un número alucinante de miembros en todos los estados del país, lo cual es bastante inusual. Por el contrario, se encuentran en regiones específicas.

Para comenzar con ellos, debes cumplir con ciertos criterios. Estos criterios se basan en la cooperativa de crédito individual, por lo que cada uno de ellos puede tener especificaciones que cualquier persona que desee ser su miembro debe cumplir. Sin embargo, los pasos generales conocidos son: Investigación: Ninguno de ellos te pedirá que investigues sobre ellos, pero tú no quieres toparte con ellos y darte cuenta de que simplemente no son lo que te propusiste a encontrar. Entonces, ¿qué debes tener en cuenta al seleccionar posibles cooperativas de crédito a las que puedes unirte?

Todos son únicos en algunos aspectos y eso es algo que debes averiguar antes de seleccionar con qué tratar. Necesitas averiguar lo siguiente:

- ¿Son fundados por sindicatos, religiosos?
- ¿Son organizaciones, una empresa comercial específica, etc.?
- ¿Son estas sectas con que te puedes identificar?
- Teniendo en cuenta su trabajo, su familia y sus finanzas,
- ¿Es elegible para unirse?
- ¿Cuál es su tasa de ahorro en comparación con otras?
- En comparación con otros, ¿cuáles son sus tasas de interés?
- ¿Hay seguro de depósito disponible?
- ¿Cuál es su entrada o cargos de membresía?
- ¿Cuáles son sus términos y políticas?
- ¿Tasas de cajero automático y la distancia de ti?
- ¿Ubicación de la sucursal?
- ¿Programa de Recompensas de Tarjeta de Crédito?

Registro: Debes presentar tu solicitud después de haber hecho tu elección. Por lo general, requieren fondos de registro; Los precios rara vez son iguales en cualquier lugar. También puedes crear diferentes tipos de cuentas con ellos; ahorros, préstamos, cheques, etc. Es probable que soliciten tu historial bancario, número de seguro social, número de identificación fiscal, identificación emitida por el gobierno y tales solicitudes promedio.

Muchas veces, aquellos con miembros más ricos o una población más alta de miembros tienen la oportunidad de ofrecer mejores ofertas. Pero como habrás visto, ese es solo uno de los factores a tener en cuenta. Recopilar suficiente información sobre todas las cooperativas de ahorro y crédito que te interesen puede ayudarlo a ajustar sus opciones a aquellos que pueden servirle mejor.

Ahora, conoce los factores a considerar al elegir tu crédito sindicatos, analicemos algunas cooperativas de crédito populares antes de que nos encarguemos de tus agencias de informes de crédito.

a. ***Alliant Credit Union:*** Lo primero que debes saber sobre *Alliant Credit Union* es que no es la cooperativa de crédito más grande de los Estados Unidos. Sus finanzas tampoco están cerca de las más grandes, está clasificada como la octava más grande en los Estados Unidos. Pero esta *Credit Union* es la envidia de todos en un solo aspecto, brinda servicios increíbles para sus miembros a tasas muy bajas. Tiene su sede en Chicago, Illinois, con sucursales en Texas, California, Virginia. Aunque su membresía no está abierta a todos, cuenta con alrededor de 400,000 mil miembros hasta el mes de julio de 2019.
No hay menos de 80,000 cajeros automáticos y 11 sucursales en los estados en su nombre. Todos los miembros de la organización *Foster to Success* se consideran elegibles para ser miembros, así como los miembros de sus más de 150 organizaciones calificadas. Si vives, para adorar o trabajar en las áreas de calificación, es probable que también estés calificado. Es posible que desees saber que la membresía también está abierta a todos los parientes consanguíneos de un miembro. Puedes abrir casi todos los tipos de cuentas con la cooperativa de crédito y puedes estar seguro de que sus cargos son los más baratos que puedes obtener en cualquier lugar. Con sus aplicaciones móviles, también es más fácil navegar y usar los servicios de esta organización.
b. ***Navy Federal Credit Union:*** Según los registros, esta unión es la cooperativa de crédito más grande de los Estados Unidos en 2019. Ya sea que elija clasificarlos por la población de miembros o recursos, siguen siendo los más grandes del país. Fue establecido por el gobierno, no por miembros. Pero al igual que *Alliant Credit Union*, los miembros de su directorio se seleccionan entre los miembros generales. Es una organización encabezada por Viena con miembros en todo el país. Tiene más de 8.5 millones de miembros, con hasta 17,000 empleados y más de 250 sucursales en todo el país. Además, los cajeros automáticos no son menos de 500.

Comenzó principalmente como una cooperativa de crédito para miembros de la Marina en Viena solamente. Pero esa no es la historia de hoy. Además de incluir otros equipos de la Armada en todo el país, incluye a todos los miembros del Departamento de Defensa en general. Incluye a los reservistas del Departamento, como el Cuerpo de Marines, la Armada y la Fuerza Aérea, ya sea retirado o activo. El personal de la Guardia Nacional, incluidos los empleados civiles, están incluidos. Los empleados de la organización y sus familias están incluidos. Ofrece prácticamente todos los servicios financieros que pueda necesitar. Sus tasas de interés generalmente son menores en comparación con los bancos, y esa es una razón por la que son la primera opción para muchos.

Si no estás calificado directamente por profesión, debes revisar tus listas familiares y ver si alguien está inscrito activamente en la organización y puedes obtener una membresía con su influencia.

c. ***State Employees Credit Union:*** Con cerca de 2.3 millones de miembros, este es uno de los sindicatos más grandes a tener en cuenta en el país. Tiene su sede en Carolina del Norte y, como se esperaba, la membresía se limita a los ciudadanos de Carolina del Norte. A pesar de esta limitación, hay al menos 260 sucursales activas en todo el país y la unión, según NCUA, es la segunda más grande en los Estados Unidos hasta el tercer trimestre de 2019.

Mientras seas un ciudadano que trabaje, viva en su ubicación, se lo considera elegible para la membresía. Tus familias inmediatas que no están muy lejos también están calificadas. Y eso no es todo. Los miembros del personal y sus familias inmediatas pueden unirse a la cooperativa de crédito. Con aproximadamente 82 años de servicios activos (en 2019), esta cooperativa de crédito ha existido durante mucho tiempo, con impresionantes registros de servicios al cliente. Mientras se encuentre en Carolina del Norte, es probable que encuentre sus sucursales, sus cajeros automáticos y prácticamente todos los servicios que necesita aquí y allá. Están justo debajo de tus narices, siempre ahí para escucharte y es por eso que muchos ciudadanos prefieren tener al menos una cuenta en el sindicato, incluso si tienen cuentas en otras cooperativas de crédito.

d. ***Connexus Credit Union:*** ¿Te gustaría elegir una cooperativa de crédito basada en sus políticas de cajero automático? Entonces deberías considerar *Connexus Credit Union.* Actualmente, entre las más grandes de su provincia, la sucursal de origen de esta unión se encuentra en Canadá. Y se asegura de que los miembros puedan usar no menos de 54,000 cajeros automáticos en todo el país. Los cajeros automáticos no solo están disponibles; también son gratuitos porque están disponibles en una red cooperativa. Si eres del tipo que disfruta viajar y necesitas usar una tarjeta de crédito que tengas suficientes cajeros automáticos para retirar en cualquier parte del país, entonces esto es justo lo que estás buscando.

   Además de sus políticas de cajero automático, también son conocidos en el negocio por intereses increíblemente simples en préstamos. Ya sea para préstamos a plazos o renovables, puede confiar en ellos a precios que la mayoría de las cooperativas de ahorro y crédito no pueden superar. Probablemente ya tengas un par de amigos que prefieren esquematizar sus planes de hipotecas o préstamos para automóviles. Tienes más posibilidades si tienes una cuenta corriente con el sindicato y, tal como está, la membresía es amplia e internacional.

e. ***First Tech Credit Union:*** La lista estará incompleta si no se incluye una cooperativa de crédito como esta. ¿Preguntándote por qué? Bueno, esta es una de las pocas cooperativas de crédito con registros asombrosos en el mundo. Para empezar, es la primera institución financiera en prestar servicios telefónicos y banca en línea, una característica que muchas cooperativas de crédito y algunos bancos locales todavía tienen dificultades para establecer hoy. Es una de las pocas cooperativas de ahorro y crédito cuyo objetivo principal es el desarrollo tecnológico y, por esa virtud, ha respaldado numerosos avances tecnológicos. Es una cooperativa de crédito federal, y es una de las pocas cooperativas de crédito que cualquiera que desee ser miembro puede adquirirla.Originalmente se estableció en Oregón, pero, según las estadísticas de NUCA 2019, tiene 40 sucursales en Washington, California, Colorado y Oregón. Además, hay más de 5000 sucursales asociadas en todo el país y 30,000 cajeros automáticos sin cargo en todo el país para todos los miembros. Además de los servicios promedio de las cooperativas de crédito, *First Tech* ofrece servicios bancarios estándar, servicios de impuestos, inversiones, hipotecas, seguros y servicios similares. Siempre hay una manera en que el sindicato puede ayudar, y esa es una razón para considerar anotar su nombre en tu lista.

f. ***Golden1 Credit Union:*** *Golden1 Credit Union* se estableció en Sacramento, California, en la década de 1930. Su membresía está limitada a los ciudadanos de California, y actualmente cuenta con alrededor de un millón de miembros. Tiene buena reputación por no cobrar una tarifa mensual o el monto mínimo que muchos sindicatos requieren para crear una cuenta en los Estados Unidos. Sus famosos planes para adolescentes son la razón por la cual la mayoría de los miembros y ciudadanos jóvenes que a menudo se acostumbran a tenerla como su cuenta de crédito, y como tal, no te molestes en cambiar en muchos casos.

   En un estilo único, sus políticas recientes permiten a los adolescentes tener una cuenta corriente o de ahorros gratuita. Deben ser copropietarios de la cuenta con una persona bien considerada por el sistema legal, aunque pueden realizar transacciones básicas sin su pareja. Realiza el depósito básico de inversión, impuestos, cuentas corrientes y ahorros de un ciudadano promedio. Entre otras características del sindicato, su política de cajero automático compartido hace posible que los miembros también se retiren de 30,000 cajeros automáticos en el país. Estas se encuentran entre las cooperativas de crédito más solicitadas del país. Para llamar tu atención sobre algunos otros que también pueden satisfacer tus necesidades; están *Pentagon Federal Credit Union, Langley Federal Credit Union y GTE Financial Credit Union*, que es especialmente para niños. En la mayoría de los casos, se requiere una pequeña cantidad para registrarse, que oscila entre $ 5 y $ 25, y se le penaliza gravemente por fondos insuficientes cuando está en préstamo. Por lo tanto, debes buscar evitar eso. Debido a la naturaleza siempre cambiante de las políticas en cada organización, debes comunicarte con ellas para obtener más información cuando crea que necesita más información.

Ahora que está familiarizado con sus cooperativas de crédito, las organizaciones más importantes para conocer son las agencias de informes de crédito.

Las agencias de informes de crédito

Las agencias de informes de crédito, también llamadas oficinas de crédito, son organizaciones especiales a cargo de tu registro de crédito. Son empresas especializadas que tienen la licencia para recopilar y recopilar tu información financiera, para uso futuro.

Están autorizados por varias leyes para recopilar y evaluar tus registros de crédito, historial financiero y tu información personal para futura referencia. Dicha información luego se vende a una empresa con la que se ha contactado para obtener crédito, el tribunal, tu empresa de mantenimiento financiero, tu compañía de seguros y, por supuesto, a ti mismo. Proporciona un análisis poco a poco de cómo has acumulado, manejado y pagado préstamos durante un tiempo.

Es importante agregar, solo hay tres compañías notables en los Estados Unidos que manejan tales tareas:

a. ***Equifax:*** *Equifax* comenzó como *Retail Credit Company* en 1899, desde que compilaba registros de ciudadanos estadounidenses y canadienses. Sus servicios se comercializaron en la década de 1970 y se ha convertido en uno para mantener registros de no menos de 800 millones de personas y millones de empresas. Hay cuatro informaciones básicas que vende; El análisis, los datos demográficos, los informes de crédito y el software. Es interesante notar que la compañía mantiene tus datos financieros, además de tu informe de crédito.
La compañía ha realizado actividades impresionantes durante un largo período. No obstante, es presa de las infiltraciones cibernéticas y no se puede confiar por completo en los últimos tiempos. Como ejemplo práctico, los perfiles de más de 147 millones de miembros fueron pirateados en 2017, según el New York Times. Los datos personales, la información de la tarjeta de crédito, los números de la seguridad social, etc. fueron pirateados y, como resultado, la empresa fue fuertemente multada. Hay posibilidades de que vuelva a ocurrir algo no obvio, por lo que debes realizar un seguimiento de tus actividades financieras y asegurarte de que coincidan con los informes que recibes de tu compañía de crédito, *Equifax* y otras instituciones financieras.
b. ***Experian:*** *Experian* es el más joven de los tres grandes. Fue establecido en 1996, sólo 23 años hasta 2019. Sus actividades abarcan los diversos campos en los que trabaja *Equifax*, y esa es la razón por la cual la empresa también puede mantener tus registros de crédito. Tiene oficinas centrales en *Nottingham* en Inglaterra, Dublín en Irlanda y California en los Estados Unidos. Como era de esperar, es más activo en esos países, con no menos de 200 millones de registros de ciudadanos estadounidenses. *Experian Plc* registró de manera similar una violación masiva en 2015, entre otros. A pesar de ese hecho,

Experian es reconocida en muchos otros países, y registra el crédito de más de mil millones de personas y empresas en su perfil.

c. ***TransUnion:*** *TransUnion* es la tercera compañía de registro de crédito más grande de los Estados Unidos. Más allá de las costas, es un nombre funcional en al menos 30 países diferentes. Se estableció hace unos 51 años (a partir de 2019), pero es el más pequeño de los actuales, a juzgar por las estadísticas. Al crear informes de crédito, ofrece simultáneamente productos de protección contra fraudes a los usuarios. Irónicamente, la compañía, como las otras dos, han tenido dificultades para evadirse de veredictos sobre perfiles incorrectos, tergiversación de individuos, etc. Sin embargo, a nivel general, *TransUnion* es una de las compañías de crédito más grandes, confiables y eficientes en los Estados Unidos.

Dicho todo esto, deberías obtener algunos otros detalles vitales ahora. Las cooperativas de crédito, los tipos de créditos disponibles y la información crediticia se han mencionado anteriormente y creo firmemente que puedes recurrir a una compañía de crédito para buscar tus informes de crédito. ¿Pero cuáles son los derechos que puedes reclamar ante estas empresas?

Ley de Informes de Crédito Justos (FCRA) y sus implicaciones para ti

Las leyes son políticas planteadas por un estado principalmente para abordar un problema específico. Generalmente se detalla en la constitución de ese estado. Se espera que cada ley aborde un tema particular de una manera particular. Aceptarás que eso es cierto si eliges una copia de cualquier constitución estándar y considerarás los detalles proporcionados por las actas. ¿Qué es la ley de informes de crédito justos?

Es una regulación detallada presentada y aplicada por el gobierno federal para asegurarse de que cada crédito se recolecta, compila y use legal y adecuadamente. La Ley nos obliga a considerar tus derechos básicos al recopilar o enviar tu información de crédito a cualquier persona. En la Constitución de los Estados Unidos, Título de la sección 1681, la Ley de Informes de Crédito Justo se declara y describe en detalle. Cubre cómo tus agencias de informes de crédito deben tratar de recopilar información, qué tipo de información deben recopilar sobre ti, cuánto tiempo pueden conservar la información, cuándo y quién puede recopilar tu información, entre muchos otros datos.

Según la **FCRA** (Resumen de tus Derechos Legales Bajo la Ley):

Las agencias de crédito pueden recopilar la siguiente información personal;

- Locación
- Tu historial de pago de facturas
- Registros legales y penales
- Préstamos Pasados
- Deuda actual
- Detalles de Empleo

Solo las siguientes personas pueden acceder a tu información de crédito con tu consentimiento:

- Tú mismo
- Tu compañía de seguros
- El Gobierno
- Un prestamista potencial
- Tu empleador/arrendador potencial, etc.

Ninguna de estas entidades se reserva el derecho de solicitar tu información de crédito, excepto cuando haya una situación específica que lo requiera para su verificación, y tu des tu consentimiento total para tu adquisición.

¿Cuáles son las implicaciones de la FCRA en ti?

Tu derecho (del consumidor) se describe detalladamente e incluye lo siguiente:

a. Tienes derecho a ver tu informe de crédito al menos una vez al mes. Por lo tanto, puedes solicitar una copia de cualquiera de las agencias de informes de crédito. También puedes solicitar directamente de annualcreditreport.com, el sitio oficial de CRA.
b. Tienes derecho a confirmar el informe de crédito redactado por cada agencia para confirmar su veracidad. Recuerda que has descubierto que estas empresas no están a salvo de las infiltraciones cibernéticas y la tergiversación. Debes asegurarte de revisar y verificar cualquier informe de crédito que se enviará a cualquier empresa que solicite tu información.
c. Tienes derecho a retirar información negativa como antecedentes penales, bancarrota, etc. de tu información de crédito después de siete años.
d. Tu oficina de crédito debe informarte en el momento en que observe que algo no está bien en tu crédito.
e. Tienes derecho a enviar cualquier inconveniente causado por tu agencia de crédito a la Oficina Federal y de Protección Financiera del Consumidor.

Con estos puntos resonando en su mente, ahora puede pasar a la página siguiente para descubrir la respuesta a uno de los temas más controvertidos que ha escuchado: el crédito contra la deuda.

Resumen del capítulo

Hay tres agencias principales de informes de crédito que te brindan un informe anual gratuito sobre el estado de tu crédito. Este capítulo revela sus modus operandi y te dice todos los demás factores que debes considerar al tratar con ellas y las compañías de reparación de crédito.

CAPÍTULO CUATRO:

QUINCE MITOS DE PUNTOS DE CRÉDITOS

La gente no siempre tiene la razón. Pero hablan de todo, incluyen puntajes de crédito. Por lo que, probablemente hayas escuchado alguna información condenatoria que no sabes cuán real podría ser. Tu sexto sentido sigue diciendo que son demasiado buenos para ser verdad. En otros casos, probablemente lo hayas escuchado todo, lo hayas tomado todo y creas que es verdad, pero eso tampoco cambia de ser falacias.

¿Hay alguna manera de que este libro pueda ayudar entonces? ¡Seguro! Dependiendo de a quién te pregunte, hay varios mitos sobre los puntajes de crédito, y aquí en este libro, hablaremos sobre los 15 mitos más importantes que las personas transmiten sobre los puntajes de crédito. No importa en qué parte del país permanezcas, es probable que hayas escuchado más, si no todos estos mitos, y ya es hora de que cambies la forma en que los ves.

1. **"Tengo un buen puntaje de crédito ya que no tengo deudas de tarjeta de crédito":** ¡Eso está mal! Se supone que tu tarjeta de crédito debe revelar tu historial de crédito, y tú tienes un historial de crédito solo cuando tienes o has tenido deudas. Es por eso que no es malo tener deudas en tu informe de crédito. Contrariamente a esa perspectiva, es posible tener deudas en tu informe de crédito y aún tener excelentes puntajes de crédito. ¿Preguntándote por qué? Esto se debe a que el puntaje de crédito no es particular sobre si tienes préstamos en ese momento o no. Es posible que hayas completado los pagos

de tu préstamo, pero pagaste en momentos bastante extraños, tardíos e incómodos que han violado las regulaciones acordadas contrato. En un caso como ese, has pagado tus deudas, pero no puedes tener una excelente calificación crediticia.En lugar de eso, un puntaje de crédito evaluaría las deudas que has contraído, cómo honraste el acuerdo, qué tan pronto y qué tan consistentes las pagaste. Eso significa que, si tienes deudas que estás pagando durante el período en que se calcula tu puntaje de crédito, tu deuda se evaluará de acuerdo con el contrato. Buscarás saber cuándo comenzó el contrato, el cronograma de pagos acordado y cuánto has jugado según las reglas del pacto.

2. **"Mi puntaje de crédito se reduce cada vez que alguien solicita mi informe de crédito":** Esta observación requiere un enfoque cuidadoso. Por una razón, tu puntaje de crédito se verá afectado como resultado de la frecuencia con la que se solicita el informe de crédito. Pero no afecta tus puntajes de crédito de la forma en que supones que lo hace. Primero, debes recordar las cuatro fases de un puntaje de crédito. La sección personal, las líneas comerciales, los informes judiciales y, por último, la sección para las diferentes personas o empresas que han solicitado recientemente tu informe de crédito. También recordarás que la última sección de tu registro de crédito, donde se resaltan los que solicitaron un informe de crédito recientemente, representa alrededor del 10%.Esto significa la cantidad de personas que han revisado y dentro de qué período tendrán efectos en tu puntaje. Por ejemplo, es probable que obtengas buenas notas aquí sí solo dos han revisado recientemente tu informe de crédito en 3-6 meses. En casos de orden, tus puntajes se reducen si más personas lo han solicitado. Esto es para decirte que tu puntaje de crédito no se reduce cada vez que alguien solicita tu tarjeta de crédito, pero se reducirá cuando demasiadas personas hayan solicitado tu tarjeta.

3. **"Deberías negarte a equilibrar tu tarjeta de crédito a fin de mes":** Lo que mucha gente escuchó fue que es realmente malo de tu parte pagar todas las deudas acumuladas con tu tarjeta de crédito para fin de mes. Más bien, deberías extender las deudas a los otros meses en un momento u otro. De esta manera, al menos, puedes mantenerte en contacto con las deudas y crear experiencia de deudas más largas y complicadas, y no te preocupes, de todos modos no afectará tu historial de crédito.
   Eso parece bastante incómodo y difícil de creer. Si son préstamos simples o complejos, ni siquiera es lo que importa, se te cobrarán cargos adicionales en tu crédito en el momento en que retires más de tu límite de crédito en el mes. Eso no es todo, incurrirás en lo último que quieras tener; puntajes de crédito pobres. Hasta donde lo demuestran los registros, no hay un beneficio conocido de intentar algo así, en cambio, todos creen que solo tiene impactos negativos. Por lo tanto, no necesitas probar teorías y cuentos que podrían ponerte en dificultades financieras. Si debes experimentar con algo nuevo, asegúrate de que no sea esto.
4. **"Tu puntaje de crédito no puede estropearse fácilmente":** Probablemente escucharás alardear de que están tan seguros de que su puntaje de crédito no puede verse afectado tan fácilmente. Muchos de ellos piensan que sus agencias de informes de crédito generalmente pasarían por alto los simples errores que cometen, las pocas deudas que retrasaron y los cargos de la tarjeta de crédito que colgaron: siempre que no continúes durante mucho tiempo. Esto me parece muy interesante. Habiendo sabido con certeza que estas cosas son mitos, las personas intentan imaginarse en sus mentes para poder tener algo de esperanza cuando cometen errores. Por lo general, se jactan de que están seguros de que pequeñas deudas, pequeños errores y poca imprudencia no pueden hacer mucho daño. A menudo extienden la duración de sus préstamos. No sienten la urgencia de pagar los cargos de su tarjeta de crédito

tan pronto como pueden. Sinceramente, no querrás unirte a ese equipo. Sus ideas son simplemente poco realistas y absurdas. Los burós de crédito están acusados de registrar cada hecho y cifra, y deben tenerlos en cuenta al calificar tu desempeño crediticio en el año. Si hubieras tenido registros impresionantes en estos pequeños registros, ¿te gustaría pasarlos por alto?

5. **"Si tiene registros deficientes, no hay forma de que pueda volver a cambiar":** Es sorprendente ver que mucha gente cree esto. Temen que no haya forma de que alguien que tenga créditos pobres pueda tener un cambio. Según muchos, los registros pobres continúan persistiendo en los registros y, como tales, no se pueden borrar. Otros creen que siempre es difícil sobrescribir cualquier registro malo en un puntaje de crédito. Reduce tu calificación y hace que sea extremadamente difícil obtener puntajes altos, siempre luchando con las actividades positivas que podrían aumentar tus calificaciones.

   Pero desde una perspectiva completamente diferente, es interesante notar que tales políticas son demasiado malas para ser verdad. Son falacias infundadas e historias que no son tan precisas. Los registros deficientes no son permanentes en tu perfil. La única razón por la que se vuelven permanentes es si repite las mismas actividades que le dieron malas calificaciones desde el principio. Por ejemplo, obtuvo un préstamo para auto de A&D Inc., acordó pagar en seis meses, pero extendió el pago hasta aproximadamente 10 meses. Es probable que obtenga un puntaje de crédito bajo con eso, pero si obtiene un mejor desempeño en otros préstamos, su informe de crédito se incrementará gradualmente.

6. **"Nunca puedes eliminar tus malos registros":** Esta es una de las razones por las que muchas personas sienten que necesitan comenzar de nuevo. Ocurre algunas veces que tienen un historial crediticio largo e impresionante, pero las finanzas se volvieron difíciles y en algún momento y no pudieron continuar con las políticas de pago de los préstamos que habían obtenido

anteriormente. Es probable que obtengas malas calificaciones con eso, pero cuando se evalúa junto con tus registros anteriores, te das cuenta de que todavía tienes una oportunidad. En algunos casos, estos registros pobres duran mucho tiempo que llenan tu perfil y usted duda si alguna vez puede salir de ellos. Para algunos, tienen más que suficientes registros de pagos pobres en su perfil y en algún momento, comenzaron a mantenerse al día con las cosas. Ganaron más y pagaron mejor sus préstamos, pero sus registros nuevos siempre se ven afectados por sus registros anteriores. En cualquier caso, es probable que te sientas tentado a abrir una nueva cuenta de crédito. Particularmente si crees que los malos registros siempre acecharán tu perfil. Muchas personas descartan sus venerados perfiles y adquieren otros nuevos, por lo que les resulta muy difícil garantizar la confianza de la nueva compañía de crédito. En la mayoría de los casos, no tienes que hacer eso. Ya sea que obtengas más créditos o no, ya sea que tengas registros impresionantes después o no, la Ley Justa de los Estados Unidos exige que después de siete años, puedas eliminar un registro deficiente de tu perfil de forma permanente, lo que significa que ya no serás considerado ni referenciado en tu tarjeta de crédito o puntaje de crédito.

7. **"Solo hay un puntaje de crédito para ti":** Esta suposición generalmente es hecha por personas que acaban de llegar al área de crédito y, por supuesto, algunas personas mayores que prestan poca atención. Asumen que solo un puntaje de crédito es para ellos en muchos casos y, por lo tanto, no ven la necesidad de buscar otros. Creen que lo que obtienes de *TransUnion* probablemente será el resultado de *Experian* y demás. También creen que se utiliza el mismo método de calificación. En verdad, hay diferentes modelos y diferentes agencias de informes de crédito. Si funcionan exactamente, entonces puede que no sea necesario tener más de uno. Como ejemplo práctico, es posible calificar 780 de 1000 si es calificado por *Experian*, y obtienes 830

cuando es calificado por *TransUnion*. Luego puedes decidir quién reenvías a tu empresa de crédito o qué le envías si están acostumbrados a una empresa en particular.Entonces, comenzando con tus burós de crédito, asegúrate de que siempre obtengas resultados diferentes de diferentes organizaciones. Además de eso, también hay varios modelos utilizados para calificar tus puntajes de crédito. FICO es el más utilizado, y definitivamente con lo que está familiarizado, pero hay un par de otros como *Credit Xpert*, puntaje de crédito CE, *TransRisk*, *Vantage* y muchos otros. Si bien son bastante similares, cada uno de ellos funciona en un estilo único y obtendrías diferentes puntajes de cada uno de ellos, que a pesar de eso, pueden estar en un rango.

8. **"Los empleadores consideran puntajes de crédito en el empleo":** Debido a que muchas compañías solicitan el informe de crédito de sus solicitantes, muchos creen que usan los puntajes de crédito generados en el informe de crédito para evaluar a sus empleadores potenciales y, a veces, califican qué tan responsables serían en el trabajo. La encrucijada financiera informa que muchos incluso asumen que la única razón por la cual los empleadores solicitan un informe de crédito es para revisar cuánto ha estado endeudado su solicitante y que en cualquier momento podría fugarse con las finanzas de la compañía.Todas estas son afirmaciones absurdas que han estado en la calle durante tanto tiempo. Pero cuentos como este no deben meterse en tu cabeza. Simplemente no puedes permitirte creer en ellos. Puede relacionarse con esto considerándose al empleador, ¿rechazarías una solicitud impresionante simplemente porque el solicitante tiene deudas? ¿No conseguimos trabajo para liquidar nuestras facturas y vivir cómodamente? Así es como todos viven.La mayoría de los empleadores sólo solicitan informes de crédito porque les gustaría confirmar los datos básicos sobre ti.

¿Eres un miembro activo de la comunidad? También tienen una idea de cuánto necesitas el trabajo, mientras confirman tus datos sobre tus finanzas, y eso es todo.

9. **"Tener mucho dinero en el banco aumenta su puntaje de crédito":** Otro mito que está sucediendo en la mente de las personas sobre los puntajes de crédito es sobre las cuentas bancarias. Muchos sienten que una vez que tienen un gran efectivo en su cuenta, se puede calificar junto con sus puntajes de crédito y de alguna manera, deberían obtener una calificación mucho mejor. Sin siquiera preguntarles, muchos adjuntarían sus datos bancarios o información fiscal a sus informes de crédito cuando los presentaran ellos mismos. Para algunos, tener suficiente en su banco significa que realmente han estado encontrando el camino para incurrir en deudas. Por lo tanto, has evitado el uso de créditos y se te debe otorgar puntajes de crédito bastante altos. Pero eso no está cerca del caso de que tu puntaje de crédito sea tu puntaje de crédito. No es tu puntaje financiero. Tu objetivo es proporcionar información sobre tu crédito, no sobre tus finanzas en general, por lo que tener una cuenta bancaria grande no dice nada acerca de obtener puntajes muy altos. ¿Quieres puntuaciones altas? Juega según las reglas, no hay otro camino.
10. **"Pagar una deuda antigua guarda tu puntaje de crédito":** Los humanos son seres especialmente inteligentes. De alguna manera, están seguros de que siempre pueden cambiar algunas reglas y obtener exactamente lo que quieren. Es la razón por la que creerían que unos días antes de que se presentara su informe de crédito, podrían pagar deudas viejas y vencidas en su archivo y obtener los puntajes más altos que se merecían desde el principio. Muchos a menudo olvidan que los puntajes no se calculan al averiguar si la deuda está completamente liquidada o no, sino al medir cuánto se obedecen las políticas.Esto es lo que estoy reiterando. Supongamos que obtuviste un préstamo para automóviles en enero de 2019, con una regulación de seis meses,

lo que significa que debes pagar los fondos antes de julio de 2019. Debido a errores únicamente de tu parte, no pudiste pagar los fondos en ese momento. Todavía tienes una parte del préstamo pendiente de pago cuando, en noviembre de 2019, desees solicitar un préstamo hipotecario con otra empresa. Contrariamente a la creencia popular, pagar esos préstamos en ese momento no te libra de un mal puntaje de crédito, ya que se proyecta que tu puntaje de crédito, y muestra cómo jugaste según las regulaciones acordadas dentro de la fecha límite, no exactamente si pagaste o no. Por lo tanto, si estás asumiendo que pagar en esos momentos puedes salvarte de alguna manera, no pienses en todo.

11. **"El puntaje de crédito malo significa el final de tu carrera":** Este es otro mito del que tengo que hablar en este momento. Supongo que debes haber deducido de lo que has leído hasta ahora que tener malas calificaciones crediticias seguramente es perjudicial. El éxito es crucial para financiar tus préstamos. Así es exactamente cómo lo ve prácticamente todo el mundo, pero ese no es el caso. No siempre es el caso que no avanzarás con malas puntuaciones. A veces, son situaciones que cualquier empresa de crédito potencial puede entender. De vez en cuando, tus puntajes de crédito tienden a ser insatisfactorios, pero ese no es el final de tu carrera.Un puntaje de crédito malo no reduce las posibilidades de un préstamo a cero. Además, si puedes respaldar tu solicitud de préstamo actual con una propuesta convincente, tienes una mejor oportunidad. Por lo tanto, no hay razón para perder la esperanza si acabas de alcanzar los peores puntajes de crédito en tu carrera. Simplemente trata de mantener objetivos claros y acercarte a las empresas que probablemente sean más consideradas, tal vez porque están en tu línea de negocios y entienden la complejidad de tu negocio. Tienes objetivos socioeconómicos similares o perteneces a la misma religión.

Pero debes recordar que el puntaje de crédito pobre no está cerca del final de su carrera, solo ha hecho que sea un poco más estricto obtener fondos.

12. **"Su puntaje de crédito pobre no puede mejorar hasta siete años":** De acuerdo, esto es muy interesante. Te dije que tienes derecho a borrar un mal registro de tu informe de crédito después de que haya estado allí siete años, ¿verdad? Bueno, eso es cierto, y es por eso que algunas personas creen que hasta esos siete años, cuando pueden retirar su pobre historial de un informe de crédito y, por supuesto, el puntaje de crédito, no pueden obtener un mejor puntaje de crédito.A lo largo y ancho del informe de investigación de todas las observaciones, ese pensamiento no es correcto. Intenta pensarlo de esta manera; si tomas nuevos préstamos, paga regularmente y hazlo de manera constante durante un período tal que tu historial malo solo pese poco en tu puntaje total, ¿por qué no tienes un puntaje de crédito excelente?Es una situación muy práctica. No necesitas esperar tanto tiempo para obtener una excelente calificación crediticia nuevamente. Simplemente toma más préstamos, dentro de lo que puedes manejar, por supuesto, y mejora con ellos. En ese punto en el que tengas un rendimiento impresionante en tu informe de crédito, tendrías un puntaje de crédito tan grande que no tendrás que esperar siete años ya que tus respuestas anteriores son irrelevantes.
13. **"Debes verificar el puntaje solo cuando solicites un préstamo":** Este es otro mito al que mucha gente se aferra sin ningún motivo. Recientemente se le preguntó a una joven secretaria en un programa de televisión sobre su puntaje de crédito. Su respuesta fue

"No estoy tomando ningún préstamo en este momento, así que no puedo estar segura sobre el estado del puntaje de crédito". "¿A quién le importa?". Otro respondió: *"No necesito un préstamo; ¿Por qué debería pensar en eso?*

Queda bastante claro que muchas personas no ven ninguna razón para saber cuál es su puntaje si no están solicitando un préstamo. No solicitan los registros ni los verifican hasta que aparece una necesidad apremiante de algunos fondos. Te resultará difícil cubrir tus déficits cuando no sepas qué tan grave es hasta el momento en que lo necesitas.Nunca podrás controlar tu progreso, identificar los errores y sentirte estimulado para obtener inversores y ampliar tu alcance comercial si tu puntaje de crédito no suena en tu cabeza. No es una mierda, es tu oportunidad en la vida, acércate y descubre más.

14. **"Puede obtener una puntuación de crédito baja si refuta un informe de crédito":** Cuando *Equifax* fue pirateado en 2017, a muchas personas se les enviaron sus puntajes e informes de crédito. Alrededor del 37% de aquellos cuyos puntajes de crédito se vieron afectados estaban confundidos. Obtuvieron menos puntajes de lo que deberían, pero estaban preocupados, suponiendo que lo que obtuvieron probablemente era correcto, y lo que obtendrían sería peor si se quejaban. Esto no es solo algo que desarrollaron en el impulso de ese momento; Fue un mito que ha existido por siglos. La gente creía que cada vez que refutaban un informe de crédito por cualquier motivo, probablemente regresaría con muchos menos. Sin embargo, resulta que este no es el caso. Las personas que obtuvieron menos puntajes de crédito después de refutar su informe de crédito probablemente tenían más deuda de la que registraron en su informe de crédito. Por lo tanto, asegúrate de no obtener menos puntajes de crédito por refutar un informe de crédito, ¡tienes todo el derecho de demandar a cualquier agencia de crédito que sospeche que juega con sus informes!
15. **El tamaño del salario, el apoyo a las organizaciones, etc. afectan mi puntaje de crédito:** La suposición de que el tamaño de los salarios, el apoyo a las organizaciones y las finanzas tan grandes fuera del informe de crédito pueden afectar los puntajes de crédito todavía es muy actual. Mucha gente suele preguntar

en los seminarios financieros y de crédito a los que asisto "Si recibo más de mil dólares en un mes, y deposito solo 150 $ como mi cargo de crédito mensual. ¿Seré afectado negativamente si no pago ese dinero en algunos meses y todavía recibo mi salario? Otro preguntaría: "¿Es posible de alguna manera que mi informe de crédito refleje que he apoyado a ONG o que he hecho donaciones financieras?Muchos no se molestan en preguntar, sino que simplemente asumen las estadísticas deben incluirse y devaluarían su oficina de crédito una vez que no las encuentren cuando llegue su informe de crédito. Deben recordar cada vez que se trate de un informe de crédito, y no más que un informe de crédito. De ninguna manera será influenciado por circunstancias externas. Esto significa que tener suficiente dinero en tu cuenta no puede aumentar tu puntaje de crédito cuando es precariamente bajo, y no tener nada en su billetera no puede reducir su puntaje si obtienes un puntaje excelente. El tamaño del salario, el apoyo a las organizaciones, las donaciones, las actividades humanitarias y todo tipo no pueden ingresar en un puntaje de crédito. Deseas un puntaje de crédito sorprendente; Sabes cómo conseguirlo. ¡Suelta los mitos!

Ahora, has identificado algunas creencias populares sobre el puntaje de crédito y cuán falsas son todas. También has aprendido qué tienes que ver tus puntajes crediticios y factores externos como el tamaño de tu salario, cuenta bancaria, empleadores, etc.

Lo más importante, se mencionó tu puntaje de crédito, errores de crédito y cómo refutar los errores de crédito solía ser una tarea difícil para las personas. ¿Qué y qué son los errores de crédito? ¿Por qué no hablamos de eso ahora?

Resumen del capítulo

Definitivamente has escuchado mucho sobre el informe de crédito y el puntaje de crédito, tanto de expertos como de no expertos por igual. Desafortunadamente, no todos tienen razón. Este capítulo está dedicado a desengañar tu mente sobre el crédito y tu puntaje de crédito.

CAPÍTULO CINCO:

ERRORES DE CRÉDITO Y DISPUTAS

La Comisión Federal de Comercio informa que, de cada cinco informes de crédito emitidos en los Estados Unidos, al menos uno de ellos no es correcto. Esta situación se describe como error de crédito. Una situación en la que se distorsionan los hechos y cifras esperados en tu informe de crédito. No los encuentra como deberían ser, están inflados, subestimados o simplemente inexactos. Cuando ocurre cualquiera de estos, tienes derecho a llamar la atención de la Oficina de Crédito emisora y asegurarte de que se corrija cada error. Para hacer algo así, debes comprender los errores. ¿A qué se le puede llamar un error en un informe de crédito? ¿Qué se puede pasar por alto? ¿Cómo debes buscar enmiendas amigablemente? ¿Hay formas de evitar cometer el mismo error que cometieron muchas personas y, como resultado, no recibir una revisión? Necesita ver los siguientes párrafos para una comprensión profunda.

Errores de crédito

Ya tienes una buena idea de lo que son los errores de crédito. Simplemente podemos averiguar cuáles son los errores de crédito que se pueden encontrar en un informe de crédito.

a. **Error de identidad:** Este es un informe básico con el que deseas comenzar. Cualquier error en esto invalida cada bit de información en el informe, no importa cuán preciso parezca. ¿Cómo es un error de identidad? Es lo que sucede cuando abres tu informe de crédito y encuentras un nombre mal escrito, un nombre mal arreglado o un nombre diferente. Eso no es todo. Tu número de teléfono, dirección e información de cuenta son partes únicas de su identidad.Por implicación, un error de identidad connota que todo lo que se presenta en el informe pertenece a otra persona y que dicha información ha sido mezclada, pirateada o computada erróneamente. Dichos errores pueden tener efectos drásticos en la accesibilidad del usuario de la cuenta, por lo tanto, tu identidad debe ser verificada antes que nada.

b. **Actualización de cuenta incorrecta:** Otra información convincente que debes verificar rápidamente después de tu identidad es la actualización de tu cuenta. El estado de cuenta debes presentar los mismos hechos y cifras que usted registró por su cuenta. Una razón por la que a menudo recomiendo que mantenga tu registro de crédito mientras tus agencias de informes de crédito reservan las copias oficiales. Desea asegurarte de que las cuentas que has cerrado no se informan como abiertas, tu cuenta te pertenece a ti y no a otra persona con un nombre similar. También debes asegurarte de que la cuenta informe tu posición de autoridad real en la cuenta. Por ejemplo, si tu solo eres un usuario autorizado, no debes ser reportado como el usuario. También debes asegurarte de que la misma deuda no se repita en tu lista de crédito y que las fechas de retiro y pago estén debidamente registradas. También debes confirmar si tu cuenta se reporta como atrasada. En el momento en que hayas evaluado dichas estadísticas y no las encuentres queriendo, estás seguro de que la cuenta es tuya y puedes encontrar el siguiente tipo de errores.

c. **Errores de gestión de datos:** ¿Están los datos y estadísticas correctamente insertados? ¿Hay repeticiones, omisiones, adiciones o supresiones en los datos suministrados? No tomar nota de estos factores también puede resultar en una caída fatal en tu puntaje de crédito, especialmente si una determinada deuda aparece más de una vez bajo diferentes títulos. Tu comprendes que probablemente se trate de la misma deuda, pero se analizarías como otra deuda que asumiste aproximadamente en el mismo período. Una vez más, deseas revisar detenidamente todo lo que has leído y confirmar si son precisos. ¿Qué tal la información que solicitaste para la corrección anterior, todavía reflejan? Ver que todo está bien es importante para tu carrera fiscal, y ya lo sabes.

d. **Esperamos tu informe de crédito:** Si has identificado dónde comenzó el error y has vinculado todos datos necesarios, puedes esperar un nuevo informe de crédito después de que la agencia de crédito hayas investigado y confirmado tus solicitudes.

e. Si el error fue de la compañía de abastecimiento, entonces todas las agencias deben haber cometido ese error y luego la empresa que produjo esa información debes notificar por escrito a las tres principales agencias de crédito.

f. **Otras acciones oficiales:** Después de que se corrige tu informe de crédito y recibes otra copia gratuita, se espera que tu agencia de crédito notifique a cualquier persona que haya solicitado y recibido recientemente tu registro de crédito, oficialmente en los últimos seis meses. En los casos en que el error se haya cometido en tu registro de crédito por un período más largo, digamos de dos a tres años, cualquier persona que haya recibido tu informe de crédito en los últimos seis meses también debe recibir una nueva copia.

Ahí están: los pasos para informar un error en un informe de crédito. Recuerda seguir estrictamente las instrucciones. Es la única forma en que puedes obtener alguna respuesta al final. Debo agregar rápidamente que puedes comunicarte con estas agencias de crédito por teléfono o en línea, pero aun así se te solicitará que envíes una carta oficial y anexos.

Cómo escribir una carta de disputa

Ya eres completamente consciente de que este tiene un formato definido a seguir. Consulta el formato tal como lo describe FCRA en las próximas líneas. Pero primero, debes recordar que debes resaltar claramente los elementos que disputas en tu informe de crédito. Agregue las razones por las que no está de acuerdo con ellos también. Ya sabes que necesitas respaldar tus reclamos con cada archivo con el que puedas respaldarlo. Por último, indica claramente que deseas corregir este error. También recuerda que dijimos que debes enviar tu carta por correo verificado; si solicitaste un recibo de devolución. Entonces, aquí está el formato:

[Tu nombre]

[Tu dirección]

[Tu ciudad, estado, código postal]

[Fecha]

Departamento de Quejas

[Nombre de empresa]

[Dirección]

[Ciudad (*): Estado (*): Código postal]

Estimado señor o señora:

Le escribo para disputar la siguiente información en mi archivo. He marcado los elementos en disputa en la copia adjunta del informe que recibí.

Este elemento [identificar elementos en disputa por nombre de la fuente, como acreedores o tribunal de impuestos, e identificar el tipo de elemento, como cuenta de crédito, sentencia, etc.] es [inexacto o incompleto] porque [describa lo que es inexacto o incompleto y por qué]. Solicito que se elimine el elemento [o solicita otro cambio específico] para corregir la información. Adjunto hay copias de [usa esta oración si corresponde y describe cualquier documentación adjunta, como registros de pago y documentos de la corte] que respalda mi posición. Por favor, vuelva a investigar este [estos] asunto [s] y [elimine o corrija] los artículos en disputa lo antes posible.

Atentamente,

Tu nombre

Adjunto: [Indique lo que adjunta.]

¿Lo encuentras fácil? Claro que lo es. Pero si no estás seguro de poder probar esto sin errores, intentemos con dos ejemplos de cartas de inmediato. Supongamos, para el primero, que soy Meg Grey y que acabo de recibir mi informe de crédito de *Equifax*. Llegué a saber que el monto total restante para pagar a mi compañía de crédito no es correcto en el informe. Encontré $ 5,000 en mi informe de crédito y no me quedan más de $ 800 para pagar, ya que pagué $ 4,200. Esto es lo que tenemos:

Meg Gray

2273 De El Boulevard Santa Clara CA - 408

11/12/2019

Departamento de Quejas

Equifax

P.O. Box 740241, Chester, PA Calificación de la Oficina Comercial

678

Estimado señor o señora:

Le escribo para disputar la siguiente información en mi archivo. He marcado los elementos en discusión en la copia adjunta del informe que recibí.

El monto total restante para pagar "Keypoint Credit Union", mi compañía de crédito es incorrecta porque me quedan $ 800 para pagar en mi crédito, y no $ 5,000. Solicito que este error se cambie por la información apropiada. Adjunto copias de mis recibos de los pagos anteriores, mi cargo total y cómo se han pagado. También adjunté una copia de la notificación más reciente de Keypoint Credit Union, indicando claramente mi posición de que solo tengo un saldo de $ 800. Vuelva a investigar este asunto y corrija el artículo en disputa lo antes posible.

Sinceramente,

Meg Gray

Adjuntos: [un recibo de Keypoint emitido el 15 de diciembre, Mi transacción de crédito de Keypoint]

En el otro caso, mi nombre es John Wickham y mi informe acaba de llegar también de Equifax. Por razones que no puedo entender, los dos informes de otras agencias no agregaron nada a mi nombre, pero aquí, encuentro John Wickham M. 'M.' no es parte de mi nombre, por lo que simplemente no puedo ser yo. Decidí escribir Equifax, pero observo que este error se originó en un registro de una deuda que asumí en Keypoint Credit Union. El nombre en el perfil de los demás préstamos es correcto. ¿Qué crees que haría yo? Correcto, comunicarme primero con la empresa proveedora de información. Me comuniqué con Keystone Union y me hicieron comprender que ese error no surgió de sus registros. Tiene que ser del Buró de Crédito. ¿Qué crees que debería hacer? Enviar un correo a la oficina de crédito, por supuesto. Y lo haré por correo verificado; solicité un recibo de devolución. Vamos a esbozarlo;

John Wickham

2273 De La Boulevard Santa Clara CA

408

11/12/2019

Departamento de Quejas

Equifax

P. O. Box 740241, Chester, PA Calificación de la Oficina de Negocios

678

Estimado señor o señora:

Le escribo para disputar la siguiente información en mi archivo. He marcado los elementos en disputa en la copia adjunta del informe que recibí.

Mi nombre de perfil como se informa en la información de crédito de Keystone Credit Unions es inexacto porque se agrega "M." incorrectamente a John Wickham, como en "John Wickham M." Estoy solicitando que se elimine esta "M." y se mantenga mi información correcta. Se adjuntan copias de mi recibo de cuenta de apertura, informe de transacción final y notificación de pago mensual. Vuelva a investigar este asunto y corrija el artículo en disputa lo antes posible.

Sinceramente,

John Wickham

¿Todavía piensas que es difícil? Apuesto a que lo conseguirías.

Resumen del capítulo

Los errores son casi inevitables en los informes de crédito. Encuentra los factores responsables de los errores de crédito en este capítulo y aprende cómo disputarlos de manera efectiva. Este capítulo también proporciona a ti muestras típicas de cartas de disputa para tu referencia.

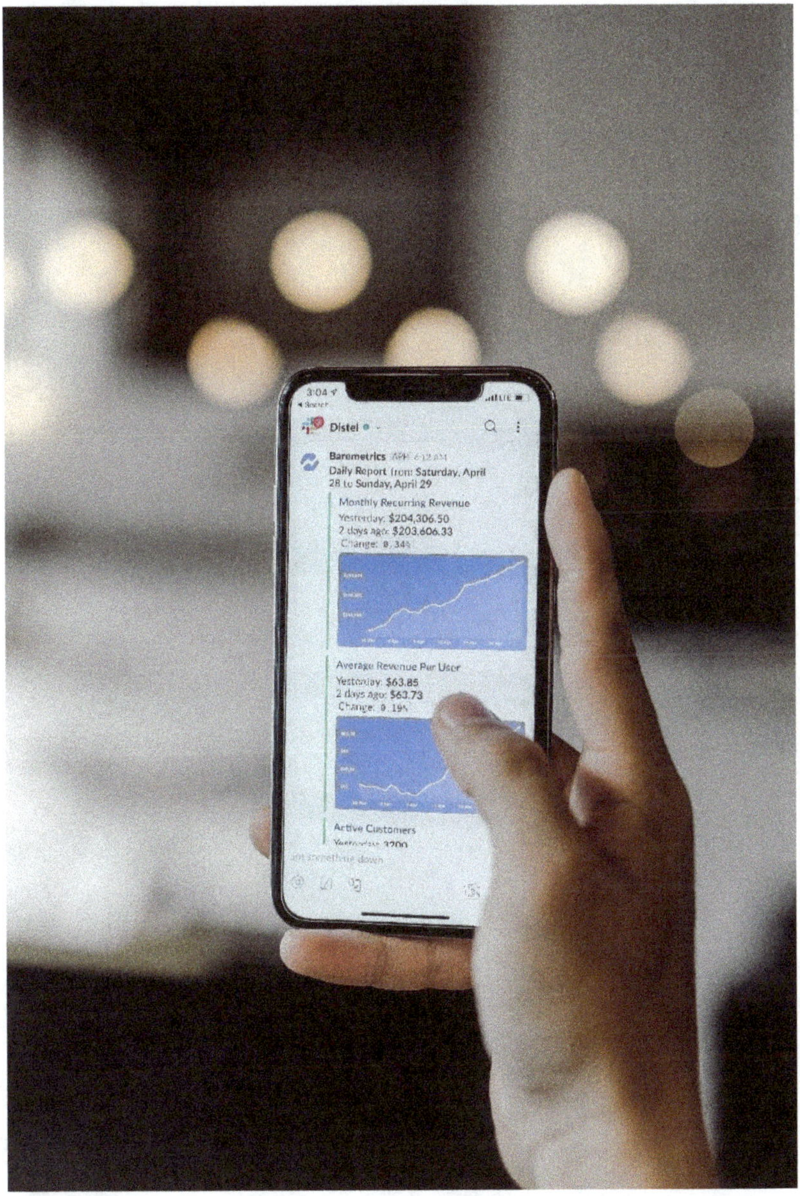
3:04
Distel
Baremetrics
Daily Report from Saturday, April 28 to Sunday, April 29
Monthly Recurring Revenue
Yesterday: $204,306.50
2 days ago: $203,606.33
Average Revenue Per User
Yesterday: $63.85
2 days ago: $63.73
Active Customers

CAPÍTULO SEIS:

¿QUÉ ES LA ASESORÍA DE CRÉDITO?

Credit Counseling (consejería de crédito) es una estrategia de intervención introducida en la acreditación cuando las cosas parecían ir de la última manera que todos querían que fueran. Nació que era necesario que ocurriera un milagro en la industria crediticia. Demasiadas personas se habían topado con todas las formas de deuda y estaban seguros de que no importaba cuánto lo intentarán. Las deudas habían ido más allá de lo que podían pagar. Muchos se convirtieron en delincuentes, rompieron otras casas para pagar sus préstamos, entablaron discusiones verbales e intelectuales con las cooperativas de crédito que debían, y se arrastraron unos a otros a los tribunales y tomaron rondas para buscar juicios. Al final, muchos perdieron sus recursos, más se convirtieron en prisioneros y muchos préstamos no se pueden contabilizar.

Estas circunstancias fueron especialmente populares en los EE. UU. Durante la década de 1950, y se mantuvieron así hasta que los bancos acreedores y las compañías de tarjetas de crédito decidieron unirse para ayudar a estas personas. De la misma manera que formaron las Agencias de Informes de Crédito (CRA) para recopilar los datos de los acreedores, decidieron formar organizaciones que pueden ayudar a las personas en problemas financieros a salir de sus cargas de préstamos hasta el punto de que sus deudas se liquiden parcial o totalmente. Esto llevó al establecimiento de la Fundación Nacional para el Asesoramiento de Acreditación en 1951 en los Estados Unidos. La organización se volvió activa y manejó muchos más problemas en la década de 1960. En particular, tendieron al creciente volumen de bancarrota en ese momento e hicieron contribuciones increíbles.

Poco después, *Credit Counseling* (consejería de crédito) apareció en diferentes partes del mundo, particularmente en Europa, donde fue más popular era en países como el Reino Unido y Suecia. Según informes de varios tipos de investigación, hay alteraciones en el estilo y las funciones específicas de los asesores de crédito, pero algunos son generales. Eso incluye el hecho de que tu asesor de crédito es un individuo cuya responsabilidad principal es considerar la precaria situación de tus finanzas y ofrecerte educación y sugerencias sobre el manejo de la deuda, ayudarte a elaborar tus presupuestos y negociar con tus acreedores para ver cómo deudas que no se pueden pagar se resuelvan.

Algunas de estas organizaciones son organizaciones sin fines de lucro y muchas más están orientadas a las ganancias. A menudo, cobran precios altos por sus servicios y muchas otras veces, han ayudado a sus clientes a través de sus diferentes préstamos para automóviles, hipotecas, préstamos con tarjeta de crédito y deudas que de otro modo no habrían podido pagar. Algunos préstamos son perdonados por la firma de crédito en una negociación de alivio de la deuda iniciada por asesores de crédito. En otros casos, negocian con una empresa de crédito para ver cómo los intereses de los préstamos de los clientes se reducirían al mínimo, y se aseguran de que se les facture la pequeña cantidad que podrían pagar mensualmente. Estas situaciones se consideran como el plan de gestión de la deuda en los Estados Unidos y se conocen como Acuerdo voluntario individual en el Reino Unido. Después de que las compañías de crédito hayan acordado y reducido las tasas, las deudas totales del individuo se fusionan como una sola deuda que los clientes entienden que deben pagar.

Si te encuentras en una situación financiera difícil, una de esas veces en que los cálculos se topan entre sí en tu cabeza, y comienzas a darte cuenta de que podrías estar viendo una crisis financiera en el ojo. te preocupa que probablemente te resulte difícil pagar los créditos del próximo mes. Sucede muchas veces, y sacarte es el trabajo de los asesores de crédito. Revisan tu situación financiera y te ofrecen sus mejores opciones. En palabras de McClay, un destacado personal de

NFCC, "cuando te encuentras con un asesor certificado, obtienes asesoramiento experto sobre cómo puedes superar tus mayores desafíos financieros". Es interesante notar que la mayoría de las sesiones de asesoría de crédito se realizan por teléfono o en la computadora; solo un porcentaje mucho menor involucra interacción fuera de línea.

¿De verdad necesitas uno?

Un asesor de crédito certificado está capacitado para darte opiniones de expertos sobre tu crédito en particular. Esto significa que si no tienes ningún registro de crédito, ni siquiera necesitas un asesor de crédito. Pero eso es muy justo, ya que deberías tener cuentas de crédito, como acordamos anteriormente. Si, por otro lado, tienes cuentas de crédito, probablemente préstamos, préstamos cerrados o tarjetas de crédito, etc., puedes utilizar un asesor de crédito, pero de ninguna manera es obligatorio. Hablemos de esto. A muchas personas les resulta relativamente fácil pensar por su cuenta y encontrar soluciones a sus problemas. Son sus propios jefes y han vivido toda su vida aprendiendo a decidir. Si eso suena como eres tu, entonces no puedes ir lejos con un asesor de crédito. Es probable que tomes tus propias decisiones, ya sea que te alinees con lo que el consejero acaba de sugerir o no, y que solo actuaría de acuerdo con sus decisiones. Puede parecer una mala idea, pero es solo la forma en que las personas así.

Para algunos, sin embargo, su situación financiera se les ha ido de las manos. Ya no pueden manejar su problema financiero. Necesitan que alguien los escuche y hable con ellos sobre el dinero y cómo administrarlo. La mejor opción para personas así es obtener las sugerencias y opiniones de un experto. La revista 2019 de críticos financieros también observa que "si las personas usan opiniones de expertos desde el momento en que obtienen sus préstamos o desde el momento en que obtienen sus tarjetas de crédito, estarían medio mejor de lo que solían ser". ¿Por qué? Porque no cometerían la mitad de los errores que cometen a menudo sin un consejero. También tendrían presupuestos bien delineados que podrían guiar su vida financiera.

Pero eso no descartes el hecho de que mucha gente ha operado hábilmente sus créditos y deudas. Han salido de situaciones financieras condenatorias y siguen invictos como siempre. Seguramente recuerdas que Donald Trump es un ejemplo vivo de ese caso. Como parece, la única inferencia que debes hacer es que la elección es tuya. Ya sea que vea a un asesor financiero o de crédito, se trata únicamente de cómo se siente al respecto. Después de todo, los servicios de un asesor financiero se pueden utilizar en cualquier momento y usted puede administrar sus finanzas bastante bien sin ellos.

¿Cuáles son los servicios prestados por un asesor de crédito?

a. **¿Cuáles son los servicios prestados por un asesor de crédito?:** No se trata de agencias de informes de crédito que recuerdas, pero también calculan tu información financiera. De hecho, calculan y analizan todos los datos relacionados con tus finanzas (ingresos, gastos, presupuestos, préstamos, asociaciones y activos totales) contigo. A diferencia de las agencias de crédito, un asesor de crédito se sentaría, revisaría y proporcionaría opiniones de expertos sobre tus finanzas. Por ejemplo, tienes diferentes recursos por valor de un millón de dólares, pero debe $ 500,000. Podemos suponer que ni siquiera sabías que tenías suficientes recursos para pagar esa deuda, pero ahora lo ves. Eso no es todo, debates intensamente las posibles formas en que puedes pagar esta deuda sin consumir una gran parte de tus recursos. Entonces, primero, la compilación y el análisis de tu información financiera son lo que hacen los acreedores.
b. **Consejo de préstamo:** La razón principal por la que las cosas se salen de control es que tomas las decisiones incorrectas en el momento necesario. Tal vez, estés bastante seguro de que contra viento y marea todo saldría así, o no tienes idea de que está cometiendo un grave error. A nadie le gusta estar en una

situación financiera desafortunada. Definitivamente, no yo. Supongo que tú tampoco. Probablemente hayas cometido un error y es por eso que busca un consejero. Los asesores capacitados y certificados a menudo lo hacen bien. Te rescatan con algunos consejos tácticos y cronometrados sobre tus préstamos. Qué tan pronto deberías pensar en préstamos si tienes algunos en este momento, tus próximas posibilidades de préstamos y muchas otras conversaciones relacionadas.

c. **Hacer presupuesto:** Si bien ofrecen opiniones de expertos sobre la redacción de préstamos, es probable que no disfrutes de ningún otro servicio de asesores de crédito tanto como el presupuesto. ¿Has visto cómo se ve un presupuesto profesional? Esta es una de tus fuentes más seguras para elegir una de ellas. Si bien te ayudan a calcular un presupuesto profesional que seguramente te resultaría atractivo seguir, te ayudarían a transmitir lo mejor que puedes tener de los elementos de tu lista de presupuesto. Por lo general, redactan y te presentan un presupuesto que contiene todo lo que esperas comprar. Mientras te sientas y participa activamente, te ayudan a simplificar tus gastos a lo básico. También te recomiendan encarecidamente que cumplas con tu presupuesto.

d. **Consejo de bancarrota:** La bancarrota es una condición financiera de la que dedicaremos un tiempo para hablar en algunas de las próximas páginas. Pero entonces, podría interesarte saber que es una condición desgarradora de las finanzas que seguramente no deseas lograr. Las personas en quiebra a menudo tienen dificultades para moverse junto la vida. Prácticamente no pueden pagar nada y por lo general tienen enormes deudas. No obstante, no es abominable. Es un estado que podría pasarle a cualquiera. Los asesores de crédito también están especialmente capacitados para sacar a las personas de esta fase. No financiándolos monetariamente, sino a través de decisiones informadas que pueden ayudarlos a encontrar nuevamente su posición en el mundo financiero.

e. **Diseño de un plan de gestión de la deuda:** ¿Has oído hablar del Plan de gestión de la deuda? Pues, un plan de gestión de la deuda es un esquema generalmente propuesto por los asesores de crédito a los acreedores en nombre de sus clientes. Su firma de asesoría de crédito puede sugerirte esto si tienes dificultades para mantenerte al día con los registros de préstamos, pagar o si no puedes pagar tus cargos cada mes. Es probable que su firma de asesoría de crédito negocie con todos y cada uno de sus acreedores para reducir tus intereses y reducir tus cargos mensuales para que puedas pagarlos regularmente. Después de hablar con todos tus acreedores y llegar a un acuerdo sobre cuándo y cuánto se pagaría a cada uno, tu firma de asesoría regresa a ti. La firma de crédito abre una cuenta, y usted debe pagar el monto total adeudado a la cuenta cada mes, con respecto a los nuevos términos y condiciones del préstamo. Es lo que muchos llaman consolidaciones de deuda de préstamos, y las empresas de asesoramiento generalmente cobran un poco por ello.

f. **Usando tus créditos para tu beneficio:** ¿Cuál es la condición de tus finanzas? ¿Cuánto tienes? ¿Cuál es tu límite de retiro? Estas y muchas otras son preguntas que tu asesor de crédito estaría dispuesto a discutir contigo. Están interesados en tus posibilidades de utilizar tu crédito en la medida de lo posible. También quieren asegurarse de que tus paquetes de crédito sean convenientes.

g. **Conseguir un acuerdo de liquidación de deudas para ti:** ¿Has llegado a un punto en el que honestamente necesitas un arreglo de deuda? Muchas cooperativas de crédito ni siquiera escucharían a un deudor directamente. Además, traer a un experto muestra que realmente lo deseas, y tenías que pedirle a alguien que suplicara a los bancos en tu nombre. Obtener una liquidación de deudas se convierte en una opción cuando ha intentado todo lo posible para ver el préstamo pagado, pero ninguno de los esfuerzos valió la pena. Llegaste a un punto en el que sí tienes que perder tu propiedad por no pagar un préstamo. Ese es el momento en que obtener una liquidación de deudas se convierte en una alternativa. Los asesores de crédito pueden guiarte a través de este proceso.

Resumen del capítulo

Descubre las verdades sobre la asesoría y los asesores de crédito. ¿Realmente necesitas un asesor de crédito? ¿Cuáles son los roles y la importancia de los asesores de crédito? Descúbrelo por ti mismo en este capítulo.

CAPÍTULO SIETE:

ESTRATEGIAS SIMPLES PARA ARREGLAR TU CRÉDITO

Es posible arreglar tu crédito, y no es tan difícil como se te ha hecho creer. No importa cuán malo parezca tu puntaje de crédito, las formas de aumentarlo mágicamente son, de hecho, son muy simples y prácticas.

Contrariamente a los mitos comunes de que un puntaje de crédito puede llegar a ser tan pobre que no puede arreglarse, o que no se puede arreglar ningún puntaje de crédito. Siempre que encuentres la necesidad de arreglar uno, aplica las siguientes estrategias:

1. **Contratar a un experto:** La razón por la que puedes administrar tu empresa es que es bastante inteligente y, de alguna manera, todos lo son. Pero no importa lo bueno que seas, siempre es bueno tener opiniones de un experto en casos técnicos como este. Definitivamente has aprendido lecciones a medida que tu puntaje de crédito cae drásticamente y luchas por mejorarlo. No es una mala idea escuchar un par de palabras incisivas de un experto. Te ayudarían con tu presupuesto, planes, decisiones financieras, etc. Servicios como estos a veces son pagados y a veces son gratuitos, dependiendo del motivo de la organización o del individuo al que te acerque. Puedes contratar un asesor de crédito o financiero, un economista o un abogado de bancarrota, entre otros especialistas.
2. **Trabaja en tu historia:** Dado que tienes algo de historial para comenzar y estás comenzando de nuevo, siempre es una buena idea revisar tu historial. Debes averiguar qué hizo mal en cada

caso, qué fue lo correcto y qué debería haberse aplicado en tus transacciones. Términos que serían convenientes para tu negocio. Políticas a las que puedes suscribirte convenientemente y aquellas que nunca deberías considerar, sin importar cuán jugosas parezcan. Deberías estar atento a los errores que no notaste también, quién cobró exorbitantemente, a quién puedes recurrir para más negocios, etc.

3. **Estar actualizado en tu puntaje de crédito:** Es una nueva temporada y quieres disfrutar de todas las bendiciones que trae, cerrando los ojos, tan fuerte como puedas, del otro lado. Una de las formas en que puede hacer esto es comenzar a monitorear tu informe de crédito para que nunca vuelva a salir mal. No importa lo mal que parezca, seguramente obtendrá lo mejor de ti en el momento en que siempre estés actualizado con tus puntajes de crédito y tu informe de crédito en general. Debes pensar en la posición de tu crédito y tomar decisiones informadas en tus finanzas cada vez. Gradualmente, puedes aumentar tus puntajes de crédito de esta manera. Además de esto, debes mantener tus ojos en el informe de crédito y tus oficinas de crédito. Esta vez te mereces un récord y no debes evitar fallas que puedan arruinarlo. Por lo tanto, mantente actualizado sobre tu información de crédito y considera eso cada vez que tomes decisiones financieras.
4. **No cierres tus antiguas cuentas:** Ya sea que tus cuentas hayan retrasado o hayan llegado a un punto que no quieras asociarte con ellas, siempre se recomienda que las mantengas abiertas de alguna manera. Mantener las cuentas abiertas puede servir como una ventaja en otras transacciones de crédito en las que podrían probar tu experiencia con los préstamos. No obstante, si debes cerrar una cuenta, asegúrate de que no haya deudas o saldos que cubrir, ya que eso puede ser un gran inconveniente para tu nueva cuenta. De hecho, es muy recomendable que evites crear nuevos registros de crédito en este momento.

5. **Llega a tus acreedores:** Ahora esto es interesante. Mucha gente no ve la necesidad de comunicarse con sus acreedores después de que se hayan activado tus préstamos. Especialmente si pueden pagar los cargos y parece que no hay razón para estar en contacto. Pero eso no está bien. No siempre es el caso que puedes pagar tus cuotas mensuales. A veces, puedes tener grandes planes o inversiones que no pueden esperar hasta el próximo mes y tu mejor manera de lograrlo es tu deuda mensual. Si estás en contacto con ellos, estableciendo firmemente que aprecias tu interacción comercial y no te importa relacionarte con ellos más allá del contrato actual, se alegrarán de haberlo hecho. Puedes contar con ellos en esos momentos para ser indulgente y encontrar alguna manera de garantizar que tu puntaje de crédito no se vea afectado. De hecho, muchas transacciones comerciales se llevan a cabo sobre la base de la buena relación entre las figuras clave del negocio.
6. **Sé paciente:** Tu puntaje de crédito no se deterioró en horas; debes esperar que los intentos de reconstruirlo también tomen su tiempo. Los diferentes pasos que tomes no producirán muchos resultados positivos de inmediato, ciertamente, no tanto como te gustaría. Pero no hay razón por que desesperarse. En efecto, es posible construirlo nuevamente y sucederá si eres consistente.

   No importa cuánto tiempo parezca el proceso, siempre funciona para aquellos que son constantes. Como diría Harry Hans de *Financial Times.*
7. **Evita créditos innecesarios:** Seguramente recordarás que el tribunal federal de quiebras declaró en 2013 que más del 70% de las deudas no garantizadas se incurren en compras que podrían evitarse. No desearás agregar un centavo a ese porcentaje. Es por eso que debes evitar comprar artículos que no aparecen en tu presupuesto.

   También debes limitar la velocidad a la que exploras los mercados y obtener algunos beneficios, cortesía de tu tarjeta de crédito. Puedes obtener un buen puntaje nuevamente, si toma estos consejos. Ninguno de estos es un principio particularmente nuevo. Todos son simples y prácticos. Asegúrate de mantenerlos en tu mente.

Resumen del capítulo

Este capítulo final te proporciona estrategias viables probadas y confiables que podrían ayudarte a construir tu puntaje de crédito.

bunq
debit

CONCLUSION:

ERRORES A EVITAR DURANTE LA REPARACIÓN DE CRÉDITO

Hasta ahora, en esta maravillosa exposición, te he revelado las verdades centrales sobre el crédito y la solvencia crediticia y hemos argumentado las estrategias más vitales mediante las cuales tú mismo puedes reparar tu crédito y aumentar tu puntaje crediticio de malo a excelente.

Pero, es importante no dejarse llevar por la desesperación por reparar tu crédito, ya que comienzas a caer en los errores más comunes que pueden sabotear tus esfuerzos.

Como información extra, te presento algunos de los errores más importantes a tener en cuenta mientras reparas tu crédito. Desde mi experiencia con personas en tu misma posición que tienen una u otra dificultad con su historial crediticio, estos errores son comunes y sutiles.

De hecho, algunos de ellos parecen ser soluciones o trucos de la reparación de crédito, pero finalmente deshacen tus esfuerzos, así que ¡Prepara tu resaltador!

No verificar los informes de crédito

Este es quizás el problema más fundamental en la reparación de crédito. Se deriva de la absoluta ignorancia o la mera imprudencia o un mal hábito relacionado con las finanzas o la negativa intencional a enfrentar los hechos de tu estado crediticio. Bueno, la verdad es que la negativa a reconocer tu desorden de crédito no lo desaparece. ¡La realidad te perseguirá en el momento en que ingreses a un banco para solicitar un préstamo o necesites solicitar un nuevo trabajo y el empleador lo solicite!

Verificar regularmente tu informe de crédito te mantiene actualizado con tu estado de crédito y te ayuda a identificar las áreas problemáticas para resolver. También te mantiene al tanto de las áreas específicas en las que tu informe se ve afectado negativamente, por tanto, qué información abordar o disputar, y en qué parte de tus compromisos financieros te centrarás. Por lo que concierne al crédito, cuanto más sepas, mejor para tu estado crediticio. Más aún, ten en cuenta que es un gran perjuicio para ti esperar hasta que una empresa financiera o empleador solicite tus informes de crédito antes de revisarlos tú mismo. Existen varias plataformas en línea conocidas para verificar tus informes. Un ejemplo típico es, la página del Informe de créditos gratuitos de la Comisión Federal de Comercio.

Falta de pago de la deuda rápidamente

Lo que muchos no se dan cuenta es que pagar sus deudas rápidamente, también, es una de las formas más seguras de remediar su mal crédito. La salida es compensar sus deudas en pequeños partes regulares. Mantenerse fiel a un patrón particular de liquidación de deudas mejora enormemente el puntaje de crédito. Toma en serio los créditos, especialmente las tarjetas de crédito que están a punto de agotarse. Otro enfoque igualmente significativo es pagar tus préstamos a plazos, como préstamos estudiantiles y préstamos para automóviles, dependiendo de cuáles se apliquen para ti. La reducción constante de sus préstamos y deudas no solo mejora tu puntaje de crédito, sino que lo vende como un cliente confiable y responsable a futuros empleadores, firmas de préstamos, bancos y otras organizaciones relacionadas con las finanzas.

Documentación incorrecta o no

La documentación es muy esencial para llegar a un puntaje de crédito impresionante. Es un error no documentar cada actividad financiera en la que participas. Tu historial de gastos es uno de los factores que las agencias de crédito consideran para calcular tu puntaje de crédito. Esto explica por qué nunca debes aceptar un acuerdo oral; por débil que parezca. Todos los pagos deben estar respaldados con documentación o al menos recibos. En la medida en que haya un compromiso financiero adjunto, asegúrate de tenerlo debidamente documentado. Tus pagos documentados y actividades financieras son útiles cuando o si tienes una razón para disputar un informe más adelante en el futuro. Las oficinas no funcionan con acuerdos orales, por lo que sí has estado compensando una deuda o pagando un préstamo, por ejemplo, asegúrate de que estés bien documentado.

Disputas excesivas

Los errores son inevitables en los informes de crédito. La mayoría de las veces, son las consecuencias de una información insuficiente, que puede ser causada por documentación inadecuada como se mencionó anteriormente. Cuando observas un error en tu informe, es normal reaccionar presentando una disputa. En un capítulo anterior de este libro, discutí los beneficios de presentar disputas y cómo escribir una carta de disputa efectiva. Sin embargo, presentar disputas excesivas hará todo lo contrario a tus informes de crédito. En efecto, está mal disputar todo el informe. Debes disputar sólo la información de la que estás seguro, y tienes una copia de seguridad adecuada o evidencia para probar.

Declararse en bancarrota

La declaración de quiebra es un enfoque de reparación de crédito bastante delicado que únicamente debes usar con precaución porque realmente nunca ayuda a tu crédito. Por supuesto, esto te libera temporalmente de la carga de la deuda y te hace centrarte en otros compromisos financieros productivos.

Debes tener en cuenta que la bancarrota nunca funciona realmente sin afectar tu futura solvencia crediticia. Deja una mancha en tu crédito. Presenta la bancarrota hoy, y permanecerá pegada a tu historial crediticio durante al menos siete a diez años, lo que tiene la posibilidad de impedir un futuro préstamo.

Transferencia de saldos de tarjetas de crédito

A veces, las compañías y los expertos en reparación de crédito sugieren transferir el saldo de crédito de una tarjeta a otra como una técnica de reparación de crédito, pero esto no siempre es una buena idea. No reduce ni quita la cantidad de deudas que tienes. No obstante, aún tendrás que sacrificar tus intereses porque la mayoría de las veces, las tarifas de transferencia eclipsan cualquier interés que puedas obtener. Algunas personas hacen esto porque quieren cerrar las otras tarjetas de crédito y consolidar sus deudas en una sola tarjeta de crédito. Al final, pierdes más de lo que ganas. Sacrificas el historial de crédito que has acumulado hasta ahora en las tarjetas de crédito que deseas cerrar.

Cancelar cuentas de tarjeta de crédito

¿Es realmente una buena idea? ¡Tal vez no! Nunca puedes aumentar tu puntaje de crédito cerrando tus tarjetas de crédito. La verdad sobre tu informe de crédito, como has aprendido hasta ahora, es que existen muchos factores. Cerrar una cuenta de tarjeta de crédito con muchos registros malos, como deudas, pagos atrasados, etc., parece ser capaz de aumentar tu puntaje de crédito, pero por el contrario, no es así.

Esto se debe a que la duración de tu historial de crédito es uno de los principales factores que ingresa tu informe de crédito. Cerrar una cuenta no hace más que reducir la duración del historial de tu tarjeta de crédito, lo que te hace perder algunos puntos al respecto. La salida más vital es mantener las cuentas y reducir los pagos bajos en ellas.

Volviendo a las deudas incobrables

Las deudas incobrables son formas rápidas de perder puntos en tu puntaje de crédito. Es normal e incluso recomendado obtener un préstamo para una actividad comercial que producirá mucho más que el préstamo y los intereses juntos. Esa es una buena deuda, pero cualquier cosa contraria es una deuda incobrable. Las deudas incobrables te dejan frustrado y afectan tu puntaje de crédito. Después de cancelar una deuda, muchas personas y pequeñas empresas a menudo vuelven a endeudarse en un intento por recaudar fondos suficientes para sus actividades comerciales y compromisos. Si bien esta no es una idea totalmente mala, lo malo es la naturaleza de los préstamos que han adquirido y los términos involucrados, lo que a menudo resulta en deudas que son difíciles de pagar. Desafortunadamente, demasiadas deudas incobrables sabotean todos tus esfuerzos para construir tanto tu negocio como tu puntaje de crédito.

Contratación de una empresa de reparación de crédito sombría

Si bien la contratación de una empresa o experto en reparación de crédito no es una mala idea para las personas que no tienen la experiencia o la paciencia para llevar a cabo el proceso de reparación o reparación de un puntaje de crédito malo, tiene sus propias desventajas y costos. La mayoría de las compañías de reparación de crédito, en un intento por impresionar a sus clientes, disputan ciegamente los informes de crédito. Este es a menudo el primer paso hacia el fracaso. Al final del día, se elimina mucha información positiva de los registros del cliente. Otra desventaja importante de contratar compañías de reparación de crédito es el costo involucrado. De acuerdo con *Credit Karma,* los cargos por servicios de dichas compañías oscilan entre $ 50 y $ 150 mensuales por servicios que podrías prestar con algunos consejos y paciencia.

Ser impaciente

La fijación de crédito no es un milagro. Requiere diligencia y paciencia. Debes mantenerte comprometido con las ideas a lo largo del tiempo para obtener un resultado positivo. La actitud hacia la reparación de tu crédito dará un resultado lento pero seguro que eventualmente culminará con el paso de los años, dependiendo de la extensión del daño ya hecho a tu crédito. Con los consejos aplicados correctamente, puedes estar en camino a una calificación crediticia de más de 720.

CÓMO LIDIAR CON LAS DEUDAS DE CRÉDITO

Descubre cómo manejar tus deudas de crédito, la bancarrota, el juicio o el embargo para que puedas salir de ellas

Ruben Hanson

INTRODUCCIÓN

Hay varias formas de abordar el problema de la deuda. Cuál es el adecuado para ti depende de si estás en una crisis de deudas o si solo tienes deudas pequeñas o más grandes. Lo que cuenta como crisis de deuda depende de a quién le pregunte, pero una buena indicación de que podrías estar en una es si respondes afirmativamente a cualquiera de estas dos preguntas:

1. ¿Tienes dificultades para pagar todos los gastos básicos, por ejemplo, hipoteca, alquiler, facturas de energía y mínimos de tarjetas de crédito?
2. ¿Tus deudas son mayores que tus ingresos después de los impuestos de un año?

Incluso si tus deudas son grandes, si puedes manejarlas, incluso al nivel mínimo, NO estás en una crisis de deuda y se aplican diferentes soluciones, las cuales cubrimos a través de los capítulos de este libro.

Si estás en crisis de deuda, en primer lugar, no debes asustarte solo por el nombre. Nunca hemos oído hablar de alguien con deudas tan graves que no hay un camino a través de ellas. Empezar a lidiar con ellas te hará sentir mejor y acelerará el proceso. Incluso para aquellos en crisis, la última opción nuclear —la bancarrota— es rara. Incluso entonces, siempre hay esperanza.Si estás pasando por una crisis de deudas, el hecho de que estés aquí y leas sobre ello es un gran comienzo. Mucha gente simplemente cierra los ojos a la realidad, que es lo peor que se puede hacer. Ahora que sabes que hay un problema, podrás sentirte peor que antes. Pero el hecho de que estés buscando la manera de resolverlo significa que, en realidad, estás mejor.

El asesoramiento sobre deudas implica negociar con los acreedores e incluso considerar la bancarrota, acuerdos voluntarios individuales u órdenes de alivio de la deuda. Se trata de medidas serias, diseñadas para quienes tienen alternativas limitadas. Sin embargo, esto trae consigo el debilitamiento de tu puntaje crediticio y menos acceso a productos financieros y de consumo. Pero no te preocupes, aquí encontraras la ayuda necesaria para lidiar y evitar estos inconvenientes.

Durante los siguientes capítulos de este libro se discutirán diversos temas como la relación entre las deudas y el crédito, las diferencias entre las deudas buenas y malas, y la relación entre tu puntaje de crédito y tus deudas. También revela cómo administrar tu crédito frente a las deudas. También, si estás considerando declararte en bancarrota, hay varios factores a tener en cuenta antes de hacerlo. Toda esta información te iluminará acerca de los tipos de bancarrota, juicios y embargos, las implicaciones en tu perfil de crédito, lo que puedes ganar si te declaras en bancarrota, y todo lo demás que debes saber antes de hacerlo. Son medidas drásticas, pero no te preocupes, esta guía te mostrará todo lo que necesitas saber paso a paso. ¡Empecemos!

CAPÍTULO UNO:

LA RELACIÓN ENTRE DEUDAS Y CRÉDITO

Deudas VS Créditos, ¿son lo mismo?

Puedes ser bastante difícil saber si estos términos son diferentes o no, considerando cuán acertadamente uno sustituye al otro en boca de muchas personas en diferentes idiomas. Se vuelve más complejo cuando se considera cómo muchos lexicógrafos eligen definir estas palabras como sinónimos entre sí. Pero ten en cuenta una línea de distinción, lo que definieron son palabras, no términos y sobre esa base, tienen razón. Pero en el mundo de los negocios donde estas palabras se usan técnicamente, hay una línea delgada y plateada de distinción entre ellas. ¿Qué implica eso? No son lo mismo, pero son palabras que funcionan en campos relacionados. ¿Recuerdas "pedir prestado" y "prestar" en la gramática ortográfica? Tu estarás de acuerdo, pedir prestado no es lo mismo que prestar, y el prestar no puede sustituir al préstamo, estamos hablando de lo mismo aquí.

El crédito es el monto total disponible para ser entregado a una persona considerada digna, con la condición de que pague de acuerdo con las regulaciones acordadas. Recuerda esa cláusula que escuchas cuando el agente de servicio al cliente de tu tarjeta de crédito se sienta frente a ti, tu nueva tarjeta de crédito en tus manos extendidas mientras ella dice. "Señor Grezen, tengo que decirte que mil dólares ($ 1000) es la cantidad máxima que puedes retirar de tu tarjeta de crédito cada mes". ¿Recuerdas momentos como ese? De eso te estoy hablando. El monto total posible para obtener un préstamo es tu crédito. ¿Cuál es el balance de crédito en tu tarjeta de crédito? El monto total que tienes en tu tarjeta de crédito no siempre es el problema. El problema, de hecho, es tu deuda. Entonces, ¿cuál es tu deuda? En el momento en que hayas sacado fondos de manera decisiva, de una compañía de crédito, un amigo o pariente, en una condición mutua que pagará de acuerdo con ciertos términos y condiciones, has tomado deudas. Como ejemplo práctico, recibiste $ 45 de un amigo, $ 65 de Pops, $ 250 de una compañía y pagó un par de zapatos por un valor de $ 100 con tu tarjeta de crédito. Has acumulado con éxito deudas de varios orígenes en ti mismo. Deberías pintar esta imagen en tu mente ahora. Si no retiras de tu tarjeta de crédito, tu crédito permanecerá allí y no se te cobrará cuando finalice el mes. Lo mismo ocurre con todas las demás deudas que hayas contraído. Siguen siendo créditos cuando están disponibles, pero aún no se han extraído, y deudas, en el instante en que se extraen. Por cierto, si has retirado todas esas deudas mencionadas en el último párrafo, entonces parece que tienes mucho qué gastar cuando finalice el mes. Entonces, ¿Ahora entiendes la relación entre crédito y deuda y entiendes crédito vs deuda? Increíble, ¡sabía que lo harías! Ahora que puedes diferenciar el crédito y la deuda, te proporcionamos los detalles de otra parte de la deuda, la deuda buena y la deuda mala.

La buena y mala deuda

¿Cómo se siente hablar de deudas? A partir de un trabajo de investigación que comencé junto a dos estudiantes de doctorado de una universidad de Carolina del Norte, aún no hemos finalizado los hechos, pero cada vez es más evidente que la mayoría de las personas odian la idea de las deudas. *Express Funds* (Fondos Express), un programa de televisión, decidió tomar muestras de las opiniones de las personas sobre el mismo tema, por lo que solicitaron a todos que dieran su opinión sobre la obtención de préstamos en uno de sus programas. Previsiblemente, alrededor del 60% de los encuestados consideraron que tomar préstamos es una mala idea. "¡Las cooperativas de crédito te gravan la vida!", Gritó una mujer por teléfono. Otro lamentó que haya tomado préstamos personales y que no pueda respirar sin preocupaciones hasta que pague el último centavo. La mayoría de los hombres se quejaron de las tarjetas de crédito. Simplemente no pueden explicar cómo terminan con deudas tan feroces cuando termina el mes. ¿Pero notaste algo? Hasta un 40% no está de acuerdo, ¡eso es bastante alto! Cuando se les preguntó, mencionaron cómo no habían obtenido su casa o automóvil si no hubieran ido a una hipoteca y se sentían convenientes para pagar sus préstamos. Si el 40% de los encuestados no considera que tomar deudas es una mala idea, entonces la deuda no siempre es una mala idea, y tampoco es una buena idea porque el 60% de los encuestados no puede considerarse desorientado. Aquí es donde se pone interesante, algunas de las deudas son malas y otras son buenas. ¿Cómo? ¿Qué son las deudas buenas y las deudas malas?

Buenas deudas

Muchas veces, de repente se siente la necesidad de lograr algo enorme en la familia, en la carrera o como una inversión a largo plazo. Es probable que comiences a pasear por la habitación, con la mano en la cabeza, pensando furiosamente dónde obtener la cantidad tan grande que necesitas. Finalmente, decides obtener un préstamo de amigos, familiares o un especialista.

Puedes estar planeando:

- Invertir en tu negocio
- Poner en marcha un nuevo negocio
- Pagar algunos costos de funcionamiento necesarios para hacer tus productos
- Enviar a tus hijos a la universidad o asistir tú mismo a la universidad
- Obtener algunos tipos de maquinaria para tu negocio
- Fusionar o comprar un negocio plegable
- Inversiones inmobiliarias comerciales
- Hipoteca, etc.

Puedes imaginar el tipo de urgencia que sentirías en tu cuerpo si tienes que hacer un pago por cualquiera de los elementos anteriores. Estarías listo para prestar de cualquier persona porque estás seguro de que obtener estas cosas puede generarte beneficios a largo plazo. Si finalmente obtienes dichos fondos, difícilmente te importaría el interés porque estás seguro de haber invertido los fondos en algo productivo que puedes ver, percibir y conservar durante el mayor tiempo posible. Incluso en esos momentos en que sientes la carga de pagar precios tan altos, siempre puedes mirar detenidamente lo que gastó los fondos y consolarte; "¡Vamos, vale la pena!". Los analistas económicos prefieren llamar a este tipo de préstamos "préstamos a plazos". Por lo general, se realizan en compras que no puedes comer o consumir de inmediato, en cambio, están disponibles por un tiempo prolongado.

Deudas incobrables

Las deudas incobrables son el tipo de deudas más común en el mundo de hoy. Según la encuesta "American Express" en Nueva York, 2018, el 55% de las deudas se incurren en créditos rotativos. Esto significa que el mayor porcentaje de estos préstamos se incurre en transacciones simples. Dichas transacciones no son a largo plazo en la mayoría de los casos. Cuando lo están, se deprecian rápidamente. La mayoría de los productos o servicios que no se pueden prohibir por un período prolongado se compran con préstamos como este. Estamos hablando de debuts incurridos en lo siguiente:

a. **Vehículos:** Obtener préstamos para vehículos, excepto, por supuesto, vehículos para transporte comercial, no es una gran idea. Bien, necesitas algunos medios de transporte. Necesitas una ruta más rápida al trabajo y deseas moverte a tu conveniencia. Pero obtener un préstamo a largo plazo sigue siendo una mala idea. Si estás seguro de que puedes pagar estos préstamos en poco tiempo, tal vez, de 3 a 6 meses, entonces no es una mala idea. Sin embargo, debes tener en cuenta que los vehículos y dichas instalaciones requieren costos de funcionamiento y mantenimiento. Esto significa que siempre tendrás que pagar por los servicios del automóvil, el mantenimiento, etc. Son costos que a veces pueden irrazonables, y cumplirlos no es más fácil con las deudas a la mano. Se requeriría más mantenimiento y reparaciones, tal vez, para cambiar antes de pagar tus créditos.

b. **Consumibles:** ¿No es difícil de creer? Las investigaciones empíricas nos muestran que los consumibles son las formas más altas en que las personas obtienen préstamos. La gente saca préstamos, usa tarjetas de crédito, obliga a sus seres queridos a usar sus tarjetas de crédito para comprar consumibles y obtener deudas adicionales. ¿Qué son los consumibles? Productos que se pueden comprar y consumir en poco tiempo. Alimentos, bebidas, vestidos, zapatos, comestibles, vacaciones y artículos similares. Muchos puntos de investigación indican que las personas generalmente no obtienen consumibles porque los necesitan en la mayoría de los casos, sino que se sienten atraídos por los consumibles y no pueden resistir el impulso de exprimir sus tarjetas de crédito; siempre puedes pagar esto en algún momento después de todo.

Evalúate, ¿cuáles son las deudas incobrables en las que incurres innecesariamente? ¿Cómo vas a detenerlas?

Ahí ves, Deudas buenas versus Deudas malas. ¿Te has comprometido con deudas buenas? ¿Todavía tienes la inversión a tu alrededor? ¿Hay deudas en las que estás metido y no estás seguro de cómo agruparlas? No crees que sean buenas y que son lo que llaman malas. ¿Algo así? Bueno, deudas como esa son posibles, e incluirían lo siguiente:

a. **Programas de recompensa de tarjetas de crédito:** Muchas veces, las personas deciden permanecer dentro de su límite de crédito y no usar sus tarjetas de crédito innecesariamente. Probablemente te haya pasado antes, ¿verdad? Pero tu compañía de tarjeta de crédito anuncia algunas recompensas fantásticas de ello. Utiliza la tarjeta hasta este punto y gana esto o tienes la posibilidad de ganarlo. ¿Alguna vez has estado en ese zapato? Por supuesto, ese no es un buen préstamo, tampoco es un mal préstamo. Es un préstamo mutuo que está seguro cubrirá los intereses devengados con los incentivos adjuntos por su compañía de crédito. Eso podría incluir un regalo, un boleto, etc. Los costos de dicha recompensa cubren tus intereses y no has incurrido en una deuda buena o mala.

Cómo administrar tus créditos

Intentar mantener tus créditos bajo control puede ser tanto como una tarea como frustrante. Nunca pareces saber exactamente qué compraste y cómo acumulaste un cargo tan escandaloso. Probablemente hayas redactado algunas teorías e intentado resolverlas. Dolorosamente, no pudiste continuar la semana siguiente. Intentaste mucho resolverlo, pero no puedes explicar cómo todo se volvió loco. Intentaste emplear otra estrategia, pero nada parece funcionar correctamente. No te sorprendas, tu es simplemente uno de los cientos de millones que no pueden callarse cuando llega la notificación mensual. Recorrían a su habitación y se retorcían los sesos, tratando de encontrar una respuesta a una pregunta que no existe. La verdad es que no has aplicado las soluciones reales, tal vez porque no las nota. No te preocupes, las soluciones se han enumerado en las siguientes líneas, asegúrate de seguirlas minuciosamente:

a. **Tomar una decisión firme:** La tarea principal que debes hacer es tomar una decisión firme. Decide ser prudente y defiende tu decisión. No debes aprovechar la oportunidad de usar una tarjeta de crédito cada vez que puedas. Asegúrate de que valga la pena comprar lo que decidiste obtener.
b. **Selecciona una tarjeta de crédito cómoda:** Como te he hecho saber anteriormente, hay al menos 6000 cooperativas de crédito para que selecciones en el país. No es posible cumplir con el requisito de cada uno de ellos. Pero hay muchas posibilidades de que al menos te gusten 1,000. De eso, tienes alrededor de 40

que te quedan mejor. Elegir la mejor de ellas debería ser tu prioridad al seleccionar una compañía de crédito. Las compañías de tarjetas de crédito ideales no hacen cargos mensuales. Prácticamente ofrecen todos los servicios que necesitas. Ofrecen muy bajos intereses en préstamos y sus cajeros automáticos son a menudo gratuitos. Tu mejor compañía de crédito también no debería estar lejos de tu hogar.

c. **Vive dentro de tus posibilidades:** Está bien tener la locura de llevar a casa los zapatos brillantes que encontraste en el centro comercial, o tal vez el vestido rojo que viste en la tienda. Después de todo, siempre puedes ordenar la deuda con tu compañía de crédito cuando llegue el momento. Pero si haces esto todo el día, debes estar preparado para pagar más de lo que ganas. Esto se debe a que probablemente gastarás más de lo que ganas cada mes y eso secuela meses de pago de deudas sin fin en inconvenientes.

d. **Elaborar un presupuesto:** Redactar un presupuesto es algo que probablemente no se tome en serio. Al igual que muchas otras personas, asumes que un presupuesto no es tan necesario y las pocas veces que redactas uno, haces muchas compras como si ni siquiera existiera. Ese es un hábito que debes dejar de alguna manera si deseas administrar tu crédito. Necesitas tener datos documentados sobre lo que se compraría y lo que no se compraría cada mes. Eso no es todo, debes cumplirlo en todo momento. Lo que pienses que le gustaría obtener que no aparezca en tu presupuesto se agregará en los siguientes. Te sorprenderá de cuánto puedes ahorrar de tu presupuesto.

e. **Evita préstamos cuanto puedas:** Te recomiendo encarecidamente que tomes préstamos sólo cuando haya necesidades urgentes. En la mayoría de los casos, nuestras necesidades no son apremiantes y siempre podemos encontrar una forma de evitarlas.

Cuando encontramos formas de evitarlos, nos damos cuenta de que el préstamo no necesita ser redactado en primer lugar, y eventualmente se evita. Al final, se incurre en menos deudas y el crédito se gestiona razonablemente.

f. **Mantén los registros correctos:** No debes cometer el error de dejar todo en manos de tus compañías de crédito, tu banco y tus agencias de informes de crédito. Siempre existe la necesidad de tu contribución. Participa, descubre más, consulta con todos ellos. ¿Mantienen intactos los hechos y las cifras? El mantenimiento es una característica muy vital de la gestión. No deseas compensar cifras extrañas en tu informe de crédito y comenzar a preguntarte si alguna vez realizaste esas compras o si fueron enmarcadas. Pero no tienes derecho a refutarlos porque no tienes ningún registro y no puedes confiar en tu duda. El último punto para revelarte aquí es; a medida que confirme tus registros con ellos, crear un registro personal y continuar actualizándolo mientras usas tu tarjeta de crédito.

Con una tarjeta de crédito bien administrada y una visión adecuada de qué crédito, la agencia de crédito, la cooperativa de crédito y la Ley de informes de crédito justos implican. Tienes una mejor oportunidad en el mercado global, créeme.

CAPÍTULO DOS:

MANEJO DE TUS DEUDAS Y CRÉDITO

El crédito es en realidad el dinero disponible para ser prestado. Es la capacidad de un individuo de asumir deudas que sirven como una especie de fondos de respaldo para proporcionarte los medios para obtener lo que necesitas. El crédito se utiliza para realizar compras de bienes y servicios con dinero prestado. Una compañía de tarjetas de crédito o un banco crea una cuenta de crédito para ti con una cantidad máxima de dinero que puedes pedir prestado., convirtiéndolo en tu límite de crédito.

Las fuentes de crédito más comunes son los préstamos personales, los préstamos estudiantiles, los préstamos de automóviles, las hipotecas y las tarjetas de crédito. Si tu crédito disponible es mayor que tu nivel actual de deudas, los prestamistas te verán como solvente cuando quieras pedir prestado. La tarjeta de crédito es una tarjeta útil para las transacciones básicas en las que se firman las compras con la excepción del pago de la gasolina y se pagan intereses por las compras realizadas en 30 días. La deuda, en cambio, se refiere al dinero que se pide prestado para ser devuelto posteriormente con un interés específico. También se puede decir que es el resultado de pedir dinero prestado a los prestamistas. La deuda se produce cuando uso del crédito disponible. Es el dinero real que debes, del cual se supone que debes devolver a tus acreedores. En pocas palabras, el crédito es cuánto puedes pedir prestado, mientras que la deuda es la cantidad exacta de dinero que debes a tus acreedores. Una tarjeta de débito es una tarjeta que te permite realizar el pago de las compras realizadas enviando el pago directamente de tu cuenta bancaria a tus acreedores.

Deudas

Millones de personas están hasta el cuello de deudas de préstamos de negocios, hipotecas, préstamos personales, etc. Es bastante difícil mantenerse alejado de las deudas o pagarlas si no hay una gestión adecuada de la deuda. La mayoría de las personas se dan cuenta de que las deudas se siguen acumulando, no gracias a los tipos de interés. Se endeudan porque o bien gastan más de lo que ganan o bien carecen de la disciplina necesaria de inculcar el hábito de pagar la deuda. Te conviene buscar asesoramiento profesional sobre cómo manejar tus deudas, especialmente si te resulta muy difícil devolverlas. Considera la posibilidad de hablar con tus acreedores también sin demora para que puedas averiguar la mejor manera de pagar estos préstamos.

¿Por qué la gente adquiere deudas?

1. **Mala administración del dinero:** Esto es algo obvio, y probablemente sea la mayor razón por la que las personas se endeudan. Obviamente habla por sí mismo. Cuando no tienes un presupuesto adecuado o careces de la disciplina para hacer un seguimiento de tus gastos diarios y mensuales, seguramente te endeudarás más rápido de lo que crees, especialmente si ganas menos de lo que gastas. La falta de presupuesto invoca la deuda. No podrás frenar los gastos innecesarios y tendrás que pedir un préstamo para mantenerte al día con esos gastos.
2. **Ingresos:** A veces en la vida, nos encontramos con cambios inesperados como un trabajo o crisis de ingresos. Puede haber un problema en el lugar de trabajo cuando se reduce el salario de los trabajadores o se despide a los empleados. El cambio repentino de los ingresos o la pérdida de los medios de vida de una persona es otro factor enorme que influye en que las personas se conviertan en deudoras. Cuando las personas se encuentran con un ingreso menor por cualquier razón, no manejan la situación como corresponde.La mayoría de las personas no pueden lidiar con el cambio, ciertamente el que está ligado negativamente a su ocupación. El no ajustar tus gastos de

acuerdo con tus bajos ingresos, dejando que tus gastos excedan dichos ingresos, te empuja a tomar préstamos tras préstamos que definitivamente no podrás pagar. No en un tiempo récord por lo menos. La clave aquí es un presupuesto adecuado.

3. **Apuestas:** Aquí hay otra razón por la que las personas se endeudan. Debido a su naturaleza entretenida y adictiva, los que apuestan están atrapados en eso sin poder hacer nada. Parece que los apostadores no pueden dejar el mal hábito. A veces, todo lo que se necesita es un solo intento y se enganchan para siempre, apostando toda su vida solo para luego aparecer en las calles sin hogar. Cuando las deudas se acumulan sin salida, con una presión insoportable de los acreedores/prestamista, la mayoría de los apostadores se ven abocados al crimen. Los prestamistas juegan con la adicción de las personas, ofreciendo siempre más préstamos, incluso cuando las deudas anteriores no han sido pagadas, hasta que el apostador se mete tan profundamente que todo lo que posee se transfiere a su acreedor. Las apuestas, sin embargo, son un juego y un negocio, uno peligroso, aunque entretenido y lucrativo.
4. **Carencia de ahorros:** No ahorrar para "el día lluvioso" es otra razón por la que las personas se endeudan. Cuando no tienes nada ahorrado para tus gastos futuros, esperados o inesperados, relacionados con graves problemas de salud, desempleo, muerte de algún miembro de la familia, etc., no se tiene más remedio que buscar prestamistas. No tener nada ahorrado no puede traerte nada bueno, excepto una carga como la deuda.
5. **Gastos médicos:** Es el siglo XXI donde los médicos y hospitales cobran mucho más que los tratamientos médicos. Sin embargo, no se les puede culpar. Esos tratamientos son costosos de hacer y el mundo está avanzando más. Aunque no se puede culpar a los hospitales del alto costo de los tratamientos, especialmente de los casos graves de salud, su creciente impaciencia con las personas que no pueden pagar sus cuentas médicas a tiempo es terrible. Es otra razón por la que las

personas se ven inundadas en el profundo océano de las deudas. Pedir un préstamo o sacar los gastos médicos de las tarjetas de crédito se hace mucho más fácil cuando no se tiene el dinero para pagar las deudas.

6. **Divorcio:** Las leyes americanas regulan lo que se debe hacer con el dinero de una pareja durante un acuerdo de divorcio que, por cierto, es otra forma en que una persona puede adquirir tantas deudas. Si una parte exige demasiado durante el proceso de divorcio, la otra parte no tiene más remedio que hacer lo que sea para cumplir con las exigencias de su pareja, de lo contrario se enfrenta a una pena de cárcel o una multa judicial. Sin mencionar el pago de abogados para que representen su caso. El divorcio es visto por algunos como una mina de oro.

Tipos de Deudas

- **Deuda protegida:** Se define por la necesidad de una garantía. Proporciona seguridad al prestamista de que el prestatario pagará, de lo contrario se arriesga a perder la garantía puesta en juego. La garantía puede ser una casa, un auto o cualquier otra propiedad de valor.
- **Deuda no asegurada:** en este caso, la garantía del acreedor se basa en una tasa de interés alta que el deudor tiene que pagar a lo largo de la cantidad del préstamo inicial. No hay garantía como la tarjeta de crédito ni los préstamos personales.
- **Deuda de pago fijo:** Un ejemplo de esto es la hipoteca que tiene la misma tasa de interés para el plazo completo del préstamo. Las hipotecas son préstamos para comprar casas con el crédito "sujeto a bienes raíces" sirviendo como garantía del préstamo.
- **Deuda de tasa de interés variable:** El tipo de interés en esta circunstancia puede variar sobre la existencia del préstamo al igual que las tarjetas de crédito.

- **Plazo de pago fijo:** Aquí, el préstamo se establece para ser pagado en una fecha ya fijada como los préstamos estudiantiles o las hipotecas.
- Período de reembolso variable: Este tipo de deuda no tiene una fecha fija en la que la deuda deba ser pagada como una tarjeta de crédito.
- **Deducible:** Este tipo de préstamo se utiliza para mejorar las condiciones personales y por efecto tienen beneficios fiscales al igual que en las hipotecas o préstamos estudiantiles.
- **No deducible:** Este es un préstamo que no se utiliza para comprar ningún activo como en una tarjeta de crédito o un préstamo estudiantil.

Señales de que tus deudas se están saliendo de control

Hay ciertas señales obvias a las que hay que estar atento para saber si la tasa de endeudamiento no es saludable y está fuera de control. Algunos de los cuales se destacan a continuación:

- Apenas estás cumpliendo con los pagos mínimos de tu deuda.
- Tu deuda sigue creciendo cada mes.
- Ya no tienes ahorros.
- Tu puntaje crediticio ya no está equilibrado.
- Tus acreedores te acosan por los pagos.
- Vives de sueldo en sueldo y te cuesta hacer un pago mínimo mensual.
- Pides dinero prestado para seguir pagando las facturas.
- No puedes llevar la cuenta de a quién le debes y cuánto debes.
- Empiezas a faltar a los pagos.
- Te quedas con la necesidad de elegir entre las necesidades básicas o el pago de la deuda.
- Sacas de tus ahorros para pagar tus gastos diarios.

¿Qué es el manejo de la deuda?

El manejo de la deuda se refiere al acto de adoptar diferentes medidas y técnicas eficaces encaminadas a saldar las deudas sin demasiada demora. Es la disciplina restringida para vivir el día a día con un presupuesto específico sin importar lo que causó que las deudas se acumularan inicialmente.

Cualquier medida que tomes o la organización de servicio de manejo de la deuda tomes para reducir y eventualmente pagar tus deudas es lo que se conoce como manejo de la deuda. Podrás reducir las posibilidades de hundirte en deudas y más deudas si tomas medidas prudentes que seguramente te llevarán por el camino de la estabilidad financiera.

Servicios de manejo de la deuda
Existen diversas organizaciones (la mayoría de las cuales trabajan como asesores independientes) que prestan servicios de manejo de la deuda a los deudores. El servicio está orientado a capacitar a los deudores en el manejo de las finanzas para ayudarles a pagar sus deudas en un corto período de tiempo, y dependiendo del tipo de deuda, así como los ingresos del deudor.

Programas del manejo de la deuda, cómo funciona y cosas a tener en cuenta
Los programas de manejo de deudas son programas diseñados por las empresas de manejo de deudas para trabajar con los acreedores en tu nombre con el objetivo de reducir tus deudas a través de pagos mensuales, incluyendo los intereses, así como reducir las multas por pagos atrasados. Al inscribirse en el plan de pago de la deuda, podrás hacer depósitos mensuales a los acreedores a través de una organización de asesoramiento crediticio utilizando un programa de pagos según lo establecido por los acreedores y los asesores.

Pros de los programas de manejo de deudas

- Ayuda a una persona a mantenerse más organizada y puntual con los pagos.

- Cuando el pago se hace regularmente y de acuerdo con un plan, se refleja positivamente en los informes de crédito y aumenta el puntaje crediticio con el tiempo.
- Crea un presupuesto mensual que es realista y tiene un objetivo financiero estable.
- Ofrece la consolidación de la tarjeta de crédito sin un préstamo.
- Los acreedores y cobradores de préstamos dejarán de llamar.

Por muy atractivos que parezcan estos tratos en la superficie, hay cierta información que debe ser conocida y notada. Cuando se considera un plan de manejo de deudas, hay que tener en cuenta lo siguiente.

- Toma una decisión: Antes de inscribirte en el programa, elige una agencia de asesoramiento crediticio para facilitar el proceso. Algunas de las organizaciones ofrecen asesoramiento sin fines de lucro, mientras que otras cobran honorarios. Ayudan en el manejo de la deuda y en la elaboración de un presupuesto muy práctico. Una vez que encuentres un consejero de crédito, él o ella debe revisar tus finanzas y ayudar en la creación de un presupuesto adecuado. Hay algunos puntos que debes tener en cuenta al inscribirte en un programa de manejo de deudas.
- La organización restringe a los consumidores el uso o la solicitud de créditos adicionales mientras estén inscritos en el plan.
- Se tardará hasta 36-60 meses en pagar la deuda mediante un plan de manejo de deudas.
- Tú puedes calificar para una tasa de interés más baja en las deudas y un pago mensual más bajo.
- Si los planes del manejo de la deuda se atrasan, los consumidores pueden perder el progreso en la disminución de la deuda y la reducción de las tasas de interés.
- Después de decidir si el manejo de la deuda es bueno para ti, la inscripción será realizada por un asesor de crédito que trabajará con los acreedores para negociar la tasa de interés y elaborar un programa de pagos que será revisado y aprobado por ti.

Una vez que se paguen los gastos básicos de la vida, incluyendo el alquiler, la hipoteca, los préstamos garantizados y los otros gastos, el dinero restante se dividirá entre los acreedores. Se hará un depósito mensual a tu organización de asesoría crediticia que distribuirá el dinero al acreedor de acuerdo con el pago ya acordado.

Cosas clave a tener en cuenta cuando te inscribas en el programa de manejo de deudas

- Tomar notas de las deudas y facturas a pagar por el plan de manejo de deudas y las que debes pagar tú mismo.
- Pagar a una agencia de asesoramiento a tiempo cada mes.
- Revisar los estados de cuenta mensuales para asegurar que la agencia de asesoramiento pague tu cuenta a tiempo y de acuerdo con el calendario.
- Habrá una entrevista que cubrirá todas las áreas de tus ingresos, gastos, alquiler, servicios públicos, facturas médicas, facturas de tarjetas de crédito y otras obligaciones financieras.
- Cuando la entrevista esté en sesión, tu información crediticia será verificada.
- El consejero hará sugerencias sobre ciertas áreas en las que se deben reducir los gastos, así como en las que se deben aumentar los ingresos.
- Habrá una evaluación del estado de tu flujo de caja y si sigue siendo negativo se sugerirá una solución de programa de manejo de deudas.
- Si hay un acuerdo para inscribirse en el programa, se elaborará una propuesta de presupuesto y se enviará a los acreedores para su aprobación.
- Tienes que acordar con el acreedor los términos finales que implican el pago y el tiempo que transcurrirá para que la deuda sea saldada.

- Se pedirá la información de la cuenta bancaria para que el pago mensual venga automáticamente de tu cuenta a la agencia del asesor que paga a los acreedores en base a los acuerdos ya hechos.
- El acuerdo se envía por correo. Una vez firmado y devuelto, el programa comienza.
- Recibirás un estado de cuenta mensual de la agencia de asesoría crediticia y del acreedor.

¿Cómo Manejar tus Deudas?

1. **Mantén los registros:** El primer paso para manejar tu deuda es hacer una lista completa de cada una de tus deudas, así como la información de contacto de tus acreedores. Se debe registrar la información bajo la fecha en que pediste el prestado el dinero, las tasas de interés, los pagos mensuales y las fechas de vencimiento de los pagos. Esto ayudará a mantenerte bajo control, haciéndote consciente de tus deudas, así como estimularte a tomar acciones significativas que te ayudarán a manejar tus deudas. Asegúrate de actualizar la lista cada vez que tu deuda aumente o disminuya.
2. **Paga siempre a tiempo**: Tu deuda seguirá acumulándose si te niegas a hacer los pagos a tiempo. Si te gusta hacer pagos atrasados, se te hará difícil pagar tus deudas totalmente, sin mencionar el hecho de que también tendrás que pagar una multa si no haces un pago.

   Puedes programar un recordatorio en tu teléfono para que te avise cuando sea el momento de pagar tu deuda mensual. Además, no esperes otro mes para hacer un pago si no lo haces antes. Solo paga inmediatamente que lo recuerdes. No quieres que te denuncien a la oficina de crédito ya que tal acción se reflejará mal en tu informe o puntaje crediticio.

3. **Establece bien tus prioridades:** Lo ideal es que primero pagues la deuda de tu tarjeta de crédito, ya que suelen tener tasas de interés más altas que tus otras deudas.
   Las tarjetas de crédito con altas tasas de interés obviamente te costarán más dinero. Haz una lista de tus deudas según su importancia para saber cuál pagar primero. Aunque, puedes pagar primero la deuda que tenga saldo más bajo.
4. **Pon un presupuesto para tus gastos:** Elabora un presupuesto que cubra todos tus gastos mensuales para que no gastes más de lo que debes y puedas mantenerte también al día con el pago mensual de tus deudas.
   Un presupuesto te mantendrá en guardia y te asegurará que tienes algunos ahorros para ser utilizados para algunas eventualidades imprevistas.
   Honestamente, incluso sin deudas que pagar, las personas deberían planear sus gastos mensuales. Es una técnica efectiva para evitar que te conviertas en un deudor.
5. **Pago mínimo:** Intenta hacer el pago mínimo que puedas permitirte, aunque no tengas el pago mensual exacto que se supone que debes hacer. Aunque no será significativo para reducir tus deudas, definitivamente evitará que se acumulen. Puede parecer una pérdida de tiempo, pero es mejor que no pagar nada y por lo tanto no hacer los pagos. Esto no mantendrá tu cuenta en buen estado.
6. **Paga los cargos:** Esfuérzate por pagar tus cuentas atrasadas siempre que puedas para que puedas mantener tu cuenta en buen estado. Si tus fondos son limitados, enfócate en tus cuentas positivas en lugar de las ya afectadas por tus deudas.
7. **Crea fondos para emergencias:** si no tienes ahorros, intenta, al menos, mantener algunos fondos de emergencia a los que puedas recurrir para cubrir los gastos que surjan repentinamente, gastos que no esperes. Siempre puedes empezar con una cantidad baja y luego aumentarla con el tiempo.

8. **Saber cuándo necesitas ayuda:** Cuando te resulte difícil manejar tus deudas, pagarlas o si tienes un hábito de gasto imprudente, debes saber que necesitas ayuda urgentemente antes de que tu deuda te lleve a la miseria. Busca agencias de manejo de deudas, agencia de asesoramiento crediticio o un grupo de ayuda para deudas conocido como Deudores Anónimos. Otras formas de liberarse de las deudas son la liquidación de las deudas, la consolidación de las deudas y la bancarrota, de las que se hablará en los próximos capítulos.

Tipos de Crédito

- **Crédito abierto:** Este tipo de crédito asociado a las tarjetas de crédito es muy raro. Es la cuenta de la que un individuo puede pedir prestado al igual que una tarjeta de crédito, hasta una cantidad máxima que puede ser devuelta en su totalidad cada mes.
- **Crédito rotatorio:** El crédito rotatorio se refiere a una línea de crédito asociada a líneas de crédito sobre el valor líquido de la vivienda y a tarjetas de crédito, de las que una persona puede pedir prestado, pero con un límite de crédito de la cantidad que puede pedir prestada en un momento dado. Se aplican tasas de interés y se requieren pagos mensuales.
- **Crédito a plazos:** Se trata más bien de un préstamo de una cantidad específica que suele tener una fecha de reembolso fijo y regular.

  El crédito a plazos es muy común y puede incluir préstamos como préstamos personales, hipotecas, préstamos de automóviles, préstamos estudiantiles y otros similares.

¿Cómo Manejas tu Crédito?

Además de la supervisión de tu informe y puntaje crediticio, las siguientes son formas de administrar tu crédito de manera efectiva.

1. **Elige las tarjetas de crédito apropiadas:** No tengas prisa ni seas avaricioso en la elección de las tarjetas de crédito, no todas las ofertas deben ser aceptadas. Deberías optar por tarjetas de crédito con tasas de interés bajas, que tengan la posibilidad de devolución de efectivo o recompensas, así como tarjetas sin cuotas mensuales. Lo mejor para ti es evitar las tarjetas de crédito de las tiendas. Debes considerar las ventajas y desventajas, la cuota anual de las recompensas de la tarjeta de crédito contra tus ganancias anuales para la devolución del dinero. Tomate tu tiempo para escoger las tarjetas de crédito que mejor se adapten a tus circunstancias y también ten en cuenta que, aunque tener varias tarjetas de crédito puede ser útil, no es ideal tener demasiadas.
2. **Construye tu historial crediticio:** Intenta construir tu historial crediticio con tus tarjetas de crédito pagando tu saldo a tiempo y en su totalidad cada mes. Sin embargo, si quieres reparar tu historial crediticio, procura cuadrar todos tus pagos para que todas tus tarjetas estén al día. En caso de que tengas diferentes tarjetas que estén repartidas, intenta pagar tus tarjetas de crédito tan pronto como sea posible sin cerrarlas, para que no se vuelva en contra de tu puntaje crediticio.
3. **Pide una reducción de los tipos de interés:** El manejo de tu crédito también incluye pedir al emisor de tu tarjeta de crédito que reduzca las tasas de interés de tus tarjetas. Tu solicitud no será rechazada si eres del tipo que siempre hace los pagos a tiempo. También puedes hacer una transferencia de tu dinero a una nueva tarjeta de crédito sin que te cobren intereses. Pero primero tienes que asegurarte de calcular el cargo por transferencia para asegurarte de que no exceda los intereses que se hubieran cobrado.

Además, asegúrate de dejar de usar tus tras tarjetas de crédito cuando te transfieras a la que no tiene tasas de interés para no adquirir más deudas de las que ya debes.

4. **Abstinencia:** Aunque las tarjetas de crédito son muy útiles, también tienen la capacidad de lastimarte si no aprendes a usarlas apropiadamente. Evita usar tus tarjetas de crédito si no puedes pagar el saldo total de cada mes. No querrás encontrarte endeudado hasta que no tengas forma de salir.

100
50
20
10

CAPÍTULO TRES:

LA BANCARROTA, EL JUICIO Y EL EMBARGO

La bancarrota

La bancarrota es un procedimiento legal que involucra a una persona o una empresa que no puede pagar las deudas pendientes que deben. Solo una organización o individuo que no puede honrar completamente su obligación financiera o hacer el pago de su acreedor se declara en bancarrota. Esto quiere decir que la declaración de la bancarrota es una medida legal adoptada por una empresa o persona para liberarse de obligaciones de deuda, en la que toda deuda pendiente de la empresa se evalúa y se paga con los activos de la empresa. El proceso de bancarrota suele comenzar con una petición presentada por el deudor o en nombre de los acreedores que da lugar a que el tribunal emita una orden de cancelación de la deuda en la mayoría de los casos. En los procedimientos legales, la bancarrota se lleva a cabo para liberar a los individuos y a las empresas de las deudas en las que ya han incurrido y, al mismo tiempo, dar a los acreedores la oportunidad de conseguir el pago de sus deudas. Puede decirse que permite un nuevo comienzo al perdonar las deudas que no pueden pagarse y al mismo tiempo ofrece a los acreedores una oportunidad sustantiva de obtener métodos de reembolso basados en los activos de una persona o empresa que pueda ser liquidada. En teoría, esto puede significar que la capacidad de declararse en bancarrota puede beneficiar a toda una economía al dar a las empresas y a los individuos una segunda oportunidad de tener el máximo acceso al crédito al consumidor y al proporcionar a los acreedores una medida fiable de reembolso de la deuda.

Una vez que se haya completado con éxito un procedimiento de bancarrota, el deudor quedará liberado de su obligación de la deuda contraída antes de presentar la bancarrota. Sin embargo, en su historial crediticio figurará que esa persona ha contraído deudas antes de declararse en bancarrota. Esta información permanecerá en el registro durante unos siete o diez años, dependiendo del tipo de bancarrota que se presente.

Los casos de bancarrota suelen ser tratados por los tribunales federales. Sin embargo, cabe señalar que las decisiones que se toman en los casos de bancarrota que son federales suelen ser adoptadas por un juez de bancarrotas, incluidas las decisiones sobre si un deudor es legible para presentar o si debe ser liberado de sus deudas. La administración de los casos de bancarrota está a cargo, en la mayoría de los casos, de un síndico que será nombrado en los Estados Unidos por el Programa de Síndicos de los Estados Unidos del Departamento de Justicia para que represente el patrimonio del deudor durante el procedimiento. No hay contacto entre el juez y el deudor, salvo que exista alguna forma de objeción en el caso por parte del acreedor.

El juicio

Presentar una solicitud de bancarrota liquidará automáticamente de mayoría de las deudas, incluyendo la sentencia de la demanda. Si la bancarrota es para liquidar una demanda, tendrá que depender de si el acreedor del juicio ya ha puesto un gravamen sobre la propiedad en cuestión o, más particularmente, del tipo de lesión o deuda para la que se pretende el juicio. Casi todos los juicios contra los deudores de bancarrota tienen que ver con deudas que no se han pagado. Si un prestamista puede eventualmente obtener un fallo, la responsabilidad de la cual hará que sus salarios bajen o vayan directamente a su activo personal para satisfacer el fallo que queda pendiente por las deudas.

Sin embargo, la buena noticia es que al declararse en bancarrota se puede eliminar automáticamente la obligación de pagar todas las deudas canceladas. Incluso si la demanda no es concluyente y aun no se ha resuelto en el tribunal, el hecho de declararse en bancarrota le impedirá automáticamente seguir adelante. En la mayoría de los casos, si se ha establecido que la demanda ya se ha resuelto y ha dado lugar a una sentencia en su contra, su rehabilitación sigue siendo válida en cuanto a sus responsabilidades en la mayoría de los casos. Sin embargo, cuando una sentencia se refiere a una deuda que no puede ser cancelada, la bancarrota no podrá deshacerte de ella. Algunos tipos específicos de deuda no pueden ser cancelados no pueden ser cancelados durante la bancarrota debido a lo siguiente: algunos ciertos impuestos, préstamos estudiantiles, deudas adquiridas por fraude, coacción, falsas pretensiones o tergiversación, sanciones penales o restitución de otros. Es importante señalar que una rehabilitación de la bancarrota eliminará la responsabilidad personal de todas las deudas rehabilitadas, pero no puede eliminar automáticamente los embargos que se han colocado en las propiedades antes de proceder a la presentación de ese caso en particular. No todos los embargos judiciales pueden ser eliminados a través de la bancarrota y para llegar a esta conclusión depende únicamente del valor de la propiedad en cuestión, del importe específico del embargo y de otros embargos de valor sobre la propiedad.

El embargo

Un embargo es un acuerdo que da al acreedor un interés de propiedad sobre un bien mueble o inmueble. Los prestamistas de dinero, como forma de minimizar el riesgo, consiguen que los prestatarios lleguen a un acuerdo en el que si la deuda no se paga como se prometió anteriormente, el acreedor tendrá derecho a quitar libremente cualquier propiedad como ya se ha acordado, venderla en una subasta y utilizar el dinero obtenido en ella para pagar el saldo pendiente del préstamo. En los casos en que el precio de la subasta sea inferior a lo que se debe, el prestatario seguirá siendo responsable de las facturas pendientes, lo que se conoce como saldo deudor. Cabe señalar que algunos gravámenes pueden crearse por ministerio de la ley. Un gravamen de deuda no garantizada entrará en formación después de que el acreedor haya demandado al prestatario en el tribunal. Los embargos del capítulo 7 de la ley de bancarrota probablemente eliminen las responsabilidades de pago de una deuda garantizada, incluso el saldo de la deuda. Las garantías no se pueden mantener a menos que se pague lo que se debe. Una operación garantizada tiene dos partes básicas: una responsabilidad que implica la obligación de pagar a los acreedores y un derecho que da a un acreedor la autoridad de utilizar el embargo para recuperar la garantía. Se exige a los prestamistas que perfeccionen los embargos, ya que un acuerdo de garantía no calificará como deuda garantizada a condición de que el acreedor perfecciones los embargos registrándolos en una oficina de registro apropiada. Presentar una bancarrota bajo el capítulo 7 es mucho mejor que dejar que la propiedad incluida pase a través de un embargo, porque elimina las obligaciones de pagar todo el préstamo, incluyendo un saldo deficiente como ya se ha dicho.

Gravamen de juicio

Se trata de un fallo judicial que otorga a un acreedor un derecho absoluto a la posesión de los bienes muebles o inmuebles de un deudor si este no cumple sus obligaciones contractuales ya acordadas. Este gravamen se puede hacer contra una persona o una empresa. Le da a los acreedores suficiente acceso a los bienes como la propiedad del deudor, negocios o bienes raíces para satisfacer la sentencia. Cuando un demandante obtiene la sentencia monetaria, dicho demandante será conocido como acreedor de la sentencia y el demandado, como deudor de la misma. Sin embargo, los embargos no son consensuales porque se aplican a las propiedades sin el consentimiento o acuerdo del propietario. Las formas de evitar un gravamen incluyen el pago de la deuda; cuando se paga una deuda, un acreedor tendrá que eliminar su gravamen presentando una liberación a través del mismo lugar en el que se ha registrado el gravamen.

Tipos de bancarrota

Básicamente, hay dos tipos de bancarrota. Ellas son:

1. **Liquidación de la deuda:** Esto es simplemente la cancelación de la deuda, gracias a la bancarrota. Basado en el Código de Rentas Internas, un deudor debe añadir a sus ingresos brutos, la liquidación de deuda después de la cual un tribunal debe liquidar su deuda al cumplir todas las condiciones. Sin embargo, si un deudor se niega a recibir asesoramiento financiero, comete un delito, no explica plenamente la pérdida de sus bienes, proporciona información falsa durante las actuaciones judiciales o básicamente desobedece las órdenes del tribunal, un juez puede negarse legítimamente a saldar la deuda de esa persona.

Debes tener en cuenta que no todo el mundo puede tener saldada su deuda y que la liquidación de una deuda solo puede ocurrir si un deudor está calificado a través del capítulo 7 o el capítulo 11 de la ley de bancarrota. El resultado de una decisión de bancarrota es la liquidación de la deuda. Un deudor puede ser perdonado si esa deuda es cancelada o liquidada. Después de la liquidación de la deuda en un tribunal, el prestamista pierde todos los derechos para cobrar la deuda y el deudor no está obligado a pagar más. La institución proporciona un formulario 1099-C que indica el monto de la deuda que se ha perdonado. Este formulario debe ser reportado por el deudor como un ingreso diverso del cual debe pagar un impuesto sobre la renta. Sin embargo, no todas las deudas pueden ser canceladas en la bancarrota. Tales deudas incluyen sentencias por daños personales, préstamos estudiantiles, cuotas de la asociación de propietarios, manutención de niños, pensión alimenticia y obligaciones fiscales. Los deudores que no están calificados para la condonación de deudas son los que tienen salarios mensuales altos y los que tienen un gran número de deudas de consumo.

2. **El plan de pagos:** Este es un tipo de bancarrota presentada bajo el capítulo 13, donde un deudor y su abogado presentan al tribunal, una especie de plan de pago de cómo el deudor planea

realizar sus pagos en 3 a 5 años. Este plan depende de los ingresos del deudor, la comida, los servicios públicos, los impuestos y los gastos de salud. Si el tribunal aprueba el plan, el deudor procede a hacer los pagos requeridos según lo estipulado en el plan. Si dicho deudor es consistente con los pagos, las deudas restantes al final del período de tres a cinco años serán saldadas. Los pagos se hacen a un fideicomiso del tribunal de bancarrotas que luego procede a pagar a los acreedores y también recibe una comisión.

En lo que respecta a los negocios, los dos tipos de bancarrota son:

1. **Reorganización de la bancarrota:** Se trata de un tipo de bancarrota presentada en virtud del capítulo 11 que tiene por objeto ayudar a los propietarios de las empresas que tienen problemas más graves con su negocio pero que aún tienen ingresos regulares y activos valiosos, a reorganizar la empresa. La empresa puede continuar sus operaciones con la supervisión del tribunal, por supuesto. Los acreedores no pueden interferir con los deudores durante la supervisión. Los propietarios de las empresas tendrán que compartir su plan de reorganización con los acreedores que les proporcionen parte del pago. Pero si los acreedores no están de acuerdo con el plan, tienen derecho a presentar un plan competidor.
2. **Bancarrota agrícola:** Esto se presenta como una bancarrota del capítulo 12. Es un tipo de bancarrota diseñada especialmente para las familias de granjeros. Es para ayudar a los granjeros a reorganizar su negocio agrícola, así como para saldar todas sus deudas. La naturaleza impredecible de la agricultura y los de las estaciones son factores que se consideran seriamente en el capítulo 12 de la ley de bancarrota.

Implicaciones de la bancarrota

Antes de considerar la posibilidad de declararse en bancarrota, primero debes entender cómo funciona, así como los pros y los contras. No es un tema sencillo que se pueda hacer rápidamente, pero tiene un lado complejo que solo un abogado de bancarrota entiende.

Pros

- Liquidación: Conseguir que las deudas sean canceladas es una de las principales razones por las que la gente se declara en bancarrota. Y cuando tal deuda es liquidada, borrando todas sus deudas, así como evitando que los acreedores le cobren más pagos, el deudor queda libre. Es una gran ventaja de declararse en bancarrota. Aunque no todas las declaraciones de bancarrota son concedidas. Si debes deudas de pensión alimenticia, impuestos o manutención, declararse en bancarrota sería una pérdida de tiempo. Estas deudas no se perdonan no se cancelan.
- Estancia Automática: Aquí hay otra ventaja que se puede disfrutar cuando se presenta una bancarrota. Es una situación en la que una persona que se declara en bancarrota queda automáticamente protegida de los acreedores, así como la propiedad sobre el cobro de deudas. La protección se mantiene hasta que el tribunal decrete finalmente las deudas que deben ser honradas perdonadas o liquidadas. En una situación que involucre un proceso de divorcio, la suspensión automática podría ser levantada.

Contras

- Pérdida de la Propiedad: Existe la posibilidad de que un declarante de bancarrota pierda su propiedad si el tribunal decide que es lo suficientemente valiosa como para pagar la deuda. Esto sucedería si incluyes tus bienes en su caso al fideicomisario de la bancarrota. Tu acreedor tendrá un mayor apalancamiento para tratar de obtener tus bienes, especialmente si los utilizaste inicialmente como garantía.

- Puntaje Crediticio: Otra desventaja de declararse en bancarrota es que disminuye tu puntaje crediticio. Los prestamistas solo te verán como un riesgo cuando verifiquen tu historial crediticio, ya que la presentación de la bancarrota no limpiará de ninguna manera tu historial de deudas, aunque estas se cancelen.
Pero es una mejor opción que adquirir una deuda. Siempre puedes reconstruir tu puntaje crediticio más adelante.
- Privacidad: Si eres sensible con respecto a tu privacidad, solicitar la bancarrota podría no ser para ti, y esto explica por qué debes realizar tu investigación si quieres solicitar la bancarrota. Puedes prepararte contra las consecuencias o buscar otras opciones. Cuando se presenta un caso de bancarrota, cada detalle de tus estados financieros se hace público. En otras palabras, cualquiera puede acceder a tu información personal sin tu permiso. La cantidad que debías, quienes eran tus acreedores, tu plan de bancarrota puede ser evaluado fácilmente por cualquiera. Puede ser un gran problema si aprecias tu privacidad.

Implicaciones del juicio

Cuando un prestamista presenta una demanda contra un deudor y éste se niega a responder a la demanda, habrá una sentencia automática denominada sentencia en rebeldía contra esa persona por parte del tribunal. Responder a la demanda no significa necesariamente que no haya una sentencia contra el deudor. No presentarse en el tribunal por la demanda presentada contra un deudor se conoce como *Defensa Afirmativa.* Muchos acreedores esperan que los prestatarios ignoren la demanda para poder recibir una sentencia en rebeldía que esté a su favor. Sin embargo, si después de un cierto número de años el prestatario se presenta ante el tribunal, la prescripción que impide al prestamista cobrar las deudas adecuadas probablemente le garantizará al prestatario una victoria. La sentencia siempre puede verse en tus informes de crédito hasta su fecha de vencimiento. Puede permanecer válida hasta 10 años o más.

Una ejecución de embargo: Es una situación en la que un acreedor presenta a un alguacil la sentencia contra un deudor para que el alguacil pueda vender la propiedad del deudor según lo permitido por una orden judicial. En estas circunstancias, lo mejor para el deudor sería evitar un fallo por completo, adoptando las medidas efectivas necesarias para defender las demandas presentadas en su contra.

Tener una sentencia en tu informe de crédito puede impedirte obtener autorizaciones de seguridad, afectar tus finanzas o incluso impedirte obtener un seguro. Intenta evitar una demanda y si se te presenta una en tu contra, no la ignores. Haz un esfuerzo para defenderte en la corte.

Implicaciones de los embargos

Hay embargos que son buenos para tu crédito y, por otro lado, los malos para tu crédito. Embargos consensuales (buenos), embargos legales (malos) y embargos judiciales (muy malos). Cualquier prestamista que te permita comprar a través de una financiación requerirá una garantía que a menudo es en término de propiedad.

Con esa garantía, el prestamista generará un interés prioritario en la propiedad con la que respaldaste tu línea de crédito. Si no puedes pagar, se pondrá un gravamen en tu propiedad. Este gravamen puede, sin embargo, ser de tipo consensual, estatutario o de juicio.

- **Embargos consensuales:** Como el nombre ya lo implica, son embargos con los que el deudor consiente. Puede ser solicitando líneas de crédito o préstamos. El deudor seguirá siendo el propietario si no cumple con su obligación de pago. Mientras sea visible en tus informes de crédito, los embargos consensuales no afectan tu informe de crédito ni tu puntaje crediticio negativamente. Debido a esto, los embargos consensuales se consideran buenos embargos.
- **Embargos legales:** Los embargos legales son un tipo de embargos considerados malos para tu crédito. Cuando un contratista no recibe el pago por el trabajo realizado, el gobierno

pone un embargo fiscal. Se indicará en el informe de crédito y puede durar hasta un número de años reflejando negativamente en tu crédito.

- **Embargos judiciales:** Este es el tipo de embargo más severo. También puede permanecer en tu informe de crédito durante un largo período de tiempo. Ocurre cuando el tribunal concede a tus acreedores intereses financieros sobre tu propiedad para cubrir los daños que el seguro no cubrió. Estos daños pueden ser una reclamación de responsabilidad o un accidente grave.

Cómo eliminar el juicio de tu informe de crédito

Eliminar el juicio es un proceso complicado y puede ser un gran dolor de cabeza. Puede que tengas que quitar un juicio si te dedicas a los bienes raíces. Esto se debe a que las compañías de títulos, debido a la diferencia de leyes de los diferentes estados, insiste en la eliminación de una sentencia liquidada antes de que cualquier negocio de bienes raíces puede ser cerrado. Puedes quitar una sentencia primero anulándola, satisfaciéndola, y si no puedes satisfacerla, puedes conseguir que sea anulada.

- Anular una sentencia solo puede funcionar si la sentencia es en rebeldía. Puedes "anular el fallo" o presentas una moción en el tribunal solicitando que el fallo sea anulado o apartado. Eso será después de que hayas declarado tu razón para ignorar la demanda presentada contra ti en primer lugar. Asumiendo que no estabas al tanto de la demanda, y por lo tanto de tu ausencia en el tribunal, podrás presentar una moción dos años después de la fecha inicial en que la sentencia en rebeldía se activó. Si, sin embargo, estabas al tanto de la demanda, pero la ignoraste deliberadamente, entonces solo tienes seis meses para presentar una moción. La sentencia será anulada si tu moción es exitosa, después de lo cual podremos impugnar el caso. Tendrás más posibilidades de ganar con eso. Todo esto tendrá que hacerse con la ayuda de un abogado.

- Si no puedes anular una sentencia, tendrás que satisfacerla, después de lo cual tu acreedor deberá presentar una "satisfacción de la sentencia" ante el tribunal. Cuando resuelvas una sentencia, asegúrate de que haya un acuerdo claramente escrito que indique qué es exactamente lo que estás pagando y cuándo debe ser pagado. Tu abogado debe asegurarse de que los pagos obtengan una satisfacción de la sentencia presentada.
- Si los dos primeros métodos fallan, puedes conseguir que tu sentencia sea liberada por medio de la bancarrota. Consigue un abogado que te ayude a presentar una petición de bancarrota para que se pueda poner una suspensión automática del juicio y los acreedores no puedan tomar ninguna medida que te obligue a hacer los pagos.

Cómo eliminar los embargos

1. **Satisfacer tus deudas:** Puedes quitar un embargo de tu propiedad si pagas todas tus deudas en su totalidad, después de lo cual debes presentar un formulario de "Liberación del Embargo". Este formulario representa una prueba de que efectivamente has pagado tu deuda. El embargo de tu propiedad será entonces retirado. Por lo general, las siguientes acciones deben llevarse a cabo, aunque las diferentes jurisdicciones tienen diferentes requisitos.
   Obtener el formulario de "Liberación del Embargo". Llena el formulario con la información necesaria. Proporciona una declaración de pagos para mostrar que realmente has pagado. Haz que tu acreedor firme el formulario con un notario presente para presenciar la firma.
   Haz los pagos necesarios para completar el formulario de "Liberación de Embargo".

2. **Consigue una orden judicial:** Si estás seguro de que el embargo puesto sobre tu propiedad fue obtenido mediante un fraude o coacción, y puedes presentar evidencia para apoyar tu reclamo, puedes solicitar que el embargo sea removido de tu propiedad a través de una orden judicial.
3. **Solicita la bancarrota bajo el capítulo 7:** También puedes eliminar un embargo solicitando la bancarrota bajo el capítulo 7. Casi todas tus obligaciones serán canceladas y podrás retener la propiedad de tus bienes. Este método también se conoce como Evasión y está pensado solo para embargos judiciales.
4. **Llegar a un acuerdo con los acreedores:** Esta es una manera muy simple de eliminar un embargo sobre tu propiedad. Puedes llegar a un acuerdo de algún tipo en privado con tu acreedor. Él/Ella puede estar de acuerdo o no. Depende del valor de tu deuda y tal vez, de tu enfoque. A veces un acreedor aceptará quitar el embargo de tu propiedad solo si tú puedes pagar tasas de interés más altas y pagos mensuales más altos.
5. **Prescripción:** Dependiendo de tu estado, hay un cierto número de años en los que el embargo de tu propiedad es válido, y cuánto tiempo un acreedor puede presentar una demanda. Si esperas a que el estatuto de limitaciones se agote, el embargo volverá inejecutable.

AMERICAN EXPRESS
BUSINESS
YOUR BUSINESS NAME

CAPÍTULO CUATRO:

LA VERDAD SOBRE LA BANCARROTA – ¿QUÉ TAN MALO PUEDE SER?

La bancarrota es una situación muy crítica que debes comprender al acreditar. Todos quieren que tu negocio florezca, pero de vez en cuando, los dueños de negocios pueden tener que declarar esto para salvarse de la frustración, el descarrilamiento mental, la prevención de penas de prisión, conducta criminal, entre otras cosas. ¿Qué es? La bancarrota es una situación oficial en la que una persona declara que es demasiado pobre para pagar sus préstamos y, por lo tanto, debe recibir ayuda de alguna manera que incluya la cancelación de algunas de las deudas y la reducción de las tasas de interés de prácticamente otros.

La bancarrota generalmente es fatal en tu tarjeta de crédito, y debes haber llegado a ese punto en el que es obvio que no hay forma de que obtengas ese dinero para liquidar las cuotas que los acreedores están golpeando sobre tu mesa. Has vendido prácticamente todo lo que pudiste; has pedido prestado a un nivel que ya no tiene sentido y simplemente no está recibiendo el dinero. En ese momento, es demasiado difícil obtener suficiente para alimentarte y los acreedores están expectantes. Tampoco tienes esperanzas financieras. Ningún inversor se acerca y prácticamente no hay deudor. Momentos como estos no son tan comunes, ¿verdad? Pero puede suceder y debes saber qué hacer si alguna vez llega. Si esto también le sucede a un amigo, entonces sabes exactamente qué pasos debes seguir. Una vez que notes que estás a punto de declararte en bancarrota, el paso básico es comunicarte con un asesor de crédito. Programa una cita y diles dónde te encuentras. Probablemente estarías expuesto a una variedad de alternativas a la bancarrota. Eso incluye El plan de gestión de la deuda, que les he contado recientemente, la consolidación de deuda y un par de otros. Empero, puedes recurrir al anuncio de bancarrota si crees que lo prefieres, o si queda claro que es todo lo que te queda. En muchos casos, muchas deudas se liquidan utilizando uno de esos dos métodos, particularmente si son préstamos no garantizados.

¿Te preguntas qué son los préstamos no garantizados? Bueno, hay ciertos términos que debes comprender en caso de bancarrota.

Estos son:

1. **Deuda asegurada:** Una deuda garantizada es el tipo de deuda que se emite con una garantía. Por ejemplo, un préstamo para auto que se le otorgó y se te hizo entender que en cualquier momento ya no podrías pagar los fondos, el vehículo sería incautado como garantía. Los préstamos para vehículos, inversiones, etc., entran en esta categoría.
2. **Deuda no garantizada:** Justo lo contrario de las deudas garantizadas, este es el tipo de deudas que tomas sin garantías. Las tarjetas de crédito, un préstamo de amigos, préstamos indirectos, etc. son ejemplos típicos de deudas no garantizadas.
3. **Cuenta reafirmada:** Este es un tipo de deuda que retienes durante la bancarrota. Como estudio de caso, O'Neill se declaró en bancarrota recientemente y perdió el derecho a su casa en el proceso. Pero él ama la casa y simplemente no puede dejarla ir. Por lo tanto, reafirma la casa y no se quita, sino que se considera uno de sus recursos que no puede perder durante su bancarrota. Pero el total que se espera que pague aumentos.
4. **Propiedad exenta:** No importa cuánto tenga que pagar, el estado se asegura de que algunas propiedades vitales que puedan ayudarte a comenzar a vivir nuevamente no se pierdan en el proceso. Se denominan bienes exentos o no confiscados. Por lo general, cada estado tiene una lista de activos que considera propiedad exenta y difieren notablemente entre sí.

5. **Prueba de medios:** El tribunal establece una prueba de medios para determinar si una persona está realmente en bancarrota o no. Implica evaluar los ingresos, la tasa de deuda no garantizada, sus activos aclamados y los gastos incurridos que deben pagarse. A la mayoría de las personas que no pasan esta prueba no se les otorgará la bancarrota, y a otros que sí lo son, generalmente se les otorga una variante.
   La prueba se hace necesaria después de que se hacen observaciones y se confirma que muchas personas a menudo explotan la política para vivir más allá de lo que pueden pagar.
6. **Derecho de retención:** Este es el derecho legal que tu acreedor tiene de hacerse cargo de una parte o la totalidad de tu propiedad porque no puedes pagarla. Se administra lógicamente una vez que los hechos anteriores que dicha propiedad se pierda en el momento en que el pago instantáneo se vuelva irregular o impago. En otros casos, el tribunal puede otorgar ese derecho a la propiedad de otra persona.
7. **Liquidación:** La liquidación es la condición cuando los recursos de un hombre se venden después de sus deudas para cancelar sus antiguos préstamos. Los recursos se venden para obtener "Activo líquido", también conocidos como "efectivo", que luego se pueden utilizar para pagar a los acreedores.
8. **Fideicomisario:** Un administrador es una persona, empresa u organización que el tribunal designa para supervisar la ejecución del proceso de pago de la deuda. A veces, se elaboran planes y se programan fondos. Es el trabajo del fideicomisario de crédito asegurarse de que todos los préstamos se paguen como se presentan en la corte. También sirve como intermediario en los casos en que los activos tienen que venderse y el líquido de activos generado se comparte entre cada acreedor de acuerdo con el porcentaje asignado por el tribunal.

En ese momento, necesitarás un abogado de bancarrota. Tienes un procedimiento un poco riguroso que sería más fácil si tuvieras un abogado. Además, la bancarrota es otorgada por la corte. Debes demostrar claramente que no puedes pagar tus préstamos presentando algunos archivos, cumpliendo ciertos requisitos y respaldando algunos documentos. Otra cosa que debes recordar es que no puedes escuchar historias. No hay dos casos de bancarrota que sean exactamente iguales. Por lo tanto, todos tienen historias ligeramente diferentes y lo que le sucedió a uno nunca te sucederá a ti. En otra nota, se estaría preguntando si puedes declararte en bancarrota a pesar de tener carros o una casa. Por supuesto que puedes. Los automóviles no son dinero en efectivo, y no los recibiste cuando no tenías dinero, por lo que es posible tenerlos y aún declararte en bancarrota. Solo es posible que pierdas algunos de tus recursos, lo cual es contrario a lo que la mayoría de la gente cree. Una persona aleatoria cree que todos sus activos deben venderse en el instante en que se declara en bancarrota. Sus acreedores deben ser pagados al final del día y aún tienen recursos que podrían liquidarse.

Pero no es así como funciona, ciertos recursos no se perderán durante la bancarrota, en su mayoría incluyen recursos que usas para trabajar. Por ejemplo, herramientas, máquinas y sus tipos, automóviles y artículos básicos para el hogar, como cubiertos, muebles, etc. También es posible conservar tu casa, pero definitivamente perderás recursos como piezas de joyería, inversiones tangibles, etc. El estado involucrado determina la cantidad total de recursos que no se pueden perder. Cada estado especula que califica como inadmisible o no.

Es necesario agregar que la bancarrota puede absolverte de muchos préstamos, pero eso no incluiría lo siguiente. Debes encontrar alguna forma y pagar tus cargos completos:

a. **Manutención de menores ordenada por el tribunal:** Si el tribunal te ha ordenado que pagues algo por la manutención de tus hijos después del divorcio, nadie/nada renunciará a ese dinero por ti, ni siquiera la bancarrota.

b. **Pensión alimenticia ordenada por el tribunal:** La pensión alimenticia es un pago que haces a una persona durante o después de divorciarse de ella. Podrías detenerlo si hubieras comenzado con una nota informal, o por preocupación por ellos. Pero si lo tienes respaldado por el tribunal, se vuelve legal, vinculante y obligatorio para ti pagarlo independientemente de tus circunstancias. Solo puedes renunciar a esto presentando una apelación ante el tribunal que está completamente fuera de bancarrota.
c. **Multas del gobierno o multas judiciales:** Si has recibido una multa por algo que hiciste, ya sea por el tribunal o una agencia gubernamental, también estás atrapado en eso. Es prácticamente imposible evitar pagar esa cantidad sin importar tu situación.
d. **Deudas reafirmadas:** Si recientemente has reafirmado un activo, se espera que seas responsable de algún modo. El tribunal no escuchará casos o apelaciones sobre cómo podría ser indulgente con el pago de tu deuda reafirmada. Se te entrega una póliza y no puedes renunciar a ninguno de sus términos al declararse en bancarrota.
e. **Préstamos estudiantiles:** Bueno, esto tampoco suele pasarle por alto nadie. Se ve como una inversión de la que definitivamente te beneficia y, por lo tanto, no se puede renunciar.

Además de estos, el tribunal puede considerar algunos otros cargos obligatorios y ti, y debes tener alguna forma de pagarlos. Por lo general, aquí es donde los préstamos personales en pagarés son útiles. Con ellos, puedes cancelar una gran parte de tus préstamos.

Definitivamente quiere saber, hay dos tipos de bancarrota:

- **Capítulo 7 Bancarrota:** El Capítulo 7 de bancarrota es el tipo de bancarrota más popular. Es lo que todos llaman bancarrota directa, quizás porque generalmente es la primera opción. Debes tener un mínimo de $ 1000 de préstamo no garantizado para anunciar la bancarrota del capítulo 7. Posteriormente, debes permitir que un administrador de bancarrota designado por el tribunal venda tus activos y pagues a tus acreedores. El préstamo generalmente se liquida en este punto, incluso si las ventas de tus activos no cubren el monto total necesario. Debes pasar la prueba de medios para calificar para este tipo de plan de bancarrota. Por lo general, este tipo de plan se reflejará en tu perfil de crédito durante diez años y no se puede volver a presentar hasta un mínimo de siete años.

- **Capítulo 13 Bancarrota:** Si no calificas para el plan de bancarrota del capítulo 7, tal vez porque reprobaste tu prueba de medios o tus circunstancias requieren algo diferente, esta es la alternativa más cercana que se te muestra. Eso es si tu aplicación no está rechazada. A diferencia del primero, se refleja en tu historial de crédito durante diez años y puedes presentarlo en tan solo tres años después del primero. A menudo, se te permite mantener tantos activos como desees con este plan, y establecer una cuenta reafirmada con el administrador. Se te exige que pagues la totalidad o la parte acordada de tus préstamos dentro de un período de tres a cinco años después del cual se cancela el resto.

  Esto puede sonar mejor en tu historial de crédito, teniendo en cuenta que no cumples con una regulación debido a circunstancias inevitables y mencionó una nueva que estrictamente jugó. Este tipo también se llama bancarrota de reorganización, y hay modelos más pequeños como los planes de bancarrota del capítulo 11 y el capítulo 12, que no se aplican a todos.

Factores a considerar antes de declararse en bancarrota

1. La bancarrota no se puede usar siempre. ¿Qué pasa si parece que podrías necesitarlo más pronto? Deberías guardarlo hasta entonces.
2. ¿Tus políticas estatales están suficientemente exentas de los activos que te gustaría conservar?
3. ¿Qué tipo de bancarrota planeas declarar?
4. ¿Puedes pagar los altos precios de los abogados de bancarrota? Por lo general, no es menos de $ 1500 en cualquier lugar.
5. Cualquier codeudor de tu cuenta probablemente se verá afectado.
6. ¿Hay posibilidades de pagar pronto?
7. Tienes un efecto drástico en tu historial de crédito, especialmente si tienes excelentes estadísticas en tu informe de crédito anteriormente.

Pensar cuidadosamente en estos factores puede ayudarte a decidir si deseas realmente hacer esto o no. Pero, ¿Qué puede hacer la bancarrota con tu puntaje de crédito?

La implicación de la bancarrota en tu perfil de crédito

a. **Se convierte en la parte terrible de tu historial de crédito:** Tener un buen historial de crédito antes de declararse en bancarrota puede afectarte mucho. Tienes registros impresionantes de pago de deudas hasta que te declaras en bancarrota y la sección de juicio se convierte en una parte que desearía poder cortar. Una parte de ti espera que tus acreedores potenciales nunca verifiquen la parte con la peor impresión en tu registro de crédito. Es especialmente simple si siempre ha tenido un historial pobre.
b. **Se echa a perder tu puntaje de crédito:** La bancarrota se declara una situación financiera negativa. El tipo de registro que refleja y realmente pesa un buen porcentaje de tus registros de

crédito. Un registro excelente puede reducirse a una cuarta parte o algo más drástico. Solo sentirás menos los efectos si declaras cuando tu puntaje de crédito ya es extremadamente bajo.

c. **Reduce tus posibilidades de préstamo:** La bancarrota es una condición que da la impresión de que el portador podría encontrarse no en una situación difícil, si no imposible, de pagar sus préstamos si se le presta nuevamente, después de todo, había estado en el zapato y no podía escabullirse. Por lo tanto, es un riesgo muy alto e injustificado otorgar tales préstamos a tales individuos cuando hay otros con registros más brillantes que parecen ser capaces de arreglárselas más con los fondos y obtener mejores resultados incluso en circunstancias difíciles. Eso ni siquiera es el final, si eventualmente obtienes un préstamo con ese rendimiento, debería decirse claramente que si logras obtener un préstamo, podrías haberlo obtenido con mejores condiciones y tasas de interés más bajas si hubieras obtenido mejores calificaciones. Una gran desventaja de la bancarrota.

d. **Abrir una nueva cuenta se vuelve más difícil:** No es difícil mantener un buen registro solo en tu perfil anterior, se vuelve más difícil, aunque no imposible, crear una nueva cuenta de crédito. Las cooperativas de crédito serán claramente renuentes y lentas en tu solicitud. Una situación de la que no serías testigo si esto no te hubiera incumplido.

Pero entre otras cosas, necesitas calmar tus nervios y comprender que puedes juntar tus piezas nuevamente.

Puedes reconstruir tu registro antiguo y empañado a un perfil más fuerte, impresionante e intimidante nuevamente. Incluso antes de los 8-10 años estipulados, tu bancarrota puede ser eliminada de tu perfil. Siempre y cuando seas consistente en tus nuevos pagos de deudas y cumpla estrictamente con las regulaciones.

100
MB 39330505K

CHASE
CHASE

CAPÍTULO CINCO:

LIDIAR CON LA EJECUCIÓN HIPOTECARIA

La ejecución de una hipoteca es una de las experiencias más miserables que alguien puede tener en la industria financiera. Se suele considerar la mayor causa de depresión en la operación de crédito también. Desde cualquier perspectiva que alguien quiera ver la ejecución de una hipoteca, siempre termina convirtiéndose en una etapa que ningún dueño de negocio o individuo privado quiere conseguir.

¿Qué significa el término ejecución hipotecaria? Para empezar, se ha utilizado para todo tipo de cosas en diferentes contextos. Depende de a quién se le pregunte; un corredor de bolsa tiene un significado distinto de lo que entiende el oficial de seguridad. No es más fácil si le preguntas a un ingeniero o a un gramático. Todos tienen lo que creen que es. En la industria crediticia, sin embargo, la ejecución hipotecaria se utiliza para describir una situación en la que los bienes de un deudor se venden para liquidar las deudas. Eso no siempre sucede, por supuesto, pero muchas veces, esto puede ser necesario para liquidar algunas, sino todas las deudas.

Como ejemplo práctico, un deudor que toma un préstamo de automóvil, con el pacto de que en el momento que no pueda seguir pagando la deuda como se indica su reglamento, el vehículo debe ser embargado y vendido para cubrir la deuda que queda; el magnate de los negocios que tomo algún préstamo e invirtió en las piezas de maquinarias de alguna empresa pero terminó sin poder pagar; el tradicional que sacó una hipoteca, cortesía de su empresa y fue despedido, se quedó sin trabajo y sin poder seguir pagando su mensualidad, y tantos otros. Por lo general, la repentina pérdida de empleos, inversiones o ganancias esperadas es la razón por la que la mayoría de las personas no pueden pagar. En algunos casos, algunos caen en enfermedades crónicas y gastan todos los ahorros de su vida en ello, mientras que otros simplemente tratan de burlar a la compañía de crédito. Para el último grupo de personas, de repente se dan cuenta de que no hay forma de que puedan cumplir con los términos del acuerdo, porque les está ahogando su vida y quitando parte de su nómina. En cualquier caso, se vuelven incapaces de pagar y sus activos corren el riesgo de ser vendidos para cubrir sus deudas.

La mayoría de las veces, la ejecución de la hipoteca se realiza sobre deudas que están garantizadas. Esto significa que el deudor debe haber añadido algunos de sus bienes como garantías que podrían ser usurpados en el momento en que incumple. Normalmente son elementos que pueden, en gran medida, cubrir la deuda. La ejecución de la hipoteca también se realiza normalmente sobre deudas cercanas al crédito cerrado. ¿Qué es eso? El tipo de deuda que se deriva de las deudas largas y bien trazadas. Por ejemplo, las deudas de las tarjetas de crédito no son de crédito cerrado. No hay una cantidad específica que el deudor deba pagar cada mes, solo tiene la libertad de gastar dentro de su límite de crédito cada mes, y puede elegir gastar o no. En el caso del crédito cerrado, se elabora la cantidad precisa que el deudor necesita, se elabora un plan de pagos estable y se espera que entreguen una cantidad en determinados períodos, probablemente mensualmente, bianualmente, etc. Ese es el tipo de planes en los que se dibujan préstamos tangibles como préstamos estudiantiles, préstamos para automóvil, cargos ordenados por la corte, etc.

Como era de esperar, la ejecución de una hipoteca también suele estar contemplada con los contratos de préstamo. Se indica claramente si el prestamista o el inversor tiene todos los derechos para embargar el activo en el momento en que el deudor incumple, o si hay otras cláusulas que deben cumplirse antes de que se usurpen dichos activos. En la mayoría de los casos, los prestamistas suelen ser personas o empresas que disponen de recursos suficientes para encubrir el incumplimiento del deudor, aunque, por supuesto, no se espera que el deudor incumpla. Por eso, en la mayoría de los casos, los acreedores implicados en esto suelen ser bancos o empresas de crédito muy grandes. Ver tu propiedad subastada en una ejecución hipotecaria no es ni siquiera la cima del problema; puede tener un efecto drástico en tu puntaje crediticio y en tu informe de crédito también, una situación puede arruinar tus posibilidades de futuras transacciones de crédito. La ejecución hipotecaria no es simple. No es algo que tu acreedor pueda contar horas después de que tú dejes de pagar y vendas tu propiedad. No es algo que tu deudor pueda esperar que se le escape sin sentir algunos efectos también. El tipo de efectos y las medidas adoptadas por ambas partes dependen en gran medida del tipo de ejecución hipotecaria que se establezca. Esto trae a la mente los dos tipos de ejecución hipotecaria.

Los dos tipos de ejecución hipotecaria

- **La ejecución judicial:** La ejecución judicial es el tipo que involucra a la corte antes de que se apruebe una resolución final sobre el bien y se tomen acciones. Por mis años de experiencia, los deudores a menudo prefieren esto a lo siguiente que discutiremos. Pero, ¿cómo funciona esto? El primer paso es notificar al deudor de su incumplimiento de pago y darle algún tiempo para liquidar su factura. Ese período de gracia suele ser conforme a las condiciones acordadas anteriormente. Si no paga, se espera que el prestamista proceda a un tribunal relacionado y presente una demanda llamada "*Lis Pendens*" contra el deudor. Inmediatamente, el caso se hace público y el prestamista normalmente puede subastar los bienes.
- **La ejecución no judicial:** Bastante similar a la primera, la ejecución no judicial también da lugar a la venta del activo utilizado como garantía. Es lo que comúnmente se denomina Poder de Venta en los EE.UU. y la única diferencia entre éste y el primero es que el prestamista no necesita pedir permiso al tribunal antes de vender el activo. Él/Ella ha sido facultado en

la escritura del contrato. Se envía al deudor una nota de incumplimiento antes de tomar cualquier acción; la nota se registra en la oficina de escrituras del condado y se espera que el deudor pague dentro de un período de gracia, normalmente entre 3-6 meses. Si no entregan el pago dentro del período de gracia, el activo queda directamente bajo control del acreedor, que puede optar por subastarlo o conservarlo. En la mayoría de los casos, los bienes se subastan inmediatamente. Sin embargo, si el acreedor lo conserva, el acuerdo de ejecución hipotecaria se conoce como Ejecución Estricta en algunos estados como Connecticut.

Por inferencia, podemos señalar que hay otras dos etapas básicas de la ejecución hipotecaria:

- **La etapa previa a la ejecución hipotecaria:** La pre-ejecución hipotecaria es la etapa más temprana de la ejecución hipotecaria. Es el tiempo entre el período en que el deudor no paga y el momento en que se produce la ejecución hipotecaria. Incluye el período en que un deudor en peligro de ejecución hipotecaria es informado de sus deudas. La información suele enviarse en forma de nota para recordar al deudor cuánto está incumpliendo y cómo, según las normas del contrato, podría perder algunos de sus recursos si no paga. La cantidad total que se espera pagar y el período de gracia, (el tiempo en el que deben pagar) se encuentra esta nota. Predice lo que le espera al deudor. La ejecución hipotecaria puede evitarse en esta etapa si el deudor trata de pagar dentro del período de gracia o, de alguna manera, consigue que los acreedores negocien un nuevo acuerdo que pueda cubrir cómodamente. La regla es que las agencias de crédito no son informadas hasta unos 30 días de incumplimiento, por lo menos, y el registro puede comenzar a aparecer en el informe de crédito después del período de gracia.
- **La etapa de la ejecución hipotecaria:** La ejecución hipotecaria suele suceder después de que el deudor se ha negado

a pagar después del plazo dado y tiene que pagar la decisión final; dejar su activo. El estilo adoptado para obtener el control del activo no es siempre el mismo. Recordarán que se define por el tipo de acuerdo de ejecución firmado. El activo se vende normalmente en una semana, y se vende a un precio normalmente menor que el valor del artículo, primero porque cuanto antes se liquide, antes tendrá el inversor sus fondos. Entonces, se puede considerar un mal mantenimiento y deterioro. En los casos en que el valor del bien se haya deteriorado tanto que el dinero realizado no cubra el total de las deudas o los gastos legales incurridos en el proceso de ejecución hipotecaria, el prestamista puede presentar una reclamación por una *sentencia de deficiencia.*

¿Qué hacer cuando no se cumple?

- **Haz un nuevo trato:** La ejecución hipotecaria puede tener un efecto drástico en tu tarjeta de crédito, y es exactamente por eso que puede ser necesario involucrar todos los medios posibles. En muchos casos, es realista abrir una nueva negociación con tu acreedor. Que vean las razones por las que no puedes pagar ahora mismo y propongan alternativas infalibles y favorables. Ha salvado a millones de personas.
- **Derecho a la redención:** El derecho estatutario de redención es una ley que establece que después de que un deudor haya incumplido y el prestamista o el acreedor haya asumido el control de sus recursos, el deudor puede reclamar este bien. Esto puede suceder incluso si el prestamista ha subastado el activo, siempre y cuando la redención se haga dentro del período de redención que es el período que le queda al moroso para pagar. Por supuesto, esto suena raro para alguien que no ha pagado la deuda que debe, y es por eso que algunos términos deben estar en su lugar.

En el primer caso, un deudor puede reclamar su propiedad si paga la cantidad exacta que debe y los gastos legales incurridos en el proceso de ejecución. También pueden conservar su casa si participan en la subasta que suele anunciarse en las radios locales para una fecha fija, y luego hacen la oferta más alta que les da el control nuevamente. Si el costo de la casa cubre la deuda contraída, se permitirá al deudor ser propietario de la casa, pero si tiene que pagar más, probablemente se le notificaría una sentencia de deficiencia y tendría que pagar más. En la mayoría de los casos, los deudores pueden obtener un beneficio al revender por un precio más alto, y pueden pagar sus deudas con el beneficio. En el último caso, un deudor puede declararse en bancarrota.

- **Declarar la bancarrota:** Declarar la bancarrota es la resolución final para cualquiera que no puede pagar su deuda y esté preocupado por perder su propiedad. A menudo, las personas obtienen préstamos garantizados utilizando sus recursos más valiosos como casas o autos como garantía. Cuando finalmente se dan cuenta de que no pueden pagar, pueden recurrir a la declaración de la bancarrota. ¿Cómo ayuda eso? Pueden conservar el control del activo si éste se considera uno de los activos básicos que no se puede perder en una bancarrota. Normalmente, eso incluye autos e instalaciones básicas de la empresa. No obstante, debo añadir rápidamente que la bancarrota es el peor registro en tu perfil de crédito.

Ya debes estar preguntándote, ¿qué tan malo puede ser un juicio hipotecario en tu perfil? ¿Qué daño puede hacer, si es que lo hace? Voy a hablar de eso ahora:

Efectos de la ejecución hipotecaria en los puntajes crediticios

- **Malos puntajes crediticios:** Podemos empezar con esto. El efecto más drástico que tu ejecución hipotecaria puede causar en tu informe de crédito es la mala calificación crediticia. De acuerdo con los informes de FICO en el 2019, tú puedes ser testigo de una caída entre 185 y 105 en tu puntaje crediticio si pasas por una ejecución hipotecaria. Se especula que cuanto mejores sean tus puntajes actuales, más sentirás los efectos directos de la ejecución hipotecaria. Prácticamente, acabas de demostrar que a veces, ni siquiera tienes los medios para continuar con el pago y tus acreedores podrían tener que participar en la venta de propiedades para obtener su dinero. Por supuesto, no lo hiciste por esa razón. Lo hiciste porque las finanzas eran difíciles y tus acreedores tienes que ser pagados, pero es la única forma en la que otros acreedores y potenciales prestamistas pueden verlo.

- **Te arriesgas a tener un historial horrible en tu perfil:** Tener un historial horrible en tu perfil es estigma que tendrías que soportar durante mucho tiempo. Por las regulaciones de la Ley de Informe de Crédito Justo (FCRA, por sus siglas en inglés), los malos registros como la bancarrota, la ejecución hipotecaria, las ventas al descubierto es probable que permanezcan en tu registro de crédito durante mucho tiempo. Con esto me refiero a que, al menos hasta los próximos siete años, tu informe crediticio dará cuenta de que has sufrido un embrollo financiero en algún momento, que se puso tan difícil que tuviste que renunciar a algunas de las cosas que tenías, y que es probable que se repita. En primer lugar, es difícil recuperar mejores puntajes crediticios, y puede que tengas que pasar un par de años intentándolo, al menos. Es más difícil borrar ese registro incluso cuando tienes mejores notas. Es audaz en la sección donde se esperan tus juicios públicos y puedes intentar su eliminación hasta 7 años después.
- **Cargos más altos para la financiación convencional:** Ahora, esto es otro problema. Hay muchas posibilidades de que te resulte difícil conseguir lo que otros consiguen fácilmente. Los prestamistas se vuelven inseguros acerca de tu capacidad de pago, no importa lo que presentes. Siempre quieren una forma

cínica de estar seguros. Probablemente por eso te cobrarían un interés más alto que a todos los demás. Esto podría hacer que sea insoportable obtener muchos créditos y debes prepararte para eso.

- **Conseguir un nuevo préstamo se vuelve difícil:** Puedes considerar esto como una implicación total de la confiscación. Suele dejar una mala impresión y hace prácticamente imposible conseguir un nuevo préstamo sin cláusulas o condiciones estrictas. Es que o bien tienes que pagar un interés más alto o tienes que hacer un depósito más alto que otros. También se te puede pedir que llenes formularios que de otra manera no lo harías, pero todo eso es si no se te rechaza.

Como ves, debes considerar cuidadosamente tus opciones antes de ver la ejecución de la hipoteca. Particularmente si estás en la etapa de la pre-ejecución hipotecaria. Los efectos a largo plazo son drásticos y puede ser demasiado difícil de borrar. Tienes todas las posibilidades de evitarlo y siempre se recomienda que intentes impedir que suceda.

CONCLUSIÓN

Hasta ahora con esta basta información, has sido expuesto a una serie de ideas, conceptos y estrategias que necesitas llevar a cabo para tratar de lidiar mejor con tus deudas. Ya no es de sorprenderte que tu puntaje crediticio se verá afectado por tus deudas, pero esto no quiere decir que afecte tu vida por completo. Podría ser un obstáculo para las oportunidades que podrían cambiar tu vida para siempre y, al mismo tiempo, podría ser el punto de acceso a la buena vida que siempre has esperado. Todo depende de cómo manejes tus deudas. En este capítulo conclusivo, te presento información extra y consejos a tomar en cuenta.

Una agencia de cobranza de deudas es una empresa que se especializa en recuperar deudas sin pagar. Si no realiza los pagos de sus deudas, un cobrador de deudas puede comunicarse con usted para cobrar el dinero que debe en una tarjeta de crédito, línea de crédito o préstamo. Su acreedor, es decir, la empresa a la que le debe dinero, puede intentar recuperar su dinero mediante diferentes maneras, entre ellas, usando su propio departamento de cobranza de deudas si tiene uno, contratar una agencia de cobranza de deudas para recuperar el dinero en su nombre, vender su deuda a una agencia de cobranza de deudas. ¿Qué sucede cuando su deuda se envía a una agencia de cobranza? Por lo general, recibirás un aviso por escrito antes de que una agencia de cobranza se comunique contigo para cobrar la deuda que debes.

¿Qué sucede con su puntaje de crédito?

Una vez que su acreedor transfiera su deuda a una agencia de cobranza, su puntaje crediticio bajará. Un puntaje de crédito bajo significa:

- Los prestamistas pueden rechazar su crédito o cobrarle una tasa de interés más alta.

- Las compañías de seguros pueden cobrarle más por el seguro
- Los propietarios pueden negarse a alquilarle o cobrarle más por el alquiler
- Los empleadores no pueden contratarlo

Vea cuánto tiempo permanece la información en su informe crediticio. Es posible que puedas pagar una parte del monto o el monto total adeudado para evitar que la deuda se transfiera a cobros, hacer arreglos alternativos con su acreedor para pagar su deuda, entre otras cosas. La mejor opción es obtener información precisa sobre qué hacer cuando se comunique con sus acreedores para ayudar a reducir su deuda. Con la información y consejos expuestos en este libro podrás encontrar la mejor manera de lidiar con las deudas sin tener que llegar a los extremos como la bancarrota, el juicio o el embargo.

VISA

REPARACIÓN DE CRÉDITO

Eleva tu puntaje crediticio a más de 720

Ruben Hanson

THE UNITED STATES OF AMERICA
L 89823401 J
ONE DOLLAR

AIRFRANCE
AMERICAN EXPRESS

INTRODUCCIÓN

El crédito y la reparación de crédito son términos clave en el mundo moderno que todo individuo que desee establecer una vida financiera estable para sí mismo debe entender. Si estás leyendo este libro, definitivamente estás interesado en reparar tu crédito o esperas aprender cómo construir un buen puntaje crediticio por ti mismo. No puedo explicar en palabras sencillas cuál es el valor de un buen puntaje crediticio para los negocios y para la vida financiera de una persona. La mayoría de las personas aprende esta lección de la manera más dura después de haber sufrido un rechazo u otro a la hora de asegurar un préstamo, alquilar un codiciado apartamento, o después de haber sido golpeado con intereses muy altos por una empresa hipotecaria. Si tú has aprendido esta lección de la manera más dura, no es demasiado tarde para compensar y reparar tu crédito de un puntaje crediticio bajo a uno alto. Sin embargo, antes de sumergirnos en los detalles sobre cómo puedes reparar tu crédito, profundicemos brevemente en los conceptos de crédito y reparación de crédito en caso de que sean completamente nuevos para ti.

¿Qué es el crédito?

Para ponerlo más sencillo en esta fase introductoria, adoptaré el significado de crédito del Diccionario de Wikipedia: El crédito es el fideicomiso que permite a una parte proporcionar dinero o recursos a otra parte, en el que la segunda parte no reembolsa a la primera inmediatamente, sino que promete reembolsar o devolver esos recursos en una fecha posterior. Para ponerlo de otra manera, es la confianza que tiene tu posible empleador en ti para comprometerse a realizar transacciones monetarias a tu cargo; la seguridad que tiene tu arrendatario de que podrás pagar tu renta después del primer pago. Esta seguridad o confianza se mide en figuras conocidas como puntaje crediticio. En general, tu puntaje crediticio oscila entre 300 y 850, aunque hay varias clasificaciones. A pesar de que un acuerdo común es que un puntaje crediticio por debajo de 450 se considera muy mala; dentro del rango 450 y 650 se considera mala; dentro del rango 650 y 700 es justa; 700 y 750 es buena, y un puntaje por encima de 750 se considera excelente. En algunas otras clasificaciones, sin embargo, 720 se considera el punto de referencia para un puntaje crediticio excelente. Las agencias de crédito tales como *Equifax, TransUnion,* y *Experian* son organizaciones importantes que pueden presentarte tus informes de crédito anuales. Para reparar tu crédito, el lugar correcto para empezar es revisar tu informe de crédito actual y ver qué información es la responsable de la baja puntuación. También existen varias plataformas en línea donde puedes verificar tu puntaje crediticio gratis. Tu puntaje crediticio se genera usando tu historial crediticio y participación financiera. Todo esto constituye la información que comprende tus informes de crédito. Mantenerte al día con tu informe de crédito te mantiene al tanto de la situación de tu crédito y de las áreas en las que debes enfocarte para ayudar a mejorarlo.

Una serie de factores influyen en tu puntaje crediticio incluyendo tu historial de pago de facturas, la ausencia de errores de crédito, entre otros. Las empresas de préstamos, los empleadores y otras empresas financieras consideran tu puntaje crediticio antes de otorgar préstamos u otras oportunidades. Tu puntaje crediticio también influye en la tasa de interés que se te cobra en tus préstamos. Un puntaje crediticio bajo te privará de muchos privilegios de oro que de otra manera podrían haber mejorado tu vida. Esto explica por qué necesitas reparar tu crédito y conseguir llevarlo de un puntaje bajo a uno alto.

¿Qué es la reparación de crédito?

La reparación de crédito describe el proceso completo de arreglar un crédito problemático, de lo que resulta en un mayor puntaje crediticio. Esto puede incluir la eliminación de información negativa, la disputa de información inexacta en tu informe de crédito, el pago de pequeñas deudas y préstamos, y en algunos casos extremos, la declaración de bancarrota y, por supuesto, el cambio de tus hábitos de gasto, entre otros factores. La mayoría de las veces, la reparación de tu crédito implica actividades calculadas que debes orquestar tú mismo en lugar de consultar a una empresa de reparación de crédito. Este libro está centrado en cómo puedes alcanzar un excelente puntaje crediticio por ti mismo. Reparar tu crédito te da más oportunidades en el mismo de las finanzas y te ayuda a ahorrar más. Para preparar tu mente para el largo ejercicio de la reparación de crédito, te proporciono en los siguientes párrafos lo que puedes ganar por reparar tu crédito y aumentar tu puntaje crediticio.

Primeramente, reparar tu crédito aumenta tus posibilidades de obtener préstamos con facilidad. Además, puedes obtener préstamos con tasas de interés muy bajas. Por otra parte, un puntaje crediticio bajo atrae tasas de interés más altas. Préstamos aparte, un alto puntaje crediticio también te ayuda a pagar menos, como cargos de la prima de tu seguro, seguro de vida, seguro de hogar, seguro de auto, y así sucesivamente. Otra razón igualmente importante para reparar tu crédito es aumentar tu límite de crédito. Los emisores de tarjetas de crédito consultan tu historial de crédito para determinar el límite que deben poner en tu tarjeta de crédito. Un buen puntaje crediticio aumenta el límite de tu tarjeta de crédito. No, eso no es todo lo que hay por arreglar tu crédito. Un alto puntaje de crédito te ayuda a pagar menos depósitos de seguridad cada vez que tienes que registrarte para una tarifa de servicios públicos u otra. Los cargos por depósitos telefónicos y otros cargos por servicios públicos podrían ser más altos cuando tu puntaje crediticio es malo. Más aún, reparar tu crédito implica pagar tus deudas, y esto mantiene a los cobradores de deudas lejos de ti. Si alguna vez has llegado del trabajo para encontrarte con un sinnúmero de cartas, llamadas y correos electrónicos de tus cobradores, entenderás de qué te salva un puntaje crediticio alto. Además, cada vez que necesitas rentar un apartamento, por ejemplo, o comprar una propiedad que requiera que pagues en cuotas, o solicitar un préstamo para iniciar un pequeño negocio, un alto puntaje crediticio te coloca en una posición favorable para ser considerado, pero un bajo puntaje crediticio hace exactamente lo contrario - ¡te perjudica y frustra! Lo mismo aplica para la solicitud de un trabajo y la compra o préstamo para un auto. También debo mencionar las dimensiones emocionales y psicológicas de tener un bajo puntaje crediticio. Con mal crédito, siempre se te pedirá que consigas un consignatario para todas tus solicitudes de préstamo o tarjeta de crédito. Conseguir uno cada vez que se necesita un favor así no es fácil. Con un buen puntaje crediticio, no necesitas depender de los cofirmantes para tus transacciones. Finalmente, es mejor estar completamente libre de la presión. Es casi inagotable cómo un mal puntaje crediticio puede arruinar tu vida y dejarte indefenso. La única salida es reparar tu crédito y ponerte en una posición ventajosa. La pregunta es, ¿cómo? Este libro está dedicado a ayudarte a salir de tu desordenada situación crediticia. Con las estrategias correctas aplicadas correctamente, puedes aumentar tu pobre o medio puntaje crediticio a 720 o más en cuestión de semanas.

En este libro, encontrarás toda la información útil relacionada con cómo leer tu puntaje crediticio, qué hacer para mejorar tu puntaje crediticio, qué hacer cuando encuentres información inexacta en tu informe de crédito, la manera perfecta de escribir una carta de disputa, entre muchas otras revelaciones fundamentales que las compañías de reparación de crédito no quieren que tú sepas. Sin embargo, empiezo con lo más básico del crédito en el primer capítulo. ¿Estás listo?

AIRFRANCE / KLM
TOMMY HILFIGER

CAPÍTULO UNO:

FUNDAMENTOS DE LA REPARACIÓN DE CRÉDITO

La reparación de crédito implica el proceso crucial de arreglar el mal crédito, abordar las cuestiones legítimas relacionadas a los prestamistas, disputar la información errónea con los organismos crediticios, abordar las cuestiones fundamentales y señalar los daños ocasionados por el mal crédito.

En pocas palabras, la reparación de crédito es el proceso real de corregir o restaurar un pal puntaje crediticio. Una reparación de crédito puede hacer de manera de bricolaje (hágalo usted mismo) o contactando con una oficina de crédito para señalar información incorrecta en un informe de crédito, así como pedir que dicha información sea totalmente borrada. Reparar un crédito obviamente significa que hay un mal puntaje crediticio.

¿Qué es el Crédito?

El crédito se refiere al fideicomiso que permite a una de las partes prestarle concederle un préstamo a la otra, y la segunda parte se compromete a devolverlo en una fecha posterior según los acordado entre ambas partes.

En otras palabras, es el acuerdo entre un prestatario y un prestamista en el que el prestatario se compromete a pagar en una fecha posterior con intereses. El crédito es también la capacidad crediticia de una empresa o de un individuo para obtener un nuevo préstamo.

Puntaje Crediticio

Este es una expresión numérica (normalmente un número de tres dígitos entre 300 y 850) basada en un análisis de los archivos de crédito de una persona que utilizan las compañías de tarjetas de crédito y los bancos para determinar la solvencia de dicha persona. Las oficinas de crédito son la principal fuente de un informe de crédito que muestre el puntaje crediticio de una persona. Básicamente, los prestamistas utilizan las clasificaciones crediticias para determinar si uno es merecedor de un préstamo, la probabilidad de que uno pague ese préstamo, el tipo de interés y los límites de crédito. El riesgo que implica el préstamo de dinero se determina mediante un puntaje crediticio y si riesgo debe asumirse en absoluto. Por ejemplo, si el historial de crédito del Sr. John que contiene sus deudas, tipos de cuentas, número de pagos atrasados, edad de las cuentas, etc., es realmente pobre o demasiado negativo, con un mal puntaje crediticio obviamente, tiene un 70% de probabilidades de que se le niegue una solicitud de préstamos. Mientras más alto o más positivo sea tu puntaje crediticio, más altas son tus posibilidades de conseguir que aprueben tu crédito y es menor el riesgo crediticio para los prestamistas.

Tipos de Puntajes Crediticios

- **Puntaje crediticio genérico:** Este es un tipo de puntaje crediticio usado por empresas y prestamistas para medir el riesgo crediticio general. Se puede acceder a él mediante los mismos métodos que usan los organismos de información crediticia.
- **Puntajes crediticios personalizados:** A diferencia de los puntajes crediticios genéricos, los puntajes personalizados son generalmente usados por prestamistas individuales. Para determinar este tipo de puntaje crediticio se requieren informes de crédito, historial de cuentas en la cartera de un prestamista, etc. Los puntajes crediticios personalizados pueden ser utilizados por un tipo de préstamo en particular, como el préstamo de automóviles o un tipo de negocio en particular.

Factores que dan forma a tus puntajes crediticios

La cantidad total de deudas que debes, las diferentes cuentas que posees/administras, el número de pagos realizados con retraso y la antigüedad de tus cuentas son factores que influyen en tu puntaje crediticio. Sin embargo, hay una cosa que debes tener en cuenta sobre los puntajes crediticios. No se limita a los bancos ni a los individuos solamente, sino a otras organizaciones como las compañías financieras digitales, las compañías de seguros, los departamentos gubernamentales, los propietarios y las compañías de telefonía móvil.

Cosas Clave con las que Deberías Familiarizarte Primero

1. **Mecanismo de Revisión de Préstamos (MRP):** También conocido como Auditoría de Crédito, se refiere al acto de examinar la calidad de un crédito y también a la creación de medidas que pueden adoptarse para mejorar el crédito. El MRP evalúa los procedimientos para la deferencia de la sanción existente y la pos-sanción según lo establecido por el banco. Una auditoría de crédito tiene por objeto principalmente mejorar la calidad de la cartera de créditos, detectar problemas con prontitud y sugerir medidas correctivas, así como examinar el proceso de sanción de los grandes préstamos.
2. **Informe de crédito:** Es un registro o documentación del historial de crédito de un individuo de bancos, agencias, gobierno y compañías de tarjetas de crédito. El informe es utilizado por los prestamistas para determinar si una persona debe recibir un préstamo.
3. **Historial de crédito:** Tu historial de crédito simplemente se refiere a los registros de un prestatario de su pago de deudas, reembolso de préstamos y la rapidez con la que cumplió su ciclo de facturación a través del tiempo.

4. **Software de reparación de crédito:** Un software creado por las empresas para que sus consumidores mejoren su puntaje crediticio por sí mismos, corrijan la información errónea y otros errores encontrados en sus informes de crédito. Es un software de autoayuda que permite a un individuo navegar por la calificación de los préstamos, el seguimiento, los modelos de puntaje crediticio, las negociaciones con los potenciales acreedores y la simulación del puntaje crediticio.
5. **Sistema de reporte de crédito:** Se refiere a la conexión de los sistemas que contienen información de los deudores junto con los marcos jurídicos, institucionales y tecnológicos que dan soporte a las bases de datos para que funcionen de manera eficiente. La información puede pertenecer a empresas o a individuos.
6. **Oficina de crédito:** Una oficina de crédito es una agencia establecida para reunir información de diferentes acreedores sobre el desempeño de los préstamos de las personas. Esta información puede incluir préstamos anteriores que ya están pagados, préstamos recién adquiridos, cómo se están atendiendo estos préstamos, así como cualquier otro saldo pendiente. La información también incluye la dirección de contacto de los prestatarios. Las tres principales agencias de crédito son *TransUnion, Experian* y *Equifax*.
7. **La Ley de Información Crediticia Justa (LICJ):** La LICJ describe una ley federal que regula el acceso a los informes de crédito de las personas, así como la recopilación de dicha información. La ley se aprobó alrededor de 1970 para abordar cuestiones relativas a la privacidad, la equidad y la exactitud de la información personal que se mantiene en las agencias de informes de crédito.

8. **Compañía de reparación de crédito:** Una compañía, una agencia o una organización que se ofrece a mejorar los puntajes crediticios y manejar todos los trabajos relacionados con el trabajo de las agencias de informes crediticios a cambio de una tarifa.
9. **Consultor/Consejero de crédito:** Este es uno que ayuda a un individuo u organización a lograr la libertad financiera. Este grupo de personas trabaja mayormente en organizaciones sin fines de lucro que ayudan a la gente a pagar sus deudas, a administrar su dinero, así como a construir un presupuesto sólido.
10. **Vigilancia de la cuenta:** También conocida como la revisión de crédito, la supervisión de cuentas implica el proceso de acceso al perfil crediticio de una empresa o un individuo. Esta evaluación la realiza un acreedor periódicamente.

¿Qué necesidad hay de reparar el crédito? ¿Es absolutamente necesario?

Naturalmente, necesitamos recursos, uno de los cuales es el dinero, para sobrevivir. El dinero determina y afecta casi todos los ámbitos de nuestra vida. Cuando tienes un mal crédito, te enfrentas a problemas diferentes y difíciles como los siguientes.

- **Rechazo de préstamo:** Es lógico que ningún prestamista esté dispuesto a prestar a personas o empresas con mal crédito. Los prestamistas como los de automóviles e hipotecas están endureciendo las restricciones a los nuevos préstamos. Cuando peor sea tu puntaje de crédito, mayor será el pago inicial que deberás hacer, mayor será el interés que deberás pagar y mayores serán las posibilidades de que tu préstamo sea rechazado por completo.

- **Primas de seguro:** Un mal crédito o un bajo puntaje crediticio es visto por los proveedores de seguro como un comportamiento de alto riesgo. Esto no funciona a tu favor. No se puede enfatizar demasiado la importancia de un buen crédito porque el lado comercial de la mitigación de riesgos es el seguro, que depende totalmente de tu puntaje crediticio. Tu historial financiero entra en juego cuando se trata de terminar tu nivel de riesgo por las compañías de seguros. Ningún prestamista quiere incurrir en una pérdida.
- **Oportunidades de empleo:** Debido a la naturaleza competitiva del mercado de trabajo, los empleadores emplean verificaciones de crédito como medida para examinar las solicitudes de empleo. Hacen uso de los informes de crédito para determinar el nivel de responsabilidad de un potencial empleado. En pocas palabras, si tienes un historial de gasto despreocupado, es menos probable que te empleen sin importar tus excelentes calificaciones. Les parecerás irresponsable y desorganizado, dos cosas que definitivamente no te conseguirán un trabajo.
- **Ahorros:** Cuando se tiene un buen puntaje crediticio, se tienen mayores posibilidades de iniciar un negocio propio, retirarse relativamente temprano, obtener una buena educación o estar listo para cualquier eventualidad/emergencia imprevista. Cuanto menos gastes, más ahorrarás, más posibilidades tendrás de obtener un préstamo en condiciones favorables y adquirirás menos deudas.

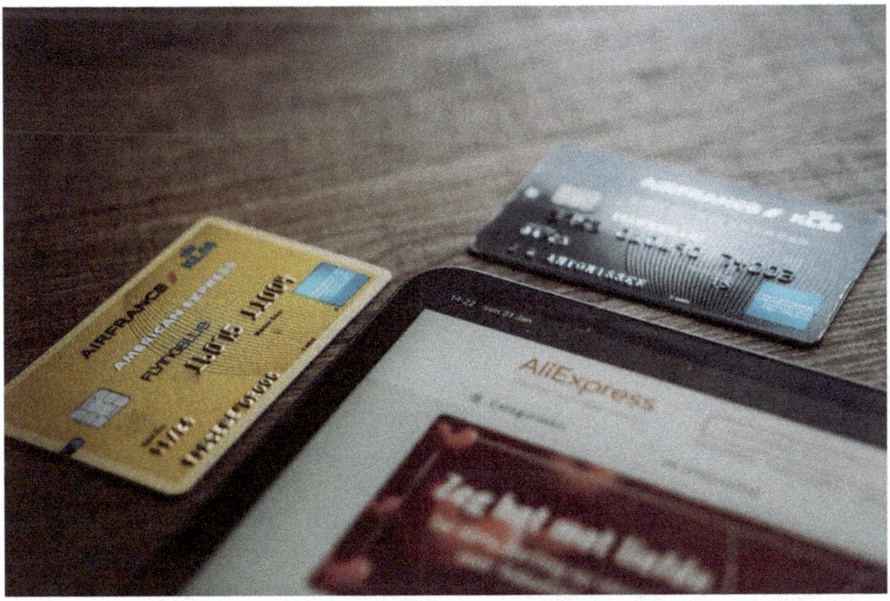
AIRFRANCE
AliExpress

CAPÍTULO DOS:

UTILIZAR TU PUNTAJE CREDITICIO ¿ES BUENO O MALO?

La cantidad de crédito utilizado por un individuo o una empresa comparada con la cantidad de crédito prestada a cualquiera de las dos categorías es lo que se denomina utilización del crédito. La utilización de tu crédito es uno de los dos factores más importantes que influyen en tu puntaje crediticio, el primero es tu historial de pagos. Tendrás que mantener una buena utilización de crédito si quieres construir un buen puntaje crediticio. Si tienes una alta utilización de crédito, es probable que tu solicitud de préstamo no sea concedida. Si se te concede, es posible que tengas que pagar un interés más alto o incluso hacer un pago inicial más grande suponiendo que solías tener una buena utilización de crédito.

Tasa de utilización del crédito: Se refiere a la cantidad de crédito rotatorio que una persona está utilizando actualmente dividida por la cantidad total de crédito rotatorio que tiene disponible. Es decir, la cantidad que debes dividida por tu límite de crédito. Utilización del crédito = Tu deuda total/tu crédito total disponible. Para calcular tu puntaje de crédito, tu utilización de crédito es parte de las cosas que se tendrán en cuenta en los modelos de puntaje crediticio.

Una baja utilización de crédito: Una buena utilización del crédito es aquella que es inferior al 30%, lo que significa que estás haciendo uso de menos de ese 30% de tu crédito mensual. Tu saldo deberá mantenerse por debajo del 30% de tu límite de crédito, de lo contrario se arriesga a una caída en tu puntaje crediticio, lo que puede ser malo. La mejor utilización de crédito, sin embargo, es la de un 0%. Sabemos que esto es difícil de lograr debido a que, como humanos, naturalmente tenemos que gastar más para vivir cómodamente, pero entonces, hay que mantenerlo al nivel más bajo posible. Una tasa de utilización del 0% significa que no estás usando tu crédito disponible. Tener una buena utilización del crédito te da un puntaje crediticio más alto, lo que definitivamente aumenta tus posibilidades de asegurar más préstamos como tarjetas de crédito e hipotecas con términos favorables/cómodos.

Manejo de la utilización de crédito

1. Asegura tus alertas de saldo para que puedas ser notificado cuando utilices tu crédito más allá del límite que estableciste inicialmente. Esto es para frenar tus gastos y también para mantener tus saldos vigilados.
2. Aumenta el límite de tu tarjeta pidiendo al emisor de la misma o a la compañía de la tarjeta de crédito que aumente el límite de tu tarjeta cuando tengas un cambio favorable en tus ingresos. También puedes reducir tu límite de crédito si te cambias a un trabajo con menos ingresos. Cuando se reduce el saldo de la tarjeta de crédito, la utilización de tu crédito se reducirá a menos del 30% o 30% en total.
3. Rota tus tarjetas de crédito. Esfuérzate por repartir los gastos de la compra que haces cada mes entre varias tarjetas de crédito. Aunque no se garantiza que esto funcione siempre, porque algunos modelos de puntaje crediticio prefieren evaluar el uso total de tu tarjeta.
4. Intenta pagar tus tarjetas de crédito dos veces al mes para mantener tu utilización de crédito en control. Esto asegurará que tu tarjeta sea pagada antes de tiempo hasta un nivel inferior al 30%.
5. Presta atención a la fecha en que el emisor de tu tarjeta de crédito pasa la información a las agencias de crédito, prestando especial atención a la fecha en la que tú realizas los pagos de tus tarjetas.

La utilización de tu crédito aumentará si los emisores de tu tarjeta reportan información sobre tu cuenta a las agencias de crédito unos días antes del ciclo de facturación.

Un buen puntaje crediticio

Todos queremos un buen puntaje crediticio, así que hacemos esfuerzos para corregir ese puntaje. Pero cuando nuestros esfuerzos no dan resultados como se esperaba, nos desconcierta. La pregunta es, ¿sabes realmente lo que es un buen puntaje crediticio?

Un buen puntaje crediticio es el de 700 y más. Un puntaje de 800 créditos se considera excelente, lo que significa que tú haces un mejor crédito, lo que infunde confianza y cimienta la confianza en los prestamistas para que te presten dinero su dinero con la seguridad de que tú definitivamente pagará a tiempo según lo acordado. Como se mencionó anteriormente en el capítulo anterior, un puntaje crediticio es lo que los prestamistas consideran antes de dar préstamos a cualquier persona si tú eres merecedor del préstamo. Hay dos tipos principales de puntaje crediticio:

***Fair Isaac Corporation Scores* (FICO):** Tu puntaje FICO va de 300 a 850. Basado en los modelos de puntaje FICO, un puntaje crediticio por encima de 670 se considera un puntaje crediticio excepcional.

Vantage Score: El puntaje de *Vantage* Score es por encima de 700 se considera un puntaje crediticio mientras que un puntaje de 750 por encima se considera un excelente puntaje crediticio. El modelo de *Vantage* Score fue desarrollado por las tres principales agencias de crédito: *Experian, Equifax* y *TransUnion.*

Beneficios de un buen puntaje crediticio

- **Préstamos y tarjetas de crédito:** Tu puntaje crediticio es un factor enorme para determinar si eres merecedor de recibir un préstamo y con qué interés lo obtendrás. Un buen puntaje crediticio no solo aumenta las posibilidades de obtener las mejores tasas de interés, sino que también ofrece la posibilidad de pagar cargos financieros más bajos en los préstamos y tarjetas de crédito. Con un buen puntaje crediticio, pagas menos intereses, asegurando que tus deudas se paguen rápidamente y que puedas retener más dinero para ahorrar o utilizarlo para otras cosas importantes.

- **Fuerte poder de negociación:** Cuando tu crédito es alto o excelente, tú ganas el apalancamiento para negociar más por una tasa de interés más baja sobre un nuevo préstamo o una tarjeta de crédito. Te da una ventaja adicional de más poder de negociación, algo que definitivamente no puedes lograr con un puntaje crediticio bajo o malo.
- **Depósitos de seguridad de los servicios públicos cancelados:** Los depósitos de seguridad pueden oscilar entre 100 y 200 dólares, lo que puede ser un inconveniente durante la reubicación. Los depósitos de seguridad pueden ser una molestia cuando te reubicas o te mudas a una nueva casa debido a circunstancias fuera de control. Pero con un buen puntaje crediticio, no será necesario pagar los depósitos de seguridad cuando cambies la ubicación del servicio o crees un servicio público a tu nombre. Menos molestias, más ventajas.
- **Excelentes tarifas de seguro de auto:** Según las compañías de seguros, las personas con un bajo puntaje crediticio son más propensas a presentar reclamos y son penalizadas con una prima de seguro más alta. Para decirlo claramente, te convertirás en un chivo expiatorio para las aseguradoras de autos con tu mal puntaje crediticio. Sin embargo, si tienes un buen puntaje crediticio, los cargos del seguro no serán tan altos.
- **Límites más altos aprobados:** Otra ventaja de tener un buen puntaje crediticio es que aumenta las posibilidades de pedir prestado más dinero porque tu puntaje crediticio se ha ganado la confianza de los bancos y otras instituciones financieras.

Tu capacidad de préstamo aumenta cuando tienes un alto puntaje crediticio. Los prestamistas tienen la seguridad de que pagarás a tiempo con las tasas de interés acordadas.

- **Derecho a presumir:** Naturalmente, te sentirás bien contigo mismo gracias a tu buen puntaje crediticio. Podrás negocias con los prestamistas con total confianza sin la desesperación que podría ser usada en tu contra. Todo lo que tienes que hacer es planear cómo gastar, gastar menos y ahorrar más.
- **Contratos de telefonía móvil:** Un buen puntaje crediticio asegura que tú puedes hacer una compra de un teléfono firmando un contrato a un precio de descuento sin tener que pagar un depósito de seguridad. Si tienes un bajo puntaje crediticio, es posible que los proveedores de servicios no te den un contrato y te verás obligado a optar por uno de los planes de pago-por-uso con teléfonos más caros.
- **Aprobación de casas y apartamentos en alquiler:** Al igual que los bancos o los empleadores utilizan los puntajes crediticios como medida de selección, también lo hacen los propietarios a los posibles inquilinos. Las posibilidades de conseguir un nuevo apartamento son considerablemente menores si tienes un mal puntaje crediticio que puede o no tener algo que ver con un desalojo anterior o cualquier otro problema. Con un puntaje crediticio, no tienes ningún problema para obtener la aprobación del alquiler de una casa o apartamento. Genial, ¿cierto? Si.

Mantener un Buen Puntaje Crediticio

No es suficiente con que reconstruyas tu puntaje crediticio, tienes que asegurarte de que tus esfuerzos no se vayan por el desagüe manteniéndolo constantemente para que no vuelva a bajar. Así es como se hace:

- Manteniendo tus viejas cuentas en orden para mantener un historial crediticio promedio.

- Continúa pagando tus cuentas a tiempo.
- Mantén bajos los saldos de las tarjetas de crédito, busca un nuevo crédito solo cuando sea absolutamente necesario.
- Usa diferentes tarjetas de crédito.
- Intenta solicitar una tarjeta de crédito asegurada si no tienes una. Necesitarás hacer un depósito que eventualmente se convertirá tu límite de crédito.

Un mal puntaje crediticio

Un mal puntaje crediticio es el que está por debajo de 670. Un puntaje crediticio entre 300 y 579 se considera muy pobre/pobre respectivamente, mientras que un puntaje crediticio entre 580 y 669 se considera justo. Estas estadísticas se basan en el rango de puntaje FICO. Para *Vantage Score*, un puntaje entre 601 y 660 se considera justo, un puntaje crediticio entre 500 y 600 se considera pobre, mientras que el de 300 a 499 es extremadamente pobre. Cuanto más bajo sea tu puntaje crediticio, menores serán tus posibilidades de calificar para préstamos en buenos términos. El mal crédito hace que sea difícil, sino casi imposible, adquirir un préstamo asequible o cualquier otro préstamo.

Desventajas de tener un mal crédito

1. **Tasa de interés alta, posible rechazo de préstamos y tarjetas de crédito:** Un puntaje crediticio bajo muestra a los prestamistas que prestarte a ti implica mayores riesgos que alguien que tiene un puntaje crediticio alto. O bien tu préstamo es rechazado o los prestamistas te cobran una tasa de interés más alta. Un mal puntaje creditico te roba la oportunidad de obtener préstamos importantes como préstamos estudiantiles privados/federales, préstamos de crédito, hipotecas, préstamos personales y otros similares. Y si tu préstamo es aprobado, pagarás más intereses de lo normal. Ciertamente no quieres ese tipo de carga.

2. **Depósitos de seguridad requeridos en los servicios públicos:** No importa que pagues tus facturas de servicios públicos a tiempo. Si tienes un mal puntaje crediticio, se te pedirá que pagues un depósito de seguridad para establecer el servicio a tu nombre cuando te reubiques en otro lugar. El depósito se cambiará primero antes de que el servicio se establezca a tu nombre.
3. **Dificultad para conseguir un empleo:** El mercado laboral es bastante feroz. Hay algunos trabajos, especialmente aquellos bajo la industria de las finanzas o la administración, que un buscador de empleo debe tener un buen puntaje crediticio o historial crediticio antes de que pueda ser considerado para un trabajo en absoluto. Lo que están buscando es cómo manejar tu crédito. Es una de las formas de determinar cuál es el rendimiento laboral de un depósito
4. **Dificultad para conseguir que se apruebe la solicitud de un apartamento:** Conseguir que se apruebe una solicitud de alquiler con mal crédito será difícil porque los propietarios no quieres dar sus habitaciones a personas con mal crédito. Si consigues que un propietario apruebe tu solicitud a pesar de tener una mala calificación crediticia, prepárate para pagar un depósito de seguridad más alto.
5. **Contrato de telefonía móvil:** No podrás obtener un contrato de telefonía móvil si tienes un puntaje crediticio bajo. Las empresas de telefonía móvil revisan tu historial crediticio para determinar si eres merecedor de un contrato. O conseguirás un contrato oral con teléfonos más caros.
6. **Primas de seguro más altas:** Las compañías de seguro siempre tendrán en cuenta tu historial crediticio para evaluar la posibilidad de presentar un reclamo. Un mal puntaje crediticio demuestra que es más probable que presentes reclamos y, por lo tanto, se te cobrarán primas de seguro más altas. Basta con decir que no hay absolutamente nada que ganar con un mal puntaje crediticio.

7. **Dificultad para empezar tu propio negocio:** Tener un mal puntaje crediticio no es la manera de lograr la libertad financiera. Tu sueño de empezar tu propio negocio no puede ser alcanzado si tienes un mal puntaje crediticio. Independientemente de que tengas un plan de negocios sólido junto con datos de apoyo, puede que no se te conceda el préstamo o la cantidad específica que necesitas para financiar tu nuevo negocio.
8. **Incapacidad o dificultad para comprar un auto:** El préstamo para tu auto no será aprobado si tienes mal puntaje crediticio. Los bancos se aseguran de revisar tu historial crediticio antes de considerar tu solicitud de préstamo y si es mala, tu solicitud será rechazada o aprobada con la condición de una tasa de interés más alta. Las tasas de interés con pago serán más altas si compras el vehículo en un concesionario de automóviles "compre aquí, pague aquí".

Cómo Verificar tu Puntaje Crediticio

Es importante verificar tu puntaje crediticio con regularidad, especialmente cuando solicitas una hipoteca, una nueva tarjeta de crédito o un préstamo personal. Te muestra las tasas de interés que probablemente pagarás cuando solicites un nuevo préstamo. No solo tienes que verificar tu puntaje crediticio para determinar si reúnes los requisitos para un nuevo préstamo, sino que también tienes que verificarlo para estar al tanto de cualquier baja, errores o posibles fraudes de los que puedas correr el riesgo. Cuando te esfuerzas por verificar siempre tu puntaje crediticio, te das cuenta de los errores rápidamente y encuentras formas de resolverlos antes de que se conviertan en grandes problemas. Verificar tu puntaje crediticio es realmente algo fácil de hacer. Hay diferentes maneras de calcular tu puntaje crediticio dependiendo del modelo de puntaje. Los criterios utilizados por los modelos de puntaje son diferentes, pero todos se basan en algunas características comunes que encontrarás a continuación.

- **El historial de pagos**: Esto representa el 35% de tu puntaje crediticio FICO y es uno de los determinantes más importantes de tu puntaje crediticio. Los prestamistas inspeccionan tu historial de pagos para determinar si podrás devolver lo que quieres pedir prestado y a tiempo. Tu puntaje puede verse gravemente afectado si no haces un solo pago.
- **Crédito mixto:** El crédito mixto constituye alrededor del 20% de tu puntaje crediticio FICO. Es usado por los prestamistas para evaluar lo bien que manejas te tus deudas pasadas. Aquellos con altos puntajes crediticios son conocidos por tener una cartera de diferentes cuentas de crédito. Estas cuentas son examinadas minuciosamente por modelos de puntaje crediticio.
- **Utilización de crédito:** Constituye el 30% de tu puntaje FICO calculado dividiendo el crédito rotativo que utilizas actualmente por el total de tus límites de crédito rotativo. Esta proporción determina qué tanto dependes de los fondos no monetarios y cuánto crédito utilizas actualmente.
- **Información negativa:** Esta información comprende los pagos atrasados o no efectuados, las cancelaciones, las ejecuciones hipotecarias, así como las cuentas de cobro que se indican en tu expediente/informe de crédito. La información negativa en tu expediente de crédito disminuye las posibilidades de ser aprobado para un nuevo préstamo y es una información que permanece en tu expediente durante mucho tiempo, hasta 6 años. No quieres este tipo de historial en tu crédito.
- **Nuevos créditos:** Los nuevos créditos representan el 10% de tu puntaje FICO, lo que indica la frecuencia con la que abres nuevas cuentas.
- **Longitud del historial crediticio:** Esto se refiere al tiempo que has tenido crédito. Representa el 15% de tu puntaje crediticio FICO.

Calcula tu puntaje crediticio entrando en el sitio del emisor de tu tarjeta de crédito o en cualquier otro servicio gratuito de puntaje crediticio. Dirígete a la sección de puntaje crediticio, verás un tablero que muestra tu puntaje crediticio y todos los demás elementos que lo afectan.

El puntaje crediticio que debes verificar

Según John Ulzheimer, un experto en crédito, tanto el FICO como el *Vantage Score* deben ser revisados para obtener los detalles completos y exactos de lo que los prestatarios verán. Típicamente, el puntaje crediticio de FICO y *Vantage Score* de cualquiera de las tres principales agencias de crédito mencionadas anteriormente.

Tipos de cuentas que afectan tu puntaje crediticio

Por lo general, tu expediente de crédito comprende información sobre préstamos rotatorios y a plazos, entre otras cosas. Ambas cuentas son también factores que influyen en tu puntaje crediticio, ya que son registros de tu historial de deudas y pagos. A continuación, encontrarás los dos tipos de cuentas.

- **Crédito rotativo:** Es un tipo de cuenta que incluye préstamos sobre el capital de la vivienda y tarjetas de crédito. No tiene un plazo fijo, pero tiene una tendencia a fluctuar. Proporciona un límite de crédito en el que se realizan pagos basados en la cantidad de crédito que se utiliza.
- **Crédito a plazos:** Las cuentas de crédito a plazos se asocian con hipotecas, préstamos estudiantiles y personales en los que la persona pide prestada una cantidad fija de crédito con el acuerdo de hacer un pago cada mes hasta que el préstamo esté completamente saldado.

Estos dos tipos de cuenta son cruciales para el cálculo de tu puntaje crediticio.

Factores que afectan tus puntajes crediticios negativamente

- **Solicitar demasiados préstamos en poco tiempo:** Tener demasiadas solicitudes registradas en tu archivo de crédito en un corto período de tiempo se refleja mal en tu puntaje crediticio. Los prestamistas toman nota de cada consulta exhaustiva de tu historial de crédito en tu expediente. Si son demasiadas en poco tiempo, no te concederán un préstamo. Cada vez que solicitas un nuevo crédito, una consulta exhaustiva de tu historial de crédito se registra en tu expediente y el prestamista pide tu informe de crédito antes de tomar una decisión.
- **Falta de pagos:** Cuando pierdes un pago, aunque sea una sola vez, afecta mucho tu puntaje crediticio. Tu historial de pagos constituye un aspecto más grande de tu FICO. Es posible que quieras tomarte esto en serio y evitar perder cualquier pago en el futuro.
- **Cuentas por defecto:** La información negativa de las cuentas, como las cuentas saldadas, la quiebra, la ejecución hipotecaria, las cancelaciones y la reposesión de tu informe de crédito pueden afectar negativamente tu puntaje crediticio hasta 10 años.
- **Alta utilización del crédito:** Normalmente, los prestamistas prefieren ver una utilización del crédito de entre 10% y el 39% antes de conceder los préstamos. Si utilizas demasiado crédito disponible, indirectamente le estás diciendo a acreedores que dependes demasiado del crédito y que careces la capacidad de administrarlo eficazmente.

Factores que no Afectan tus Puntajes Crediticios

Factores como tus ingresos, patrimonio neto, saldos en cuentas de jubilación y el patrimonio de tu casa no tienen ningún impacto en tu puntaje crediticio, al contrario de lo que se cree. Además, tus bienes, educación, historial de empleo, puesto de trabajo, nacionalidad, edad y afiliación política no se consideran para el cálculo de tu puntaje crediticio.

Impacto de tu puntaje crediticio en tus tarjetas de crédito
Un buen o excelente puntaje crediticio te da la oportunidad de calificar para más tarjetas de crédito (tarjeta de recompensas de viaje, reserva de zafiro de persecución, y similares) con intereses favorables. También puedes obtener la tarjeta asegurada *Discover It* ® si tienes que reconstruir tu pobre crédito. La tarjeta te da acceso a una tarjeta de crédito cuando haces un depósito de seguridad.

Impacto de tener una cuenta diferente en tu puntaje crediticio
Aunque el hecho de tener menos cuentas de crédito no afectará negativamente tu puntaje crediticio, el hecho de tener numerosas cuentas de crédito indica tu capacidad para manejar diferentes tipos de deudas al mismo tiempo, así como la capacidad de pagar dichas deudas. También es un factor que aumenta tu puntaje crediticio.

Impacto de las cuentas de servicio en tu puntaje crediticio
Salvo que no realices pagos y tu cuenta de servicio sea remitida a una agencia de cobros, las cuentas de servicio no tienen ningún impacto en tu puntaje crediticio. Las cuentas de servicio pueden incluir facturas de teléfono y servicios públicos que, por cierto, no se añaden automáticamente a tu informe de crédito.

Cómo reconstruir tu puntaje crediticio

Reconstruir tu puntaje crediticio llevará una cantidad considerable de tiempo y mucho esfuerzo. Es bastante fácil de hacer siempre y cuando estés concentrado y seas capaz de determinar la razón de su mal estado. Aquí están los pasos esenciales a seguir:

1. **Haz una verificación:** Lo primero que tienes que hacer es conseguir una copia gratuita de tu puntaje crediticio e informe de crédito para que puedas ver lo que hay en tu expediente, así como los factores que están afectando tu puntaje crediticio.

Además, es crucial verificar la información negativa, las inexactitudes que aparecen en tu informe de crédito, las cuentas dudosas que se abren a tu nombre. Los siguientes elementos son claves que debes verificar para tener un mayor puntaje crediticio.

i. Tu historial de pagos, que siempre debe ser pagado a tiempo sin que falte ninguno de los pagos por cualquier motivo.
ii. Tu tasa de utilización de crédito, que no debe superar el 30% si deseas tener un buen puntaje crediticio.
iii. La duración de tu uso de crédito que constituye el 15% de tu puntaje crediticio.
iv. La alternancia de cuentas de crédito que tienes que te da más posibilidades de obtener un buen puntaje crediticio.
v. El número de consultas exhaustivas de tu historial de crédito archivadas en tu informe de crédito, las solicitudes que has hecho, así como el número de cuentas de crédito a tu nombre.

2. **Paga tus facturas a tiempo:** A estas alturas, ya sabes lo importante que es el historial de pagos para tu puntaje crediticio general. Es el mayor determinante de tu puntaje crediticio FICO, ocupando cerca del 35% del mismo. Trata de pagar todas las facturas a tiempo sin perder ningún pago. Puedes configurar una función de pago automático para las facturas recurrentes como hipotecas, pagos de automóvil, préstamos estudiantiles y similares, de modo que siempre estés a tiempo de pagarlas.

   Solo tienes que asegurarte de tener suficiente dinero en tus cuentas bancarias para cubrir cada uno de tus pagos. Ni siquiera es necesario enviar un cheque o entrar en un portal de pagos. Con la función de pago automático, tus pagos son automáticos. En caso de que tengas muchos pagos pendientes el mismo día, tendrás que contactar a tus acreedores para cambiar las fechas. Infórmales con antelación si vas a dejar de hacer el pago antes de que suceda. No querrás parecer irresponsable o ser acusado de incumplir el contrato. Es importante que mantengas una buena relación con tus acreedores.

3. **Paga las deudas pendientes:** Tu expediente de crédito no solo contiene información sobre tus pagos atrasados, entre otras cosas, sino que también sobre cuánto retraso tienen esos pagos, que oscila entre 30 - 60 - 90 días. Cuanto más tiempo de retraso en los pagos haya transcurrido, mayor será el impacto negativo en tu puntaje crediticio.

   Deja de usar tus tarjetas de crédito y trata de pagar primero las deudas de tu estas. Emplea el método de la bola de nieve para pagar deudas pequeñas. Además, prueba el método de Evaluación de Deudas que te permite gastar algo de dinero extra de la tarjeta de crédito de mayor interés. Esto te ayuda a ahorrar el dinero en intereses.
4. **Disputar información:** Asegúrate de disputar toda información inexacta en tu informe de crédito porque, si bien pueden producirse errores, no detectarlo con la suficiente antelación para hacer las correcciones necesarias está destinado a perjudicar tu puntaje crediticio. Siempre revisa tus informes de crédito regularmente para asegurarte de que no hay información errónea en ellos. Esta es otra gran manera de reconstruir tu puntaje crediticio a un nivel alto.
5. **Evita solicitar un nuevo préstamo:** Para reconstruir tu puntaje crediticio, tienes que evitar nuevas consultas exhaustivas de tu historial de crédito en las que los prestamistas revisan tu informe de crédito para determinar tu solvencia. Si sigues pidiendo prestado sin dar suficiente tiempo entre los préstamos, las consultas exhaustivas se seguirán sumando y eso definitivamente no va a ayudar a reconstruir tu puntaje crediticio. Los prestamistas solo te verán como un alto riesgo crediticio cuando intentes pedir prestado de muchas fuentes, todo en un corto tiempo.

   Las consultas no exhaustivas, por el otro lado, ocurren cuando un prestamista o emisor de crédito evalúa tu crédito para pre aprobarlo para un préstamo. También es cuando tú, como individuo, verificas tu puntaje crediticio. Sin embargo, debes tener en cuenta que, si solicitas con más de tres prestamistas en un corto período de tiempo al solicitar una hipoteca o un préstamo sencillo, no habrá ningún efecto importante en tu puntaje crediticio.

6. **Consigue ayuda:** Puedes conseguir la ayuda de profesionales o agencias si todavía no puedes hacerlo tú mismo. También puedes conseguir ayuda convirtiéndote en usuario autorizado de la cuenta de otra persona, conseguir un consignatario con bue crédito o abrir una cuenta de tarjeta de crédito asegurada en la que deposites alguna cantidad de dinero y se te permitirá pedir prestado hasta una cantidad específica de dinero en efectivo.

VISA
VISA

CAPÍTULO TRES:

LA VERDAD ACERCA LAS AGENCIAS DE CRÉDITO

Las agencias de crédito son unas de las pocas organizaciones que pueden ayudarte a darle forma a lo que sucede en tu mundo financiero. Su presencia, exactitud, errores y políticas generales pueden afectar tus posibilidades de obtener apoyo financiero, lo cual afecta a cualquier persona o empresa en el mundo hoy en día. Sin rodeos, está bien no entender las organizaciones religiosas, las organizaciones sociales o ciertos nichos del mundo de negocios. ¿Pero las agencias de crédito? Nadie llega lejos en el mundo de los negocios sin ellas. Incluso está mal empezar a tomar préstamos y créditos sin tener información vital sobre las empresas como éstas, y por eso les hablaré de ellas ahora. Aprenderás los vitales que son para tu crédito también.

Para empezar, ¿qué es exactamente una agencia de crédito? Una oficina de crédito es una organización bien establecida que se encarga de mantener y suministrar información relacionada con tu crédito cada vez que la necesitas. Normalmente se llaman Agencias de Informes Crediticios porque es lo más importante que hacen: informar sobre tu crédito. Las agencias de crédito o las agencias de informes crediticios suelen ser empresas u organizaciones especializadas que se encargan de reunir, compilar y proporcionar toda la información necesaria sobre tu crédito cuando tú lo necesitas. Esta información suele empacar y reportar en el documento conocido formalmente como "reporte de crédito". Ahora, ¿qué es un informe de crédito? Es una compilación bien investigada de hechos sobre tu crédito. La investigación es hecha por tu agencia de crédito; ellos solo proporcionan los detalles cuando tú los necesitas. Proporcionan toda la información relacionada que pueda ayudarte a decidir qué tan bien haz manejado tu información crediticia. Eso incluiría algunas estadísticas como tu información personal, tu información crediticia (las empresas con las que has obtenido créditos y los tipos de créditos que has obtenido), las sentencias anteriores que has tenido basadas en tus finanzas, y tu puntaje crediticio actual. Ya tienes una buena idea de lo que abarca tu puntaje crediticio.

Se espera que las ganancias de informes de crédito te proporcionen un informe de crédito gratuito una vez al año, y pueden producir más de uno con cargo. Puedes escribirles para proporcionar tu información crediticia a ciertas compañías. Normalmente compañías de crédito con las que ya estás en una transacción o de las que estás a punto de obtener algún crédito. Las agencias de crédito pueden proporcionarte tu información crediticia cuando así lo ordene un tribunal o el gobierno, y definitivamente, tu compañía de seguros naturalmente obtiene una copia aparte de los casos en que se utilizan resúmenes de la información crediticia en las investigaciones.

Tu Agencia de Crédito normalmente comenzaría a operar en el momento en que tú creas un perfil con ellos, y tú instruyes a tus compañías de crédito para que les envíen los detalles de tus transacciones de crédito. Por ejemplo, si creas un perfil crediticio con *TransUnion*, una notable agencia de informes de crédito de los Estados Unidos. Luego, le ordenas a las compañías de tarjetas de crédito que envíen tus informes de transacciones con ellos a *TransUnion*, tu agencia de crédito. Esto significa que esperar que tu compañía de tarjetas de crédito te proporcione informes sobre el tipo de préstamo que has sacado con ellos, lo bien que puedes pagar y tu impresión general de tu estilo de pago. Esta información se suministrará con tu nombre completo, el momento en el que se han concedido los préstamos, el momento en el que se espera que lo pagues todo y las cláusulas que has añadido durante el acuerdo. No se espera que hablen a favor o en contra de ti, sino que solo proporcionen a la agencia de crédito la información que obtengan sobre tu interacción.

Es lo mismo cuando tomas préstamos asegurados, seguramente recuerdas que las tarjetas de crédito ofrecen préstamos no asegurados. Si tú pides un préstamo estudiantil, una hipoteca o cualquier otro tipo de deuda que puedas referir como deuda buena o mala, tú estás pidiendo un préstamo asegurado. Puedes dar instrucciones a tus prestamistas para que le envíen los detalles de tu transacción con ellos. N es necesario, pero siempre es aconsejable ya que el siguiente prestamista probablemente te prestará basándose en lo impresionado que esté cuando lea y verifique tus deudas anteriores, particularmente lo bien que manejaste la última deuda. Toda la idea de los puntajes crediticios y los informes de crédito se centran en eso. Las agencias de crédito no recogen toda tu información, sino que solo se ocupan de las piezas que se relacionan con tu crédito, lo que incluye estadísticas como "¿de quién obtuviste los créditos? ¿Cuáles fueron las políticas acordadas? ¿Cuáles fueron los términos y cómo los cumpliste?" las agencias de crédito recopilan todos estos datos y te califican por tu desempeño en todos y cada uno de ellos. Algunos formatos se siguen cuando se califica un informe de crédito, y hablaremos de cada uno de ellos a su debido tiempo. Pero podríamos empezar revelando más sobre las propias agencias de crédito. Según *National Finance* (Finanza Nacional), hay tres grandes agencias de informes de crédito en los EE. UU., son *TransUnion, Experian* y *Equifax*. *American Banker* también informa que estos tres están respaldados por diferentes leyes de crédito en los EE.UU. y pueden solicitar tus registros de crédito, tu historial financiero y cierta información personal que puede ayudarles a rastrear y compactar tu desempeño en los tratos crediticios, incluso sin informarte a ti. Leamos un poco sobre ellos:

TransUnion: Si quieres juzgarlos por el número de personas que cubren, *TransUnion* es la más pequeña de las tres agencias de crédito reconocidas en los EE.UU., pero tiene el rango más amplio. Cubre no menos de 30 diferentes países en el mundo, incluyendo al Reino Unido.

Proporciona datos demográficos y analíticos junto con informes de crédito, y está considerado entre las más fiables agencias de crédito del mundo. Para el 2020, *TransUnion* cumpliría 52 años desde su establecimiento.

Experian: *Experian* se estableció hace solo 23 años (a partir del 2019), por lo que suele considerarse la más joven de las tres por edad. Sin embargo, *Experian* se encuentra entre los organismos de información crediticia más fiables del país. Es más popular en países de toda Europa y, por supuesto, en los EE.UU., y tiene sedes en países del mundo. Presta los mismos servicios que *TransUnion*, y registra información de más de 200 millones de ciudadanos solo en EE.UU.

Equifax: Es la tercera de las principales compañías de crédito reconocidas en los EE.UU. Mantiene el registro de más de 800 millones de personas, además de millones de perfiles de negocios. *Equifax* tiene un impresionante registro de mantenimiento de crédito en todos los estados de los EE.UU., y como tal, a menudo es reconocida como otras.

Según *American Banker*, las tres organizaciones están encargadas de tres tareas principales: recopilar tu información, hacer un análisis de lo que obtuvieron y ponerlo a disposición de las empresas correspondientes y, por supuesto, de ti mismo. Todas las demás agencias de crédito se encargan de la misma tarea, pero cabe señalar que existen unas 100 agencias de crédito más, solo que rara vez son accesibles a todos los ciudadanos. Se espera que cada una de las agencias de crédito proporcione un informe de crédito gratuito a cada persona que lo solicite. También deben presentar una vía a través de la cual los ciudadanos puedan refutar y cuestionar las estadísticas de su informe de crédito. esto significa que si recibes tu informe de crédito y observas algunas estadísticas sobre las que tienes dudas, puedes comunicarte con tu oficina de crédito y hacer que se corrija el error.

¿Cómo obtiene tu agencia de informes de crédito los informes sobre tu crédito?

Las agencias de crédito requieren información y necesitan encontrarla de alguna manera. Es la única manera en que pueden tener suficientes registros para proporcionar cuando tú solicitas tu información de crédito, y están protegidos por la Ley de Informes de Crédito Justo de los EE.UU. Esta ley les otorga una licencia para recopilar información de todos los que puedan y compilar esta información con el número del SS de cada persona. Es interesante notar que cada agencia tiene su método para obtener información. Es por eso que cierta información puede reflejarse en el informe de una empresa y puede faltar en el informe de otras. En general, ¿qué es exactamente lo que necesitan de ti y cómo deberían obtener tu información?

La información que suelen exigir las agencias de crédito incluye:

- **Tus datos:** Los datos inmediatos con los que quieres ser reconocido son importantes. Tu nombre completo, tu historial financiero, tu número de seguro social y demás. Tiene que coincidir con lo que tienes en otros papeles. Las agencias de crédito tratan de que tu información sea genuinamente tuya, y que la información perteneciente a alguien con un nombre similar no se mezcle. Cabe destacar que las compañías de crédito o las oficinas de crédito no requieren los datos de tu cuenta bancaria, tu escala de ingresos o tales estadísticas. Solo están interesadas en lo que explica directamente tu crédito.
- **Tu información de crédito:** Esta es otra importante información que la agencia de crédito se propuso a recopilar. La oficina de crédito recopila tu historial de crédito, tus acuerdos de crédito pasados y presentes y tu compromiso con cada uno de ellos, así como la tasa a la que tu información crediticia puede influir en tu puntaje crediticio. En realidad, determina cuán alta o bajo es tu puntaje crediticio, junto con algunas otras características.

- **Juicio público:** El Juicio Público puede ser una revelación para las compañías de préstamos. Si has sido reivindicado en muchos casos judiciales, puedes demostrar a los prestamistas que eres un deudor brillante que debe ser venerado. También puede ser la razón por la que tus prestamistas son escépticos si se dan cuenta de que tú tienes un juicio público deficiente, que has incumplido muchos préstamos y que has tenido que recurrir a una serie de alternativas antes que ellos.
- **Solicitudes recientes:** Por último, se incluye en el informe de crédito el número total de empresas que han solicitado recientemente tu informe de crédito. Los nombres y perfiles de las empresas, la forma de trato que les propongas y demás son datos que tu agencia de informes de crédito también puede buscar.

Entonces, ¿cómo encuentran todos esos datos?

- **De tus acreedores:** La fuente de información más segura son tus acreedores. Ellos tienen registros de cómo te desempeñaste en tus deudas. Por lo general, presentan una actualización periódica de todos sus clientes a las agencias de crédito, excepto en los casos que en el deudor solicita que su información crediticia no sea enviada a una oficina de crédito. En otros casos, es posible que tengas que notificar a tu compañía de crédito para que proporcione tu información crediticia a la oficina de crédito. Además, los juicios públicos y tus recientes solicitudes, tus compañías de crédito suelen suministrar la información principal de tu empresa de forma sencilla. Por lo general, tus acreedores son cooperativas de crédito o bancos.
- **El tribunal:** El tribunal es otra fuente de información fiable. El tribunal proporciona una variedad información, desde sentencias públicas hasta registros de ejecuciones hipotecarias, quiebras y situaciones similares. El tribunal naturalmente proporciona esta información al registro público, y también la envía a las oficinas de crédito en el momento en que se actualiza.

FICO y otras agencias de crédito

Aparte del hecho de que estas oficinas de crédito dependen de diferentes fuentes para recopilar información, también utilizan diferentes métodos para calificar tu puntaje crediticio. Estos métodos se conocen como Modelos de Puntaje Crediticio o Formato de Puntaje Crediticio. Usando esos modelos, tus oficinas de crédito generan un puntaje de tres cifras entre 300 – 850 después de evaluar tu desempeño. En la mayoría de los casos, tu puntaje se genera en función de la ocasión en que la necesitas, y el valor de los factores considerados difiere. Por ejemplo, tu puntaje cuando solicitas un préstamo bancario puede diferir ligeramente del que obtienes cuando solicitas a la oficina de crédito que envíen tu información crediticia a una empresa de préstamos para automóviles. Además, en un informe crediticio, tus deudas médicas pueden tener un puntaje más alto que tus préstamos para automóviles. De todos los modelos, el FICO es el más popular, aunque menos agencias de crédito prefieren utilizar uno de los otros. ¿Qué es FICO y qué son los otros?

- **FICO:** FICO es uno de los modelos de puntaje de crédito más fiables de EE.UU. ha existido por mucho tiempo y la gente ha llegado a confiar más en su juicio que en el de otros. Considera el historial de pago, el uso del crédito, el historial de crédito y el tipo de crédito por encima de otros factores al calificar tu puntaje crediticio. Califica el historial de pagos más que los otros, por lo que es tu oficina de crédito perfecta si tienes un historial crediticio impresionante que te gustaría establecer formalmente en tu registro.
- **Vantage:** es otro modelo de puntaje crediticio en los EE.UU. Según los registros, *Vantage* utiliza el mismo rango de puntajes que FICO (300 – 850), pero añade un rango de letras entre A – F para ayudarte a entender y analizar tu puntaje crediticio. Califica el historial de pago como un 40%, a diferencia del FICO que usa un 35%, está interesado en cuán bajo eres capaz de mantener el saldo de tu tarjeta de crédito, qué tan regularmente eres capaz de pagar y qué tan hábilmente evitas las obligaciones

crediticias cuando puedes. La mayoría de sus estadísticas son similares a las de FICO, pero esta ha demostrado ser una mejor alternativa y aumentando constantemente su audiencia a lo largo del tiempo. Sus resultados finales también son muy similares a los de FICO.

- **Puntaje CreditXpert:** Este es uno de los mejores formatos de puntaje crediticio disponibles para los nuevos individuos que empiezan. Pero, por el contrario, la mayoría de las empresas de crédito prefieren contar con cualquier otra cosa. Este modelo de puntaje crediticio propone formas de mejorar los puntajes de in informe crediticio en la medida de lo posible, en particular si la cuenta es relativamente nueva y el usuario requiere algún impulso para tener más posibilidades de obtener un préstamo. No es muy popular porque las cooperativas de crédito no les gusta.
- **TransRisk:** *TransRisk* se utiliza a menudo cuando se analizan los informes de *TransUnion*. A diferencia de los otros dos primeros que enfatizaban el historial, se preocupa más por las posibilidades de pagar el nuevo préstamo. Enfatiza los medios disponibles y la capacidad aparente del individuo. Todos se confunden a menudo en una cosa y otra sobre ellos, y como tal, no suelen contar con ellos. Preferirías trabajar con un método de evaluación más caro y simple también.

Además de estos cuatro, hay otros modelos notables como el modelo de puntaje de Equivalencia Nacional de *Experian*, y algunos otros.

La Ley de Informe de Crédito Justo (LICJ - FCRA, por sus siglas en inglés)

La Ley de Informe de Crédito Justo es un conjunto de reglamentos de las leyes de los EE.UU. que establecen la forma en la que las oficinas de crédito deben cobrar, mantener y notificar los créditos. Según el título de la sección 1681 de la constitución de los EE.UU., donde está registrada la LICJ, éste establece el tipo de información que pueden recopilar las oficinas de crédito, el tipo de persona o grupo que tiene acceso a estos grupos y el derecho de los clientes a rechazar un informe crediticio en los casos en que se observen errores.

¿Qué implica eso para ti como propietario de un perfil crediticio?

Tú y tus informes de crédito están protegidos por la ley.

Tu información personal no puede ser proporcionada a nadie sin tu consentimiento, excepto cuando dicha acción esté respaldada por la ley. Tienes derecho a informes precisos y, en consecuencia, puedes rechazar un informe crediticio por motivos de invalidez, inexactitud o errores de cualquier tipo.

Tienes derecho a liberar los informes de crédito de estas oficinas al menos una vez al año.

También puedes solicitar que se eliminen los informes negativos de tu perfil crediticio, como la bancarrota, después de la fecha límite.

La Ley de Organizaciones de Reparación de Crédito

La Ley de Organizaciones de Reparación de Crédito es otra regulación de los EE.UU. que te protege a ti y a tu empresa en el momento en que te dispones a reparar tu crédito. A partir de informes de empíricos, muchas organizaciones han abusado de individuos basados en su apasionado deseo de reparar su crédito y los han extorsionado de todas las maneras posibles. Muchas empresas afirman que podrían crear un perfil nuevo, borrar la información negativa y hacer todo tipo de trabajo en su informe de crédito, de tal manera que su informe de crédito se vuelve demasiado bueno para ser verdad. Falsedades como estas son las que esta ley se propone combatir, y ha combatido activamente desde 1996.

¿Qué implica esta política?

- El proceso de reparación de crédito puede ser manejado por una persona por sí misma, por lo que las empresas de reparación de crédito no deben alegar que un informe de crédito no puede ser resuelto por la persona misma.
- Mereces que te digan solo la verdad, las organizaciones de reparación de crédito deben presentarte solo información factual.
- Las empresas de reparación de crédito no deben recibir pagos por adelantado de tu parte por sus servicios.
- Tu contrato con las empresas de reparación de crédito debe ser documentado y se debe adjuntar una cláusula que te permita cancelar la interacción en cualquier momento que lo desees.

CAPÍTULO CUATRO:

DISPUTAR LAS CUENTAS NEGATIVAS Y LOS ERRORES

Estoy seguro de que, a estas alturas, lo más importante que resuena en tu cabeza es lo importante que es tu informe de crédito. Ni siquiera es porque sea tuyo, es porque es una copia instantánea de tu historial de crédito. refleja todo acerca de tu crédito pasado, presente y también potenciales. Todo, tus bancarrotas, juicios, historial de pagos, préstamos y tarjetas de crédito que hayan existido alguna vez a tu nombre en la industria crediticia. Tengo que mencionar de nuevo que es un elemento vital que puede crear o estropear tus posibilidades de conseguir un préstamo, y conseguirlo en los mejores términos posibles.

Debido a ese nivel de sensibilidad, quieres asegurarte de tener un informe perfecto, impresionante e impecable. Tener un gran historial no termina en hacer lo mejor que puedes en tu perfil, ya sabes. No se trata de pagar antes de tiempo, tomar préstamos sencillos y todos esos consejos que has escuchado antes, se extiende a la doble verificación y la confianza de que no hay ni un ápice de error en tu registro de crédito. En muchos casos, tu registro de crédito puede estar plagado de errores, probablemente vengan del proveedor de información o de tu compañía de crédito. Estos errores pueden ser desde leves, como errores de ortografía, hasta más amplios y drásticos, como errores en las cifras, nombres, etc., que pueden presentar un historial que no es tuyo a cualquiera que revise tu informe de crédito. Naturalmente, los bancos y las cooperativas de crédito rechazarán tu informe crediticio cuando tu nombre no coincida con lo que tienen en tus registros, incluso en el caso de errores de ortografía.

De vez en cuando, los errores pueden ser algo bueno en tu perfil. Por ejemplo, si has incumplido cuatro veces y encuentras "una vez" en tu informe crediticio en lugar de 4, te darás cuenta de que tienes un puntaje crediticio más alto del que deberías tener. Por supuesto, esto es una ventaja para ti, pero no deberías aprovecharte de errores como ese. El error probablemente será detectado, rastreado y corregido en algún momento, y cae donde debería haber estado desde el principio. De hecho, si llega a esta etapa antes de que se corrija, las banderas rojas en tu informe de crédito se vuelven obvias para tu potencial prestamista y eso significa una cosa, te estás poniendo en desventaja porque los prestamistas tal vez nunca confíen en tu informe de crédito.

En situaciones menos drásticas, los errores se convierten en el problema de tu perfil. Si originalmente tenías un puntaje crediticio medio o alto, los errores pueden empezar a reducir tu calificación a un puntaje tan malo que no tendrías ninguna posibilidad de obtener un préstamo en las cooperativas de crédito de tu objetivo. Eso no es todo, nunca serás capaz de explicar cómo te pusiste tan mal. Dudarás de ti mismo y de todas las empresas involucradas. "¿Debo a la cooperativa de crédito hasta mil dólares?", te preguntarás. También crean dudas en tu perfil, y las dudas persistentes son razones suficientes para negarte un préstamo. Por eso hay que esforzarse conscientemente para tener un bue informe, no solo en la práctica sino también por escrito.

Sin embargo, hay veces en las que encuentras banderas rojas que no puedes explicar. Encuentras confusas mezclas de nombres en tu perfil crediticio, préstamos saldados o deudas que reaparecen como préstamos y así sucesivamente. A veces, lo que encuentras son registros negativos como la bancarrota que ha llegado a su período de exclusión, y has escrito una solicitud formal para que sean eliminados, pero sin ninguna razón oficial, siguen en tu informe de crédito, mirándote directamente a los ojos. Puede que te encuentres algunos triviales en tu propio caso. Pero conviértelo en algo que nunca olvidarás, no puedes permitirte tener un error en tu informe de crédito. sus efectos pueden ser más drásticos de lo que puedes imaginar. Puede ser que se te castigue o se te prive de varios beneficios debido a los errores que nunca cometiste, y podría traerte una serie de implicaciones legales, financieras y ciertamente económicas. Debes hacer todo lo posible por sacarlos de tu perfil de crédito inmediatamente. Puedes leer una guía paso a paso sobre cómo hacerlo en las próximas líneas, pero antes de eso, ¿cuáles son exactamente esos errores que puedes encontrar en tus informes de crédito y que debes pelear contra ellos en el instante en que los descubras?

Los errores de crédito pueden registrarse se en las siguientes áreas:

a. **Error de personalidad:** Según un comunicado de *American Banker* en el 2017, el error de personalidad es la forma más común de error en un perfil de crédito. se trata principalmente de errores cometidos en la información personal del propietario de un informe de crédito. empezando por su nombre. Es muy posible que tu nombre no estuviera bien escrito en una o algunas transacciones de crédito, o en tu perfil de crédito completo. Otras veces, es un error ortográfico, o una omisión de algún tipo. Es incluso posible que se añada un nombre demás a tu nombre original, o que se introduzca un nuevo nombre para sustituir el tuyo. Además del nombre, debes comprobar la dirección de tu casa, la dirección de tu negocio, el teléfono y los contactos móviles también. Asegúrate de que sean exactos. Tu número de seguro social entra en esta categoría.

   Hay muchas posibilidades de que alguien no haya sido muy inteligente, o que haya tenido prisa al tipear estos trozos de información, por lo que podrían mezclar las cifras o letras y proporcionar un trozo de información inexacta. Podrían llegar a mezclar tu perfil con el de alguien más con un nombre similar y, lo que es peor, esta sección de tu perfil de crédito sería el primer objetivo de cualquiera que intente hackear tu cuenta. Particularmente si están buscando usurpar tu cuenta. Revisar la primera parte de tu informe de crédito es todo lo que necesitas para descifrar esto.

b. **Actualización inexacta de la cuenta:** Esto es otro tipo de error que debes asegurarte que no ocurra en tu perfil. En la mayoría de los casos, este error se produce en tu agencia de crédito o en tu empresa de suministro de información (la empresa que proporciona esa información; la empresa de la tarjeta de crédito de tu cooperativa de crédito, el tribunal, etc.). De vez en cuando, los hackers también pueden meterse en esto. Estamos hablando de la parte en la que se computan los detalles de tus transacciones. ¿Tu informe de bancarrota todavía se refleja cuando ya no debería? ¿Has pagado alguna deuda y todavía se refleja como pendiente? O ¿Las cuentas que has cerrado aún se reportan como abiertas? ¿Encontraste retiros que no hiciste en tu informe de crédito? No intentes asumir que son tuyos. Señálalos inmediatamente y toma las medidas necesarias para sacarlos de tu registro. Hay una suposición muy extendida que en el instante que tú solicites la corrección de errores o informes negativos en tu perfil, tu puntaje crediticio será reducido por la agencia de crédito y eso es otro menos. Pero tirar esa información a la basura, es solo otro error. Si estás seguro de que las estadísticas no son tuyas, sigue adelante y haz la solicitud, tu puntaje crediticio solo puede permanecer igual, o mejorar.
c. **Errores de gestión de datos:** Este tipo de error es similar al anteriormente mencionado. Se comprueban en el segundo segmento del informe de crédito, donde también se registran los detalles de las transacciones de crédito. Es algo para asegurarse de que la cuenta esté actualizada, es otra para tener la seguridad de que los datos proporcionados coinciden en todas las áreas. ¿No hay desequilibrios? ¿no se comunicó ninguna información dos veces o más? ¿no se mezclaron las empresas? ¿la cantidad especificada en cada caso concuerda con lo que tú siempre has creído que es? Los errores pueden venir de cualquier lugar y no debes sentir reticencia cuando estés seguro de que lo que tú sabes que no es exacto y debas quejarte.

d. **Errores en el informe de balance:** Ahora, esta es la parte del negocio. Toda la idea del crédito se basa en hechos y cifras. Las cifras y los hechos presentados en tu perfil de crédito no son probablemente exactos. Esto se debe a que hay muchos cálculos por hacer. De cada operación de crédito a otra, de la impresión porcentual en una a la otra, y así sucesivamente. Tienes mucho que calcular y estarías mucho más seguro de si tomar el riego o lo calculas tú mismo.

En resumen, los errores pueden reflejarse en tu información personal, bancaria y crediticia. También pueden reflejarse en la forma en la que se presentaron tus datos. No hay errores pequeños, y normalmente tiene mucho más sentido eliminar los errores en el momento en que los encuentras. Es la única manera de evitar situaciones molestas que puedan poner en duda la integridad de tu empresa y tu carrera financiera.

Ahora, cómo debes corregir los errores de tu informe de crédito, aquí están los pasos:

a. **Descúbrelos todos:** Mi recomendación principal es que averigües cada error en tu registro, antes que nada. Si acabas de encontrar uno, hay muchas posibilidades de que haya al menos uno más en algún lugar, y puede hacer inferencias a partir del nuevo que encontraste. Por ejemplo, encontraste un error en los detalles de tu transacción de crédito con el banco A&G, tu nombre estaba mal escrito. Es probable que las cifras de esa transacción también estén mal proporcionadas. Por ejemplo, puede que encuentres 3.100 dólares en lugar de 1.300 dólares. En otros casos, buscar más puede demostrarte que el nombre también se escribió mal en las otras transacciones.
Sea cual sea el caso, se pueden rastrear fácilmente los puntos cuando se examina a fondo el informe de crédito. Puede que se haya cometido un solo error, pero no vas a permitir que uno o varios errores arruinen tu oportunidad financiera, y por eso te sentarías a pescarlos tú mismo.

b. **Ponte en contacto con el proveedor de información cuando sea necesario:** Aunque las agencias de informes de crédito son responsables de cometer errores, los registros prueban que los errores no se cometen a partir de ellos muchas veces, los errores se originan en tu proveedor de información. Tu proveedor de información es la empresa que se espera proporcione los detalles de un registro particular sobre o relacionado con tu crédito.
Por eso, en algunos casos, tu proveedor de información podría ser el Registro Público, el tribunal, tu banco o compañía de tarjetas de crédito, tu compañía de préstamos para automóviles o la cooperativa de crédito. otras empresas pueden estar involucradas en otros casos. Por lo tanto, es probable que este error se haya cometido mientras tu proveedor estaba computando y proporcionando información a tu agencia de crédito. El patrón de los errores en tu informe de crédito también puede darte una pista de dónde comenzaron los errores. Es entonces cuando se recomienda contactarlos primero. Notificarles y hacerles preguntas, para averiguar el origen del error. También es más rápido, ya que puede obtenerse una respuesta en unas pocas horas, mientras que una agencia de crédito tardaría días en responder al menos. Sin embargo, hay que tener en cuenta que no siempre son culpables y que sería prudente examinar a fondo los informes y tener una opinión sólida de que los errores tienen algo que ver con ellos antes de meterlos en el negocio. En esos momentos no estás seguro de quién es el culpable, recuerda que no hay ningún problema en acercarte a ellos.

c. **Contacta a tu agencia de crédito:** En esos momentos tú estás seguro de que tus oficinas de crédito no son las culpables de las fallas, necesariamente tienes que contactarlos. Primero, ellos suministraron la información y ésta continuaría estando en sus registros. Si tienes que contactarlos en momentos en los que no son culpables, ¿qué tal en esos momentos en los que estás seguro de que son culpables del error? Al igual que le sucedió a *Equifax* en 2015, las oficinas de crédito son bastante susceptibles a los constantes ataques de los hackers y hay posibilidades de que alguien acceda a algunos trozos de información, sin importar lo seguro que sea el sistema. Por eso es bastante imaginable que algo fuera diferente en tu informe de crédito y que no fuera lo mismo que el informe habitual que obtienes de tu compañía de crédito. De hecho, puedes obtener informes similares de dos agencias de crédito mientras que, sin ninguna razón oficial, obtienes información diferente de la tercera compañía. Todo esto es sobre la misma transacción crediticia de la que tienes registros completos, y que coincide con el informe de las dos primeras empresas.En una situación así, queda claro que la oficina de crédito tiene la culpa. Ya sea que descubras que el error se origina en la agencia de crédito o no, se hace necesario contactarlos e informarles del error. ¿Cómo se hace eso? Definitivamente hablaremos de eso. Siempre y cuando envíes los datos necesarios, puedes esperar que comiencen una investigación, comparen las estadísticas que tienen con la información que les fue proporcionada y corrijan las estadísticas si es necesario, si es de otra manera, todos los proveedores de información necesarios son contactados. Si tu proveedor de información admite la culpa, se puede incluir en tu anexo una copia de tu notificación a la oficina de crédito.

d. **Espera con interés tu informe de crédito:** Corregir tus informes de crédito tomaría alrededor de 30 días. Después de los cuales tu oficina de crédito te contactará, normalmente con otra copia de tu informe, de forma gratuita. Si descubrieran que los errores que tú señalaste son errores en realidad, te suministrarían una copia corregida, y si no, te suministrarían otra copia de tu antiguo informe crediticio, indicando que han realizado investigaciones y confirmado de tus proveedores de información, pero que no hay errores.

En este momento puedes decidir si demandar a tu agencia de crédito, o dejar las cosas como están, todo depende de lo que tú piensas acerca del nuevo informe.

e. **Otras acciones legales:** En la mayoría de los casos, los errores se identifican y se corrigen, y tu copia revisada se envía en unos pocos días. Posteriormente, la ley exige a tu oficina de crédito que se ponga en contacto con todas las cooperativas de crédito y otras organizaciones que hayan recibido el informe inexacto en los últimos seis meses y les notifique la actualización de tu cuenta. A toda persona que haya recibido este informe de crédito en los últimos dos años se le debe enviar la nueva copia.

Siempre y cuando tomes estos pasos en conocimiento y te asegures de que, de alguna manera, cada uno de ellos se cumpla, puedes corregir los errores en tu informe de crédito. ¿Pero cómo te contactas con tu informe de crédito?

Esto es bastante técnico. Hay decenas de miles, si no cientos de miles de personas que escriben para corregir errores al mismo tiempo. Muchas de estas personas no obtienen un nuevo informe de crédito porque no pudieron expresarse en términos claros, estaban demasiado lívidos para señalar las cosas principales que eran, proporcionaron información inadecuada y en otros casos, enviaron su informe a una dirección equivocada. Estas son las razones por las que las Leyes de Informes de Crédito Justos (LICJ - FRCA, por sus siglas en inglés) dieron un formato específico para la corrección de errores en los informes de crédito. Este formato debe seguirse cuando se prepara y se presenta una carta para la corrección de errores. He adjuntado el formato y algunas muestras para su lectura:

[Tu Nombre]

[Tu Dirección]

[Tu Ciudad, Estado, Código Postal]

[Fecha]

Departamento de Quejas

[Nombre de la Compañía]

[Dirección de la Calle]

[Ciudad, Estado, Código Postal]

Estimado Señor o Señora:

Le escribo para disputar la siguiente información de mi expediente. He marcado con un círculo los puntos que impugno en la copia adjunta del informe que he recibido.

Este artículo [identifique el o los artículos en disputa por el nombre de la fuente, como acreedores o tribunal fiscal, e identifique el tipo de artículo, como cuenta de crédito, sentencia, etc.] es [inexacto o incompleto] porque [describa lo que es inexacto o incompleto y por qué]. Solicito que el artículo sea eliminado [o solicite otro cambio específico] para corregir la información.

Se adjuntan copias de [utilice esta frase si corresponde y describa cualquier documentación adjunta, como registros de pago y documentos judiciales] que respaldan mi posición. Por favor, vuelva a investigar este [estos] asunto[s] y [elimine o corrija] el [los] elemento[s] en disputa lo antes posible.

Atentamente,

Tu nombre

Adjuntos: [Liste lo que está adjuntando.]

Como estarás de acuerdo, esto es bastante directo y simple. El equipo entiende que estás molesto por tus registros, pero no necesitas inventar nuevas palabras para expresar tu consternación, apegarse a esta guía aumenta tus posibilidades de obtener una respuesta antes que cualquiera que no lo haga. En caso de que no estés seguro de cómo arreglar las palabras exactamente, aquí tienes una guía:

Este informe es para Han Martínez que acaba de recibir su informe de crédito de *Equifax*. Descubrió que la cantidad total que le quedaba por pagar a su *First City Union*, su compañía de crédito no era lo que encontró en el registro. Encontró 9.000 dólares en su informe de crédito y todo lo que había que pagar eran 4.500 dólares, habiendo pagado 4.500 dólares en el mes anterior. Esto es lo que ella escribe:

Han Martínez,

2245 De La Boulevard Santa Clara CA 408

18/12/2019

Departamento de Quejas

Equifax

P. O. Box 740241, Chester, PA Business Bureau Rating

678

Estimado Señor o Señora:

Le escribo para disputar la siguiente información de mi expediente. He marcado con un círculo los puntos que impugno en la copia adjunta del informe que he recibido.

La cantidad total que queda por pagar al "First City Union", mi compañía de crédito, es inexacta porque me quedan 4.500 dólares por pagar en mi crédito, y no 9.000 dólares. Solicito que se corrija este error con la información apropiada.

Se adjuntan copias de mis recibos de los pagos anteriores, mi cargo total y cómo se han pagado. También he adjuntado una copia de la notificación más reciente de First City Union, en la que se indica claramente mi posición de que sólo tengo 4.500 dólares para equilibrar. Por favor, vuelva a investigar este asunto y corrija el punto en disputa lo antes posible.

Atentamente,

Han Martínez

Adjuntos: [un recibo de First City emitido el 30 de diciembre, Mi transacción de crédito de First City Union]

¿Difícil? De ninguna manera, tengo la sensación de que quieres intentar redactar algunos de inmediato.

Business

CAPÍTULO CINCO:

TÉCNICAS DE CONFIANZA PARA LA REPARACIÓN DE TU CRÉDITO

No importa cuán malo sea tu crédito, puedes restaurarlo a uno de los mejores perfiles de crédito que alguien pueda tener. Tus experiencias previas, información negativa, registros públicos deficientes, todo puede ser silenciado de tal manera que tendrías un perfil de crédito que reflejaría notas muy altas e información impresionante. Puedes hacer todo esto tú mismo, y no necesitas contratar una organización de reparación de crédito para ello. En la mayoría de los casos, las personas han tenido un mejor desempeño cuando tratan de reparar su perfil crediticio por sí mismas en lugar de contratar una organización de reparación de crédito. Esto es para enfatizar el punto de que en realidad es mejor reparar tu crédito tú mismo, y no hay prácticamente nada especial que las compañías de reparación de crédito tengan que hacer en tu crédito que tú no puedas hacer por ti mismo. Puedes optar por contratarlos si crees firmemente que necesitas sus servicios, pero si deseas resolverlo tú mismo, las técnicas que debe buscar para aplicar se discutirán en las próximas líneas. Debes tener en cuenta que estas técnicas son las mismas que las que tomarían tus compañías de reparación de crédito, y en lugar de acelerar las cosas, sólo puede complicarse con ellas. Las técnicas se enumeran a continuación:

1. **Prepárate para reparar tu crédito:** Una lección importante que los asesores de los acreedores nunca olvidarán traer es su mentalidad. Curiosamente, la mayoría de las personas que te aconsejan en la industria nunca mencionan esta sugerencia. En su lugar, podrían ir directamente a los otros pasos que

consideren necesarios. Pero tan importante como los otros, controlar tu mentalidad es vital para reparar tu crédito. Debes tener en cuenta que, antes que nada, tu informe de crédito debe ser reparado, tu puntaje debe ser arreglado y debes construir un perfil impresionante de nuevo. Tener eso en mente cada vez puede ayudarte a decidir cómo guiar tus finanzas, lo que compras, cómo estableces tu presupuesto y cómo lo llevas a cabo. ¡Eso no es todo! Puede ayudarle a elaborar una tabla de costes de oportunidad sobre qué compañía de crédito debe ser pagada cuando el mes termine y a quién no hay que pagar. Como ejemplo práctico, si ganas 600 dólares cada mes y tienes un préstamo para automóvil mensual de 100 dólares y una tarjeta de crédito de 150 dólares, es fácil pagar uno de estos y quizás la mitad del otro y luego reservar tus ingresos para otros artículos de tu presupuesto. Pero si construyes una fuerte mentalidad de que todo lo que quieres es reparar tu perfil de crédito, entonces, antes que nada, pagarías tus cuotas de crédito cada mes. Tu nivel de compromiso también puede ayudarte a construir un fuerte apoyo de tus acreedores. Así que, antes que nada, ¡ten en mente que puedes hacerlo!

2. **Familiarízate con tu informe de crédito:** No es inspirador escuchar que tu puntaje crediticio se volvió bajo porque no tenías idea de lo que estaba sucediendo con él, pero seguiría sucediendo si no te familiarizas con las actualizaciones de tu registro de crédito. Algunos no solicitan su informe de crédito hasta que una compañía de crédito se lo exige. Ese no debería ser el caso. No sólo necesitas actualizar regularmente lo que sabes sobre tu informe de crédito, sino que también necesitas tomar decisiones incisivas basadas en lo que reúnes. El primer paso es familiarizarse con tus oficinas de crédito. Asegúrate de solicitarles tu informe de crédito. Tienes derecho a una copia gratuita anualmente y puedes pagar una ficha para obtener más. Por ejemplo, si obtienes tu informe de crédito gratuito en marzo, puedes pagar en julio, y noviembre para obtener los

actualizados.Los cargos no suelen ser altos, pero son notablemente diferentes. Si realmente te importan los cargos y te gustaría encontrar alguna forma de evitarlos, entonces toma el rigor de leer libros que pueden guiarte para aprender a calcular tu reporte de crédito por ti mismo. Asegúrate de que también escudriñes tus informes de crédito en busca de errores.

3. **Contrata un asesor:** Puede ser una idea brillante contratar una compañía de reparación de crédito, aunque puedes hacer todo lo que hay que hacer por ti mismo. Incluso si no contratas una compañía de reparación de crédito, definitivamente necesitas algunos expertos relacionados. Hay diferentes campos de especialización en la industria financiera, y te moverás mejor con algunos de ellos a tu servicio. Por ejemplo, puedes contratar a un asesor de crédito. Un asesor de crédito es un profesional capacitado que te sigue guiando en tus decisiones financieras. Te ofrece opiniones de expertos, planes perspicaces, cálculos cronometrados, y muchos otros. Por lo general, un asesor de crédito también puede ayudarte a elaborar un presupuesto fantástico, y puede proponer planes que te saquen de tu condición mucho antes de lo que lo harías por tu cuenta. Los asesores de crédito ni siquiera tienen que sentarse contigo todo el día. Sus servicios son en su mayoría en línea y puedes elegir trabajar con una ONG o una empresa paga. Además de los asesores de crédito y las empresas de reparación de crédito, los asesores de deuda, los economistas, los expertos financieros, etc., son personas que puedes llevar contigo en tu viaje financiero.
4. **Aprende de tu historial:** Si le preguntas a cualquiera en cualquier campo, descubrirás que la única esencia del historial es aprender de él. Tu historial es tu perfecta muestra de lo que sería el resultado si tomas las decisiones que hiciste en el pasado. Ahora, ¿es tu historial financiero satisfactorio? Realmente me pregunto si tendrías que reparar tu crédito si tuvieras un historial tan impresionante. Estarías de acuerdo en que algo salió mal o

que algunas decisiones no fueron correctas y por eso terminaste con un puntaje crediticio tan malo que tienes que aprender a hacerlo de nuevo. Eso es exactamente lo que deberías aprender del historial. Tienes que hacer un análisis completo y averiguarlo. ¿Qué fue lo que no se hizo bien? ¿Qué es lo que deberías haber hecho? ¿Qué descubriste durante tus primeros tiempos de exploración? Tu historial es tu guía, asegúrate de hacer lo mejor con él. Pero toma nota de esto; no debes pasar toda tu vida tratando de evaluar tu historial. Lo que estaba mal ya está mal, y lo que estaba bien ya no importa. Tu preocupación es el futuro. No debes reflexionar o vivir en tu historial tanto como para que se convierta en tu prioridad. Comúnmente, ¡el negocio está en el futuro!

5. **No cierres tu antigua cuenta de crédito:** Muchas veces, los dueños de negocios piensan que sus antiguos perfiles de crédito son insoportables o son fuentes de tristeza y realmente no quieren escuchar nada más al respecto. A pesar de que se preocupaban mucho por ello, lograron puntajes impresionantes antes de que algo saliera mal. Algunos no quieren nada relacionado con el pasado en su nueva vida, así que cerraron sus viejas cuentas de crédito. ¿Pero es siempre la solución? No, en absoluto. La mayoría de las veces, el cierre de tu antiguo crédito resta puntajes de tus informes de crédito.¿Cómo? Tu antigua cuenta de crédito es una prueba de tu experiencia. Es un establecimiento de cuánto has profundizado en la industria, hecho registros, cometido errores y has aprendido de todo el historial. Te presenta como un veterano y sabes que eso es un plus en tu perfil de crédito. Eso no es todo, si cierras la cuenta y tienes algún registro condenatorio en ella antes, tal vez pagos de préstamos incompletos y tales registros, puede ser transferido a tu nueva cuenta y eso es lo peor con lo que cualquiera podría empezar. Tanto si tienes registros de crédito no pagados como si no, ¿por qué cerrar tu registro de crédito?

6. **Construir grandes relaciones alrededor del mundo del crédito**: Es vital construir relaciones útiles alrededor de tu mundo de crédito, primero con tus parientes y amigos. Necesitas construir relaciones fuertes tan bien que ellos te consideren un usuario autorizado de su crédito. Eso podría ser un impulso a tu perfil, particularmente si tu pareja tiene un historial de crédito impresionante. Ese perfil crediticio será referenciado al considerar el tuyo, ya que es uno de los perfiles crediticios a los que tienes acceso directamente. Desde otra perspectiva, debes buscar construir relaciones fuertes con tu compañía de crédito también. Asegúrate de que la compañía entienda tus ingresos y tu capacidad, y que puedan responder por ti si alguna vez se trata de créditos. Es la única manera de que tengan menos dificultades para soportar las cosas si de repente te vuelves incapaz de pagar tus deudas. Además de eso, puedes contar con ellos para excluir un montón de marcas negativas antes de enviar tu registro a la agencia de informes de crédito. También se recomienda en situaciones aplicables para construir relaciones humanas, más allá de las relaciones de la empresa con los personajes clave de tu compañía de crédito.
7. **Borra tus marcas negativas:** Otra sugerencia que vale la pena es que te asegures de limpiar todos los registros desalentadores y degradantes de tu perfil. De vez en cuando, las marcas negativas en tu puntaje crediticio no son realmente ganadas por ti; podrían ser errores de las oficinas de crédito y las empresas de reparación de crédito entienden eso. Las empresas de reparación de crédito se dan cuenta rápidamente de esto y es por eso que podrían asegurar que limpiarían tus marcas negativas más allá de lo que tú podrías atreverte. Es todo un error, no es nada que no puedas manejar. Sólo tienes que averiguar cuál fue la fuente. Puedes contactar con tus oficinas de crédito o tu compañía de crédito, también puedes limpiarlo con mucho mejor rendimiento. En casos remotos, tus marcas negativas son informes de hechos de tu interacción. Probablemente se deba a

un pago tardío o a factores similares. Puedes ponerte en contacto con tu compañía de crédito para que te ayuden en este sentido. Ellos pueden simpatizar con tu causa porque les ofreces un trato mucho mejor que ellos aprecian o tienes mejores relaciones con ellos. En cualquiera de estos casos, puedes acudir a ellos para limpiar ese registro.

8. **Reverencia tus antiguos tratos:** Si se diera el caso de que salieras de tus antiguas deudas con ayuda especial, como la quiebra, los planes de gestión de deudas, la confiscación y otras políticas similares, asegúrate de cumplir con todas las políticas y regulaciones que hayas aceptado en el acuerdo. Siempre se aconseja que consientas en las regulaciones que puedas soportar cómodamente. También debes asegurarte de que todas las regulaciones se cumplan firmemente y de que tu pago mensual se haga efectivo a su debido tiempo. Puedes reparar gradualmente tu puntaje crediticio usando este método. En algunos casos, puedes darte cuenta de que algunas cláusulas o métodos de pago son inconvenientes. Es necesario buscar inmediatamente a tu compañía de crédito o intermediarios (dependiendo del tipo de plan que hayas utilizado) y arreglar las cosas con ellos. No esperes a que incumplas antes de tomar medidas.
9. **Solicita un aumento de tus límites de crédito:** Siempre se recomienda solicitar un aumento cuando se empieza de nuevo. Como se puede suponer, las compañías de tarjetas de crédito entienden que significa un aumento de tu beneficio mensual, y probablemente darían una respuesta positiva. Puede que sólo duden a causa de un pobre historial de crédito. Sin embargo, si lo logran, debe tener en mente que no debes gastar más allá de tu crédito habitual en ninguna ocasión. Sólo has solicitado esto para demostrar que podrías tener una mayor cantidad a tu disposición.

> En la mayoría de los casos, pagar lo poco que se usa no es difícil y el uso de una proporción menor se considera como un centavo, y ganas algunas marcas adicionales en tu perfil. Las notas positivas como esta pueden aumentar enormemente tu puntaje crediticio y borrar tus registros negativos.

Es importante señalar que mientras sigas intentando todo lo que puedas, las soluciones no son mágicas. Requerirían un tiempo diferente para resolver y aumentar tus puntajes crediticios de nuevo. Por lo tanto, tendrías que ser realmente paciente. Con paciencia, una cuidadosa consideración de estas técnicas y una aplicación apropiada, tendrías tu cuenta saludable de nuevo en el futuro cercano.

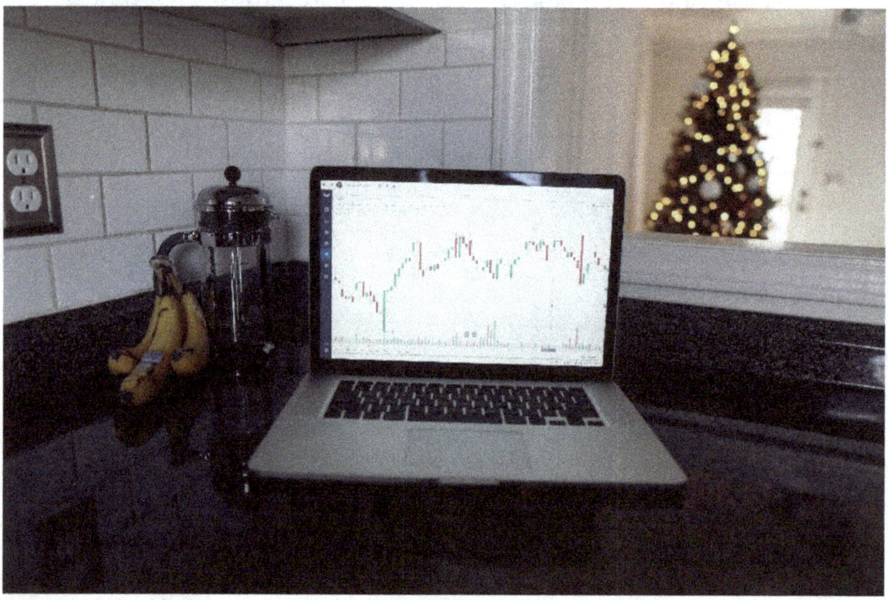

VISA

CONCLUSIÓN FINAL:

IDEAS Y CONSEJOS A TENER EN CUENTA AL REPARAR TU CRÉDITO

Hasta ahora en el viaje de tu reparación de crédito, has sido expuesto a una serie de ideas, conceptos y estrategias que necesitas llevar a cabo para mejorar tu vida. Ya no es una noticia que tu puntaje crediticio afecte tu vida por completo, incluso en formas que nunca imaginaste. Podría ser un obstáculo para las oportunidades que podrían cambiar tu vida para siempre y, al mismo tiempo, podría ser el punto de acceso a la buena vida que siempre has esperado. Todo depende del estado de tu crédito. En este capítulo final, te presento los trucos y consejos que las compañías de reparación de crédito no quieren que sepas. Estas son medidas probadas y confiables para mantenerlas en el fondo de tu mente mientras pasas por el proceso de reparación de tu crédito.

Puedes hacerlo tú mismo

Esta es la verdad más fundamental que las compañías de reparación de crédito no quieren que te des cuenta. Es cierto que el proceso implica cierto tecnicismo y por lo tanto requiere cierta medida de tácticas para ver a través de él, pero esto no quiere decir que no puedas hacerlo todo por ti mismo con la información correcta. De hecho, es muy aconsejable abordar personalmente tus problemas de crédito para mantenerte informado sobre las áreas básicas en las que debes prestar más atención en tus transacciones cotidianas. El lugar correcto para empezar es solicitar tu informe de crédito a cualquiera de las principales agencias de crédito y analizarlo cuidadosamente tú mismo.

Paga tus tarjetas de crédito cerca de sus límites

No, no puedes pagar tus deudas al azar. Es muy recomendable comprobar cuál(es) está(n) cerca de sus límites y compensarlo(s) primero. La lógica es simple: pagar las tarjetas de crédito que están cerca de los límites reduce mágicamente tu tasa de utilización, y esto ocupa un lugar importante en tu informe de crédito.

Aumenta tus pagos por ciclo de facturación

No olvides que el objetivo es acelerar el pago de tus deudas iniciales y aumentar tu solvencia. También quieres reducir tu utilización y aumentar tu puntaje. Si puedes permitírtelo, duplica el pago de tus facturas por mes.

No, no tienes que cerrar tus cuentas de crédito

Es una práctica común encontrar expertos y empresas de reparación de crédito, así como personas que desean cerrar sus cuentas de crédito, a veces justo después de compensar las deudas en ella. Esto es completamente innecesario y hace que tu informe de crédito sea más perjudicial que bueno. La verdad es que cerrar una cuenta no la elimina de tu informe de crédito. De hecho, todos los detalles disponibles acerca de las cuentas cerradas están listados en tus informes. Por el contrario, dejarla abierta, aunque no tengas intención de utilizarla, la convierte en un testimonio de tu historial de pagos. En lugar de cerrar una cuenta que te da problemas, puedes transformarla a tu favor pagándola, aunque sea lentamente. Si es necesario cerrar una cuenta para reducir la excesiva carga de trabajo en ti, es recomendable cerrar las nuevas con menos historial.

A veces, no hacer nada podría ser una estrategia

Esta es una verdad de orden superior que nadie quiere que conozcas. Su eficiencia depende en gran medida del contexto y la situación en cuestión. La información negativa no siempre permanecerá en tu informe de crédito; tienen una duración de sólo unos siete años, aunque la bancarrota del capítulo siete puede permanecer más tiempo que eso. Dejar que la información negativa en tu cuenta se caiga, especialmente si el tiempo límite ya está cerca, es un enfoque sabio. Esto es esencialmente útil porque toda la información, ya sea positiva o negativa, excepto en algunos casos, se cae de tu cuenta de crédito después dc siete años.

Concéntrate en la utilización de tu crédito

Es importante prestar la debida atención a la utilización de tu crédito. Esto se refiere al porcentaje de crédito que utilizas durante cada ciclo de facturación. Debe mantenerse al mínimo porcentaje posible. La utilización óptima de tu crédito en cada cuenta por ciclo de facturación, es decir, un mes, es el 30% de tu límite de crédito. Cuando hagas la reparación de tu crédito, asegúrate de no gastar más de este porcentaje en una cuenta en particular. La implicación de esto es que da la impresión de que no gastas más de lo que puedes permitirte por ciclo. Para lograr esto, tienes que reducir tus gastos enormemente. Si esto es imposible de lograr, es aconsejable solicitar varias cuentas para poder repartir los gastos en las cuentas de crédito. La utilización de tu crédito es fundamental para tu puntaje crediticio. Si lo mantienes al nivel más bajo en el curso de tres a seis ciclos de facturación, es probable que veas cambios rápidos.

No disputar sin pruebas

Al revisar continuamente tus informes de crédito, es inevitable encontrar errores de vez en cuando. A veces, tales errores se basan completamente en información errónea proporcionada a las agencias de informes de crédito. En tales casos, es justificable disputar dicha información negativa. Sin embargo, debes disputar con precaución porque las disputas excesivas perjudican tu historial de crédito. Con el tiempo, es posible que tus disputas no se tomen en serio. Definitivamente, no quieres eso para ti. Si debes disputar, asegúrate de hacerlo con las pruebas de respaldo requeridas. Esto nos lleva al siguiente consejo a tener en cuenta.

Mantén tus documentos de crédito en orden

Por cada transacción que realices, asegúrate de tener suficientes pruebas escritas para respaldarla. Tales documentos serán útiles si alguna vez tienes que disputar cualquier información en tu informe de crédito. Más aún, nunca hagas un acuerdo oral. Guarda los recibos y el papeleo de todos tus compromisos financieros.

Cambia tus hábitos de gasto

Intentar reparar tu crédito sin eliminar tus malos hábitos financieros es un auto-sabotaje. Te estás haciendo un daño a largo plazo al reparar tu crédito sólo para volver a pedir más préstamos y desperdiciarlos en gastos menos importantes. Los malos hábitos frustran la reparación de tu crédito porque te puede resultar difícil pagar tus cuentas. Si debes pedir prestado, hazlo responsablemente y gástelo sólo en asuntos productivos. No pidas prestado más de lo que lógicamente puedes devolver, y no aceptes los términos de interés que te resulten difíciles de pagar. No pagar las cuentas a tiempo es una de las peores formas en que tu solvencia podría verse afectada, y, claro, ¡no querrás tener a los cobradores de deudas en tu cara todo el tiempo!

Ten cuidado con las compañías de reparación de crédito

Aquí hay un importante esfuerzo de precaución. Debes haberte sorprendido de mi disposición hacia las compañías de reparación de crédito desde el principio de este libro. Las razones no son descabelladas. Para empezar, no todas las compañías de reparación de crédito o expertos son confiables. En un intento de conseguir tantos clientes, hacen promesas poco realistas y te convencen de que pueden lograr un puntaje crediticio de más de 720 de la noche a la mañana o en pocos días. Esto es completamente imposible. La mayoría de estas empresas se inmiscuyen en tu privacidad crediticia, te piden pagos por adelantado y se involucran en otros actos ilegales, pero te dan pocos o ningún resultado. Más aún, ciertamente puedes reparar tu puntaje crediticio por ti mismo.

En general, es pertinente dejarte este consejo vital al embarcarte en la reparación de tu crédito: debes mantenerte comprometido con el proceso, dar todo lo que requiera, y eso incluye tus esfuerzos, tiempo y paciencia. Por desesperación, podrías estar tentado a esperar resultados en unos pocos días, pero no, la reparación de crédito no es mágica. Debes estar dispuesto a dar todo lo necesario y esperar pacientemente el resultado.

CPSIA information can be obtained
at www.ICGtesting.com
Printed in the USA
BVHW061128140421
604895BV00002B/139

9 781802 216240

MARTIN SHERWOOD

LE DÉMON DE MAXWELL

PRESSES DE LA CITÉ
PARIS

Le titre original de cet ouvrage est :

MAXWELL'S DEMON

traduit de l'anglais par Jacques MARTINACHE

ISBN : 2 - 258 - 00454 - 3

CHAPITRE PREMIER

A l'approche du coin de la rue, Penelope Maxwell lâcha la main de sa grand-mère et parcourut en sautillant les derniers mètres qui la séparaient de la boutique. Lorsque Margaret Maxwell franchit à son tour la porte du magasin, sa petite-fille parlait à Susan, l'employée.

— Où est mon fils ? demanda la grand-mère à la jeune vendeuse.

Susan eut un signe de tête en direction d'un rideau de plastique multicolore séparant le magasin de l'arrière-boutique.

— Il fait la sieste, répondit-elle.

— Bien sûr, fit la vieille femme, du ton de quelqu'un qui se rappelle une évidence.

Après avoir contourné le comptoir, elle se dirigea vers le rideau en promettant à l'employée :

— Penny t'apportera une tasse de thé dans cinq minutes.

Margaret écarta la toile de plastique et pénétra dans une pièce minuscule, encombrée, fleurant le tabac et l'encre d'imprimerie. Un vieux fauteuil y trônait au milieu de piles de revues invendues et de cartons de sucreries. Le bras du siège, tendu de reps d'un rouge fané, semblait sur le point de céder sous le poids de l'homme qui y était assoupi.

Elle contempla le dormeur corpulent, aux cheveux dépeignés, et songea que, à la différence de son père, John ne s'était jamais beaucoup soucié de sa mise. Affalé dans le vieux fauteuil, il avait l'air d'un bonhomme en sucre que la chaleur aurait fait fondre. Pourquoi diable Margaret avait-elle demandé à Susan où se trouvait son fils ? Si, en ramenant Penny de l'école, elle ne le découvrait pas derrière le comptoir, c'était qu'il faisait un « petit somme », comme il disait, dans l'arrière-boutique.

Elle essaya de se rappeler si son fils avait toujours dormi dans l'après-midi ou s'il en avait pris l'habitude depuis la mort de son épouse. Margaret avait jadis été fière de John, même si elle n'était jamais parvenue à le persuader de soigner davantage son apparence extérieure. Et son orgueil de mère n'avait pas tenu au seul fait que John fût son unique enfant : il avait exercé un bon emploi, dans une maison sérieuse, où il semblait promis à une carrière sinon brillante du moins intéressante — une carrière dont une mère pouvait être fière. Mais il y avait eu l'accident puis la lente agonie de sa belle-fille à l'hôpital. Lorsque le fil ténu qui rattachait la femme de son fils à la vie s'était rompu, John avait connu une longue période d'affliction et de désarroi.

Il avait bien tenté de s'accrocher à son métier mais la mort de son épouse l'avait laissé désemparé, incapable de faire face à des problèmes écrasants, dont la responsabilité d'élever seul sa fille Penelope n'était pas le moindre. Aussi l'idée avait-elle paru bonne à la mère et au fils de mettre en commun leurs quelques économies pour acheter une boutique. Margaret se chargerait de tenir la maison et de donner à la petite Penny l'attention maternelle dont elle avait besoin.

Margaret le regrettait à présent : elle prenait

de l'âge, son tour était venu de laisser les autres s'occuper d'elle, elle ne voulait plus de responsabilités. Mais John semblait dépourvu de tout ressort. Le soir, il s'asseyait devant le poste de télévision et s'endormait régulièrement, même lorsque le programme était intéressant. Cela n'aurait guère dérangé sa mère s'il n'avait grogné dans son sommeil en agitant les mains, se tournant brusquement dans son fauteuil et poussant à l'occasion un cri. Margaret avait toujours attribué à de mauvais rêves cette agitation qui l'empêchait de regarder en toute quiétude ses émissions favorites. A présent, John avait aussi pris l'habitude de dormir dans l'après-midi, abandonnant la boutique à l'employée. Margaret n'aurait pas été autrement surprise d'apprendre que Susan arrondissait son salaire quand on la laissait s'occuper seule du tiroir-caisse...

Mrs. Maxwell s'arracha à ses réflexions et, après avoir regardé une dernière fois son fils endormi, passa dans l'appartement situé derrière la boutique. La pendule posée sur la cheminée du salon carillonna quatre heures, l'avertissant qu'il était grand temps de préparer le thé.

Penelope, qui avait suivi sa grand-mère dans la cuisine, prit un gâteau sans lui demander la permission. Margaret réprima une impulsion de gronder l'enfant en se disant que Penny n'avait pas une vie très agréable. La petite fille devait se sentir très seule car une grand-mère, même attentive, ne remplace pas de vrais parents.

Quand le thé fut prêt, Margaret passa au salon avec un plateau qu'elle posa sur la table basse, à côté de son fauteuil. Penelope traînait derrière sa grand-mère en grignotant un biscuit au chocolat.

— Porte ça à Susan, dit Mrs. Maxwell en lui tendant une tasse de thé. Ensuite, réveille ton père.

La petite fille franchit la porte conduisant à l'arrière-boutique. Quelques instants plus tard, sa grand-mère l'entendit dire de sa voix enfantine :

— Papa, réveille-toi. C'est l'heure du thé, papa. Réveille-toi.

L'enfant réapparut au salon en annonçant :

— Pas moyen de le réveiller.

Puis elle alla s'asseoir dans un coin de la pièce où l'une de ses poupées était appuyée contre une plinthe, près du poste de télévision.

— Tu as essayé avec une bourrade dans les côtes ?

Penelope acquiesça de la tête. Margaret la regarda puis quitta son fauteuil en soupirant et retourna dans la pièce où son fils continuait à dormir, toujours, semblait-il, dans la même position.

— John, dit-elle en le secouant par l'épaule.

Maxwell s'agita dans son sommeil mais ne parut pas sur le point de s'éveiller. Elle le secoua plus fort, sans obtenir de résultat. Pour l'amour du ciel ! avait-elle envie de crier, réveille-toi, bouge ! Je suis vieille et lasse, j'ai besoin qu'on s'occupe de moi !

Mais son fils refusait de se laisser tirer d'un sommeil dont il sortait d'ordinaire avec des yeux hagards, regardant un moment autour de lui, comme s'il ne reconnaissait pas la pièce, avant de prendre la main de Margaret en murmurant « mère ». Ne réveillons pas le chat qui dort, se dit-elle en retournant à sa tasse de thé.

Penelope avait profité de l'absence de sa grand-mère pour mettre la télévision en marche et regardait un dessin animé américain dans lequel des chats et des chiens habillés comme des hommes couraient en tous sens sans autre but, semblait-il, que de provoquer la destruction du mobilier. En principe, l'enfant n'avait pas le droit de toucher au poste mais là encore Margaret n'avait ni l'énergie ni le désir de la gronder. Un vers appris à l'école dans son enfance lui revint à la mémoire : « Tout va à vau-l'eau, la digue est rompue. »

Bien qu'elle ne lût plus de poésie depuis plus de quarante ans, elle se souvenait parfois d'une bribe de poème qui surgissait soudain sans prévenir dans son esprit. Sa mémoire ne lui livrait plus à présent que de courts chapelets de mots dont elle ne se rappelait jamais l'auteur, dont elle ne savait plus quels sentiments ils avaient éveillés en elle dans sa jeunesse.

Margaret restait immobile dans son fauteuil, silencieuse, tandis que la pénombre commençait à l'envelopper. Le thé refroidissait, la télévision bourdonnait. Dans un coin de son esprit, elle pensait vaguement qu'il serait bientôt l'heure de fermer la boutique et de préparer le repas.

— Excusez-moi, Mrs. Maxwell.

Relevant la tête, Margaret découvrit la silhouette de Susan sur le seuil de la porte.

— Mr. Maxwell dort encore, fit la vendeuse, et c'est bientôt l'heure pour moi de partir.

— Oui, bien sûr.

La grand-mère se leva, suivit la jeune fille dans la boutique où un petit garçon regarda les deux femmes d'un air coupable. Avait-il profité de ce qu'il s'était trouvé seul pour chaparder quelques bonbons? Probablement, se dit Margaret mais peu importe. Je vais fermer le magasin, souhaiter bonsoir à Susan, tirer le verrou derrière elle, baisser les volets, éteindre les lumières de la vitrine en ne laissant qu'une veilleuse.

Elle alluma dans l'arrière-boutique où John dormait toujours, le secoua une nouvelle fois sans succès. Il se réveillera quand son estomac lui dira que c'est l'heure du dîner, pensa-t-elle, et elle alla dans la cuisine préparer le repas.

A neuf heures et demie, après avoir tricoté en regardant la télévision, Margaret commença à se sentir angoissée par les ombres qui l'entouraient. Elle retourna dans l'arrière-boutique, contempla son fils prostré dans le fauteuil, toujours endormi. Elle lui prit le poignet : son pouls était régulier, comme sa respiration, sa température semblait normale, mais il ne se réveillait pas. Elle ne pouvait quand même pas porter dans son lit un homme aussi corpulent.

Mrs. Maxwell songea un instant à appeler le docteur, puis se dit qu'après tout son fils ne paraissait pas souffrant : il dormait, voilà tout. Elle laissa la lumière allumée dans l'arrière-boutique, retourna à son tricot puis décida d'aller se coucher.

A trois heures du matin, elle se réveilla d'un sommeil agité, enfila son peignoir, chaussa ses mules et se rendit dans l'arrière-boutique. John y dormait encore. Malgré la peur irraisonnée qui s'emparait d'elle, Margaret avait conscience de ne rien pouvoir faire d'autre qu'éteindre la lumière et retourner au lit, en espérant que son fils ne s'enrhumerait pas.

Le lendemain matin, la lumière du jour ne dissipa pas l'angoisse de Mrs. Maxwell. John refusait toujours de s'éveiller; il était comme mort, et pourtant tout indiquait qu'il vivait encore : la même respiration paisible que la veille soulevait sa poitrine et il sembla même à Margaret qu'il avait changé de position. Juste avant l'heure de conduire Penelope à l'école, elle se résolut à appeler le docteur.

— Mrs. Maxwell à l'appareil, annonça-t-elle.

— C'est pour un renouvellement d'ordonnance ? demanda la réceptionniste sur un ton désagréable.

— Non, c'est pour mon fils. Je voudrais que le docteur passe le voir.

— Il ne peut pas se rendre au dispensaire ? A dix heures et quart, par exemple.

— Il dort.

— Il dort ? Mais quand il se réveillera, il ne pourrait pas venir jusqu'ici ? Le docteur est surchargé de visites aujourd'hui; je doute qu'il puisse en prendre une de plus. Qu'est-ce qu'il a, votre fils ?

— Je vous l'ai dit : il dort. Je n'arrive pas à le réveiller.

Perdant son sang-froid, Margaret ajouta sur un ton alarmé :

— Cela fait maintenant près de dix-huit heures qu'il est endormi. J'ai essayé de le réveiller mais rien à faire. S'il vous plaît, demandez au docteur de passer.

La réceptionniste accepta de mauvaise grâce en précisant que le docteur viendrait quand il pourrait, et demanda à Margaret de téléphoner pour annuler la visite si, dans l'intervalle, son fils se réveillait.

Mais John Maxwell ne se réveilla pas.

Le docteur Marks baissa les yeux vers l'homme assoupi en songeant qu'il n'était guère facile d'examiner un malade affalé sur un fauteuil, dans une pièce bourrée de boîtes de chocolat, de piles de journaux, et où parvenaient des bribes de conversation comme : « donnez-moi vingt caramels » ou « je voudrais aussi cent grammes de ceux-là ».

Pour une fois, la réceptionniste aux manières brusques n'avait pas exagéré en parlant de la journée surchargée du docteur : à deux heures de l'après-midi, Marks n'avait pas encore trouvé le temps de rentrer chez lui déjeuner. Pour couronner une matinée éreintante, il avait maintenant devant lui un homme apparemment normal, en bonne santé malgré ses kilos superflus, et qui refusait de s'éveiller. Son pouls était lent, sa température légèrement inférieure à la moyenne mais il ne semblait atteint d'aucune affection. Les réflexes du « malade » paraissaient normaux; ses yeux, quand le médecin lui avait relevé les paupières, n'avaient rien montré d'anormal. Pourtant, bien que l'examen de ses oreilles n'eût rien révélé, il n'avait aucune réaction lorsqu'on lui hurlait dans le pavillon auditif. Même la sonnerie d'un réveil placé près de sa tête n'avait pas donné le moindre résultat.

Marks leva les yeux vers la mère du patient, sorte de vieille poule triste, qui n'avait cessé de tourner autour de lui pendant la visite.

— Puis-je me servir de votre téléphone ? sollicita-t-il.

— Oui, bien sûr. Par là, dit Margaret Maxwell en indiquant la direction du salon. Qu'est-ce qu'il a, docteur ?

— Franchement, Mrs. Maxwell, je n'en sais rien. Il semble en parfaite santé, hormis ce petit problème. Je ne vois pas d'autre solution, je le crains, que de le placer en observation à l'hôpital. Vous êtes certaine qu'il n'a pas fait de chute, qu'il n'a reçu aucun coup sur la tête ?

— Pas que je sache. En tout cas, il ne m'en a rien dit et il n'a ni bleu ni bosse.

— Les médecins de l'hôpital ne tarderont pas à découvrir ce qu'il a, assura le docteur. Où m'avez-vous dit que je pouvais téléphoner ?

L'ambulance arriva une demi-heure plus tard. Près du fauteuil où dormait John Maxwell était posée une petite valise que Margaret avait préparée sur le conseil de Marks.

Dans la rue, les passant s'arrêtèrent pour regarder les infirmiers entrer dans la boutique puis en ressortir presque aussitôt en portant John Maxwell sur une civière. La vieille poule triste battait des ailes autour des brancardiers, les accompagnait dans leurs moindres mouvements. Au moment du départ, elle demanda à Susan de tenir la boutique en son absence et lui promit de revenir bientôt.

A l'hôpital, on la pria de s'asseoir sur un banc et d'attendre. Mrs. Maxwell trompa l'attente en observant le va-et-vient affairé des docteurs et des infirmières en blouse blanche, le défilé des amis et des parents des malades qui ne parvenaient pas totalement à masquer leur inquiétude sous un ton rassurant.

Margaret se sentait encore gênée de l'hésitation avec laquelle elle avait répondu quand l'employée chargée de remplir les formulaires d'admission lui avait demandé la date de naissance de son fils. A présent, plus personne ne s'occupait d'elle. Elle avait pris une tasse de thé au distributeur automatique installé dans le couloir, mais le breuvage avait un goût exécrable. Une infirmière s'approcha enfin d'elle et la conduisit dans une petite pièce où un jeune médecin assis derrière un bureau consultait des papiers contenus dans un dossier de carton brun.

— Mrs. Maxwell, fit-il en l'invitant à s'asseoir.

Margaret prit place sur la chaise située en face du bureau.

— Mrs. Maxwell, reprit le docteur. Nous avons un petit problème, semble-t-il. D'abord une bonne nouvelle : nous n'avons rien décelé de grave chez votre fils. Pour l'instant, bien sûr, nous avons procédé uniquement à un examen préliminaire mais les premiers résultats n'indiquent rien d'anormal. Le seul fait anormal — et voici la mauvaise nouvelle — c'est que nous ne parvenons pas à réveiller votre fils.

Le médecin marqua une pause en tambourinant sur le dossier.

— Telle est la situation, Mrs. Maxwell, continua-t-il. J'ai bien peur que pour le moment nous ne puissions rien faire d'autre que le garder en observation et poursuivre les examens, en espérant que nous trouverons rapidement l'explication de son état.

Margaret regardait le jeune docteur. Elle se disait qu'elle aurait dû lui poser des questions intelligentes, mais une seule chose la préoccupait : savoir si Penelope était bien rentrée à la maison, si son institutrice l'avait prévenue (comme Mrs. Maxwell le lui avait demandé au téléphone) que sa grand-mère ne viendrait pas la chercher.

— Je peux partir ? fit-elle. Je dois m'occuper de ma petite-fille et de la boutique, vous savez. L'employée s'en va à six heures... Il va guérir, n'est-ce pas ?

— Ne vous inquiétez pas. Nous ferons tout pour cela.

— Merci. Merci, docteur, dit-elle en reculant vers la porte.

— N'hésitez pas à nous téléphoner pour prendre de ses nouvelles, proposa le médecin en refermant le dossier. En attendant, rentrez sans vous tracasser. Je suis sûr que nous vous le renverrons en pleine forme dans un jour ou deux.

Le docteur la regarda quitter le bureau puis, le dossier sous le bras, il se dirigea vers la cafétéria en se demandant ce qu'il pouvait bien encore essayer pour tenter de réveiller l'homme endormi.

CHAPITRE II

Tim Wagner appuya sur l'accélérateur pour lancer sa petite voiture dans la descente avant de monter à l'assaut de la colline suivante. Il faisait un temps clair et doux qui rendait fort plaisant le trajet matinal jusqu'à l'hôpital. Parvenu au sommet de la colline, il tourna à gauche, franchit des grilles et alla se garer derrière le bâtiment, à proximité de l'entrée du service où il travaillait.

En se penchant pour verrouiller la portière côté passager, il découvrit un foulard de chiffon à demi caché sous le siège. Il le prit, le porta à ses narines et respira une bouffée du parfum légèrement musqué de Jennifer. Il se demanda si elle dormait encore puis repensa à cette soirée chez des amis, deux semaines plus tôt, au cours de laquelle il avait fait sa connaissance. Il se souvint de l'attirance physique puissante et peu facile à dissimuler qu'il avait éprouvée pour elle dès les premiers mots échangés.

Près de l'entrée principale de l'aile ouest de l'hôpital, une pancarte annonçait discrètement : INSTITUT DU CONSEIL DE LA RECHERCHE MÉDICALE SUR L'ALTÉRATION DES ÉTATS DE CONSCIENCE. Comme nombre d'autres organismes de recherche financés par le gouvernement, cet institut portait un nom n'éclairant guère sur les travaux qu'on y poursuivait. Cela tenait en partie au fait que son directeur, le patron de Tim Wagner, lui avait donné ce titre délibérément pompeux pour parodier ses collègues, trop imbus d'eux-mêmes, de tant d'autres instituts.

Pourtant, Andrew Graham n'avait rien d'un hommes pompeux ou guindé : il était même tout le contraire. Et nombre de scientifiques s'étonnaient qu'un collègue pâtissant — malgré ses brillantes qualités — d'une réputation de farfelu, eût obtenu la direction d'une unité de recherche. « Pas assez sérieux, murmurait-on des profondeurs de certains fauteuils de l'*Athenaeum* (1) chaque fois qu'on proposait la candidature de Graham comme membre du club. La Royal Society s'était toutefois montrée moins sourcilleuse puisqu'elle l'avait accueilli en son sein dès la publication de ses premiers travaux, qui avaient résolu certains problèmes ardus de la renormalisation des quantités infinies dans l'électrodynamique des quanta. La vénérable académie n'avait cependant pas fait preuve d'assez de promptitude puisqu'au moment où elle l'avait élu membre, il avait déjà abandonné la physique théorique pour la biologie. Graham arguait en effet qu'on avait réalisé d'importants progrès en biologie, dans les années cinquante, en la considérant sous l'angle de la chimie, ce qui avait donné naissance à la biologie moléculaire, domaine dans lequel une dizaine de savants avait mérité leur Prix Nobel dans les années soixante. La suite logique, en concluait-il, c'était d'aborder à présent cette science sous l'angle de la physique, notamment à partir des perspectives ouvertes par des branches apparemment aussi ésotériques que la physique des particules à haute éner-

(1) Club littéraire et scientifique de Londres. (N.d.T.)

gie, et voir si l'on ne pouvait pas ainsi révolutionner une seconde fois la biologie.

Graham devait néanmoins découvrir assez rapidement qu'on ne passe pas si aisément d'un domaine scientifique à un autre et qu'on ne provoque pas en un jour un véritable bouleversement. Car le « transfuge » reçoit toujours un accueil passablement hostile de la part de ceux qui travaillent déjà dans une branche et ne considèrent guère d'un œil favorable une révolution qui aurait pour premier résultat de faire tomber leur tête.

Pourtant, l'unité de recherche de Graham existait depuis quatre ans déjà et avait de bonnes chances de continuer à fonctionner, quoi que pût en penser la communauté scientifique. Lors d'une réunion de la Royal Society tenue l'année précédente, Graham et quelques-uns de ses collaborateurs — dont Tim Wagner — avaient montré à la presse, à leurs collègues, ainsi qu'à des lycéens invités pour l'occasion, comment on pouvait conduire des trains électriques à l'aide des ondes alpha émises par le cerveau. La technique n'avait d'ailleurs rien d'original puisque Graham l'avait empruntée aux travaux sur le feed-back biologique de la physiologiste américaine Barbara Brown. Malheureusement, pour tout résultat, la démonstration avait convaincu nombre de gens que, en dépit de ses amusantes applications, cette « sorte de science » ne méritait pas qu'on gaspillât les deniers publics. Ce que ces gens ignoraient, c'était que, à expiration des cinq années de financement accordées par le Conseil de la Recherche médicale, l'institut continuerait ses travaux car son directeur recevait également des subsides du Fonds spécial de réserve du Cabinet britannique. Outre quelques hauts fonctionnaires attachés au Cabinet, seuls une poignée de ministres, parmi les plus importants, connaissaient l'existence de ces ressources. On ne la révélait en effet qu'à ceux appelés à décider quand il fallait débloquer secrètement quelques milliers de livres sterling dans l'intérêt du pays. Par le passé, le Cabinet avait utilisé ce Fonds spécial à plusieurs reprises, généralement en temps de guerre, pour financer des projets scientifiques qui auraient autrement fait long feu, faute d'avoir été officiellement jugés assez prometteurs pour mériter des crédits. Dans le cas de Graham, l'institut avait bénéficié de l'aide du Fonds parce que la fille d'un très haut fonctionnaire avait fait une chute de cheval qui avait provoqué chez elle un coma prolongé. Et les comas prolongés constituaient précisément un de ces « états de conscience altérés » auxquels Graham s'intéressait au premier chef.

Tim Wagner passa la tête dans le bureau de la secrétaire en lançant :

— Salut, mon chou, comment ça va ?

— Oh moi ça va, répondit-elle en souriant. C'est à vous qu'il faut poser la question : le grand homme en personne m'a demandé en arrivant, il y a vingt-cinq minutes : « Dites au docteur Wagner de passer me voir dès qu'il sera là. »

— Oh, nom de Dieu ! Je peux y aller maintenant ?

— Vous feriez bien.

Wagner entra dans le bureau voisin et trouva Graham occupé à lire la *Revue de biologie théorique*. Le directeur releva la tête, eut un bref sourire et ôta ses lunettes.

— Asseyez-vous, Tim, fit-il en montrant une chaise à son collaborateur. Cet après-midi, vous le savez probablement, je me rends à une séance de la Royal.

— Bien sûr. On y discutera de...

— Oui, oui, coupa Graham. N'essayez pas de me flatter en me montrant que vous n'ignorez pas que je vais y présenter une communication. Là n'est pas la question. L'important, c'est qu'on m'a signalé un cas extrêmement intéressant dans la région de Portsmouth. C'est en consultant le rapport hebdomadaire que mon attention a été attirée, je ne sais trop pourquoi...

« Tu deviens prétentieux, Graham, songea Wagner. Voilà que tu utilises la remarque typique du grand savant présentant avec une admirable modestie sa prodigieuse découverte et les circonstances qui l'y ont conduit. » Les pensées de Tim dérivèrent vers les minutes agréables qu'il pourrait passer avec Jennifer au lieu d'être assis sur une chaise inconfortable, avec dans les yeux un rayon de soleil qui le faisait loucher quand il regardait son directeur.

— Je n'arrive pas à retrouver ce rapport, marmonnait Graham en fouillant dans les papiers posés devant lui. Enfin, peu importe. Comme je vous le disais, mon attention a été attirée par cette information, et j'ai aussitôt entrepris des démarches qui ont d'ailleurs abouti puisque le patient en question sera transféré ici cet après-midi.

— Je ne vois pas très bien le rapport avec...

— Je vais y venir. Le malade sera accompagné par le docteur qui le traite, une espèce de médicastre — oh, pardon, j'oublie toujours que vous aussi vous êtes médecin. Je vous considère davantage comme un homme de science que comme un disciple d'Hippocrate...

Tim sourit bien que, depuis une année qu'il travaillait à l'institut, il eût entendu quasi quotidiennement ce genre de pointes de son patron contre les médecins. D'ailleurs, il méritait pleinement le titre d'homme de science que lui décernait Graham : outre son doctorat de médecine, Wagner avait présenté avec succès une thèse de neurochimie, juste avant d'entrer à l'institut sur la recommandation de son professeur à l'université.

— En tout cas, le toubib vient avec son malade, poursuivit le directeur. Procédure habituelle : le patient sera légalement enregistré dans mes services et fourré dans un de mes lits. Procédure inhabituelle : il faut promener le médicastre un peu partout, lui montrer ce que nous faisons ici et lui expliquer pourquoi nous lui escamotons son malade.

— Et c'est là que j'interviens ?

— Votre bon vieux cerveau fonctionne parfaitement ce matin, Tim. Pendant que je jouerai les enfants terribles à Londres, vous ferez les honneurs des lieux au docteur Stevenson et vous lui raconterez tout ce que vous savez sur ce qui se passe ici.

— C'est-à-dire pas grand-chose — du moins, comparé à ce que vous en savez.

— Assez en tout cas pour lui donner une idée générale, ou plutôt une vague idée générale, ce qui sera largement suffisant. Venons-en maintenant à l'électro-encéphalographie. Hier soir, chez moi, j'ai réfléchi...

Graham sortit d'une de ses poches un carnet qu'il feuilleta rapidement et ouvrit à une page couverte de diagrammes.

— Et je me suis demandé quels effets auraient une ou deux modifications mineures du circuit intégrateur de l'EEG, reprit-il. Disons ici, et ici.

De son stylo, il indiqua deux des symboles électriques griffonnés sur le schéma.

Tim grogna intérieurement : faire des expériences ne posait pas de problème; comprendre les gadgets électroniques nécessaires pour les réaliser était une autre affaire, et il commençait presque à attendre avec impatience son après-midi avec le docteur Stevenson.

Après avoir glissé une dernière frite dans sa bouche, Stevenson posa sa fourchette et repoussa son assiette.

— Simple curiosité, je suppose, dit-il en réponse à Wagner, qui lui avait demandé pourquoi il avait tenu à accompagner Maxwell, son malade, à l'unité de recherche.

Stevenson se pencha vers son dessert en s'étonnant à nouveau du calme qui régnait dans le réfectoire de l'hôpital.

— J'ai eu une carrière plutôt bizarre pour un médecin, confia-t-il à Tim. L'ennui, c'est que je n'ai jamais vraiment su si c'était bien ce que je voulais faire de ma vie. Je souffre du syndrome, invariablement fatal, du « fils-du-généraliste-du-coin » dont le père désire perpétuer la dynastie : « Cela fera trois cents ans à la Saint-Michel que nous, les Stevenson, accouchons les femmes de cette ville », et autres clichés. Quoi qu'il en soit, je suis devenu docteur pour faire plaisir à papa, j'ai exercé deux ans dans divers hôpitaux puis j'ai décidé de tout laisser tomber et de partir à l'aventure. Pendant deux ans, j'ai fait toutes sortes de métiers en Extrême-Orient en m'intéressant au Bouddhisme. Et puis c'est toujours la même histoire : j'ai rencontré une gentille fille qui faisait un stage là-bas, je lui ai posé la grande question, et je me suis retrouvé en Angleterre à essayer de rafraîchir mes connaissance médicales et de gagner ma vie. En fait, je n'ai pas encore fini de me mettre à jour.

Le docteur lécha la dernière parcelle de crème collée à sa cuiller.

— Et je me retrouve avec cet étrange malade sur les bras : pas moyen de le réveiller bien que je n'arrive pas à lui trouver quoi que ce soit d'anormal. Votre patron, Graham, me demande son transfert chez vous, ce qui m'amène à découvrir que la Grande-Bretagne a fait des progrès pendant mon absence : pourquoi diable le Conseil de la Recherche médicale, que j'ai toujours cru frappé d'artériosclérose, s'est-il décidé à financer des travaux sur les états de conscience altérés ? Le meilleur moyen de le savoir, me dis-je alors, c'est de leur passer mon malade — qui, je ne cherche aucunement à le nier, constitue pour moi une véritable énigme — en échange de la permission de fourrer un peu mon nez dans ce qu'on fabrique chez eux.

Tim trouvait Stevenson amusant et se demandait si le médecin lui laisserait placer plus d'une dizaine de phrases pendant la visite. Bien qu'âgé, comme son guide, d'une trentaine d'années ou un peu plus, Stevenson arborait des moustaches d'ancien de la Bataille d'Angleterre et utilisait volontiers le jargon parlé à l'époque par les pilotes de la RAF.

— Je me suis bigrement passionné pour les expériences de méditations auxquelles j'ai assisté en Orient. J'ai passé quelque temps en Inde où j'ai vu le vieux truc du cercueil : vous savez, le type qui se laisse enterrer vivant et qui reste sous terre pendant des heures, cinq fois plus longtemps environ que ce qu'il pourrait normalement supporter sans mourir.

— Avez-vous rencontré le professeur Anand, à Delhi ? demanda Wagner.

— Vous voulez dire ce type qui entortille les yogis dans du fil électrique ?

Tim acquiesça de la tête.

— Non, répondit Stevenson en souriant. Vous

oubliez que j'avais entrepris ce long voyage pour oublier la médecine et me trouver moi-même. Tout ce que j'ai réussi à trouver, c'est une épouse, mais je dois dire que cela constitue une sacrée compensation.

Stevenson cligna de l'œil en direction de Tim.

— Par contre, j'ai bel et bien réussi à oublier une bonne partie de mes connaissances médicales, et j'ai un mal de chien à extirper ce qu'il en reste de ma mémoire. Voilà, pour abréger une longue histoire...

Stevenson avait surpris le coup d'œil inquiet que son hôte avait lancé à sa montre.

— Voilà pourquoi je suis ici. Maintenant, si nous visitions un peu les lieux ?

Les deux hommes quittèrent la cantine.

— Pas mauvaise, la tambouille, chez vous, vieux, remarqua Stevenson. Meilleure en tout cas que l'infâme hachis qu'on nous sert à Pompey. Montrez-moi donc le chemin.

Tim conduisit son invité dans le bureau de Graham, où personne, pensait-il, ne viendrait le déranger.

— Que diriez-vous de commencer par le commencement ? proposa Wagner. D'après ce que vous m'avez dit, vous ne savez rien de ce que nous faisons ici ?

— Absolument rien. Je vous avoue même que je n'aurais jamais songé à parler du sommeil comme d'un état de conscience — pour moi, il s'agirait plutôt d'inconscience.

— Si le docteur Weiner travaillait encore avec nous (il s'était fait détacher de Düsseldorf pour faire un stage de quelques mois à l'institut), vous auriez passé le reste de l'après-midi à discuter de cette question philosophique capitale : la conscience est-elle un état altéré d'inconscience ou vice versa ? Ma démarche est un peu plus pragmatique mais il faut dire que je suis le seul médecin de l'équipe.

— Désolé, vieux, je ne vous suis pas très bien. Et votre patron, Graham ?

— Andrew Graham dirige l'unité de recherche. Il a fait de la physique théorique avant de s'intéresser aux sciences biologiques et aux états de conscience. Je crois que son intérêt pour cette question venait surtout à l'origine de la vieille interrogation philosophique : la conscience telle que nous la connaissons est-elle la somme des parties d'une sorte de subconscient atomisé ou constitue-t-elle un phénomène entièrement nouveau ne pouvant se produire qu'à un certain niveau d'organisation.

Stevenson hocha la tête avec — du moins l'espérait-il — la gravité d'un vieux sage.

— Cette fois, je crois que j'ai compris.

— Graham envisageait en tout cas un programme de recherche assez ambitieux. Le CMR lui a débloqué les crédits nécessaires pour installer l'institut ici, parce que l'hôpital disposait de la place nécessaire, parce que Graham avait fait ses études avec un des pontes du conseil d'administration, et parce qu'il lui fallait s'assurer le concours de médecins pour obtenir des malades. Si vous avez un jour l'occasion de lire l'en-tête de notre papier à lettres, vous remarquerez que Graham est notre directeur de recherche et que Angus Maclean, un des plus importants consultants de l'hôpital, porte le titre de coordonnateur médical. En fait, je n'ai vu Maclean que trois fois depuis un an que je travaille ici. En s'installant à l'hôpital, Graham avait amené avec lui trois autres chercheurs : un physiologiste, un psychologue spécialiste des questions de développement, et un scientifique qui, comme lui, avec changé de domaine puisqu'il avait commencé comme ingénieur en électronique, et qui se chargea de concevoir l'équipement. A eux quatre, ils ont entrepris, avec l'aide de personnel subalterne engagé pour une année, des expériences sur des patients de l'hôpital ayant accepté de leur servir de sujets.

Tim s'interrompit en se demandant s'il convenait d'en révéler davantage à Stevenson. Il n'ignorait pas que son exposé devait paraître délibérément vague, mais le moyen de procéder autrement : lui-même, bien que membre de l'unité, ne connaissait pas exactement l'objectif réel caché derrière certaines expériences de Graham, pas plus qu'il ne savait, par exemple, pourquoi ils s'étaient lancés dans une étude poussée des états de sommeil anormaux, délaissant tout à coup les travaux préliminaires réalisés sur d'autres états de conscience altérés.

Wagner ne croyait pas à la discrétion de Stevenson, qui lui semblait plutôt le genre d'homme à crier sur les toits de Portsmouth, dans les heures qui suivraient, les confidences qu'il aurait l'imprudence de lui faire. De surcroît, Stevenson ne lui inspirait pas confiance, en dépit de ses manières liantes, et lui paraissait capable de devenir soudain féroce pour préserver ses intérêts.

— Il y a deux ans environ, reprit Tim, ils ont orienté leurs recherches sur les comas prolongés : vous savez, ces accidentés qui restent inconscients pendant des années après avoir reçu un coup sur la tête, par exemple. Parfois ils reprennent conscience spontanément; parfois ils s'atrophient progressivement et finissent par mourir. Fondamentalement, nous ne savons pas pourquoi le coma s'interrompt soudain ou se prolonge. Etudier ces cas à la place de volontaires venant à l'institut une heure par semaine exigeait une organisation légèrement différente, et l'unité demanda à l'hôpital de lui détacher à plein temps un médecin et plusieurs infirmières. Le médecin, qui ne s'entendait pas avec Graham, le quitta au bout d'un certain temps, et je pris sa succession. Voilà pourquoi je vous ai dit, au début de notre conversation, que je suis le seul docteur de l'unité de recherche — le seul docteur en médecine s'entend : les autres collectionnent les doctorats et les diplômes scientifiques.

— Alors pourquoi m'avoir réclamé ce pauvre vieux Maxwell ? s'étonna Stevenson.

— Derrière toutes ces recherches, il y a une théorie élaborée par Graham. Je n'en ai pas une vision claire, et lui non plus, peut-être, mais fondamentalement, elle poserait qu'outre les comas provoqués par des chutes d'une échelle et autres accidents, il existe des cas de patients s'endormant normalement et ne se réveillant pas. Je ne veux pas dire par là qu'ils meurent dans leur sommeil mais qu'ils s'installent dans un état inconscient. Et Graham, le plus habile manœuvrier sans doute de la communauté scientifique, a réussi à obtenir la mise sur pied d'un système l'informant de tout cas de coma survenant en Grande-Bretagne et ne montrant aucune amélioration cinq jours après l'admission à l'hôpital. Si le cas se révèle intéressant, nous essayons d'obtenir qu'il soit transféré ici.

— Alors il suffit de recevoir une tuile sur la tête, de s'endormir une semaine, pour finir dans votre institut ?

— Absolument pas. Si l'état inconscient est dû à une cause bien définie — chute de cheval, par exemple — semblable à celles ayant provoqué un coma chez des sujets que nous avons observés ici, nous procédons à une étude comparative des EEG. Nous disposons d'un appareil d'électro-encéphalographie modifié qu'un de nos collaborateurs amène à pied d'œuvre dans une camionnette pour enregistrer le tracé du nouveau cas. Si l'EEG ne révèle rien de neuf, nous laissons le malade sur place; dans le cas contraire, nous l'envoyons ici.

— Mais personne de chez vous n'a pris un EEG de mon malade, objecta Stevenson.

— John Maxwell constitue un cas unique — je devrais plutôt dire : est devenu un cas unique il y a quelques heures — car on nous avait signalé un cas semblable à Sheffield quelques mois plus tôt. Il s'agissait là aussi d'un homme qui, d'après son épouse, s'était endormi comme d'habitude et refusait de s'éveiller. A l'hôpital où on l'envoya, les médecins firent tout ce qu'ils purent pour le ranimer puis, en désespoir de cause, décidèrent de nous le confier. Malheureusement, l'ambulance qui le transportait a eu un accident...

— Ne me dites pas qu'il a été tué !

— Non, répondit Tim en grimaçant un sourire, mais il s'est réveillé. Voilà pourquoi votre Maxwell est à l'heure actuelle le seul de nos sujets qui soit plongé sans cause apparente dans un sommeil prolongé. Allons donc le voir. Il doit avoir rejoint nos autres Belles-au-bois-dormant.

Quittant le bureau de Graham, Wagner et Stevenson descendirent le couloir pour se rendre dans les salles où l'on gardait les dormeurs. Il en existait quatre, de huit lits chacune, mais deux seulement étaient utilisées.

Tim montra au visiteur le petit laboratoire installé à l'entrée de chaque salle et contenant le matériel électronique servant à étudier l'état des patients. Allongés sur les lits, les sujets inconscients au visage sans expression recevaient par perfusion le peu de nourriture nécessaire à les maintenir en vie. En vie au sens physiologique du terme, car personne ne savait si leur cerveau retrouverait jamais une activité normale.

Personne, pas même la chose qui se trouvait dans le cerveau de Maxwell. Ou du moins pas encore.

CHAPITRE III

Dans son rêve, John Maxwell était redevenu un enfant, un petit garçon effrayé dont la main caressait le tissu rugueux recouvrant la banquette de l'autobus. La laine de ses culottes courtes lui grattait les cuisses, et l'élastique de ses chaussettes lui mordait les mollets. Il avait neuf ans. Dans quelques instants, il allait devoir se lever, appuyer sur la sonnette et gagner l'avant de l'autobus. Déglutissant pour humecter d'un peu de salive sa bouche sèche, il saisit la poignée de son cartable et quitta la banquette. Au moment où il descendait l'allée, l'autobus fit une embardée qui le déséquilibra, et John écrasa le pied d'un vieillard à la mine rébarbative..

— Petit maladroit, s'exclama le grincheux.

L'autobus s'arrêta.

— On ne t'apprend pas la politesse, à l'école ? dit le receveur en fusillant John du regard. On s'excuse quand on écrase les pieds des gens.

Maxwell le regardait, incapable de répondre.

— Allez, descends de mon autobus !

D'un geste théâtral, le receveur appuya deux fois sur la sonnette, si bien que l'autobus se remit à gravir la colline avant que John n'en fût complètement descendu. Le petit garçon trébucha contre la bordure du trottoir et faillit tomber. Lorsqu'il eut recouvré son équilibre, il regarda l'autobus s'éloigner jusqu'à ce qu'il eût disparu derrière un virage.

John haïssait ce receveur qui se montrait toujours grossier et l'assaillait de remarques caustiques sur l'école qu'il fréquentait. Ce n'était pourtant pas la faute de John si sa mère l'envoyait dans un établissement privé : il aurait préféré aller à l'autre école, située juste au coin de sa rue, plutôt que de passer une heure par jour dans l'autobus. Et sans cette école privée, il n'aurait peut-être pas tous ces ennuis...

Maxwell passa sa langue sur ses lèvres, qu'il sentit sèches et craquelées, puis suivit le même chemin que l'autobus jusqu'au moment où il parvint à une allée dans laquelle il s'engagea. Un soleil de fin d'automne brillait à travers le feuillage des arbres, tachetant le sol d'ombre et de lumière. Au bord du chemin de terre, un rayon accrochait un pissenlit solitaire dont le jaune luisait comme un minuscule magot d'or. John descendait l'allée le plus lentement possible en espérant qu'ils ne seraient pas encore à l'attendre. Au bout de quelques instants, il constata en se retournant que la grande maison du coin de la rue était à présent hors de vue.

— Hé, qui voilà !

John continua à avancer sans un regard vers le chêne trapu d'où avaient jailli les mots et se mordit la langue pour résister à son envie de pleurer.

— Hé, qui voilà ! répéta le garçon appuyé contre l'arbre.

Il avait approximativement le même âge que Maxwell mais était plus solidement charpenté. John se gardait bien de regarder le visage aux traits grossiers, les lèvres épaisses, les yeux mauvais, mais il les connaissait et les haïssait.

— Où vas-tu comme ça ? fit le garçon en se détachant de l'arbre et en se dirigeant vers Maxwell.

— A la maison, bredouilla John. Laisse-moi passer.

Deux autres enfants s'étaient approchés pour assister à l'affrontement.

— S'il te plaît, implora John.

— Le petit-bébé-à-sa-maman veut rentrer à la maison, fit le premier garçon d'un ton geignard. Le bébé-à-sa-maman aime pas les vilains garnements. C'est sûrement pour ça que sa maman l'envoie à l'école des poules mouillées, où l'on porte des petits blazers avec des écussons dorés.

Maxwell gardait les yeux baissés.

— Les vilains garnements font rentrer John en retard à la maison, c'est ça ? Ton père t'a filé une peignée parce que t'es arrivé en retard, hier ?

John suivait du pied gauche les contours d'une tache de soleil.

— Ton père t'a filé une peignée, je te demande !

John secoua la tête. Il savait ce qui allait se passer maintenant et luttait contre une impulsion de se protéger le visage du bras. Le poing qui frappa son oreille le surprit néanmoins, et il poussa un cri.

— Eh ben voilà, fit le garçon plus âgé avec un sourire narquois. Je l'ai fait pour lui. Tu vas pas te mettre à chialer, j'espère ?

Maxwell secoua de nouveau la tête en retenant ses larmes.

— A la bonne heure ! Parce que nous, on aime pas les dégonflés.

Les trois garçons éclatèrent de rire. Maxwell tenta de leur échapper en s'élançant devant lui mais celui qui lui avait boxé l'oreille lui fit un croche-pied. John s'affala dans l'allée et son genou droit s'écorcha au contact d'un caillou. L'auteur du croc-en-jambe le releva en lui passant un demi-nelson et le contraignit à marcher vers l'arbre. Les deux autres garçons suivirent.

— C'est pas gentil de vouloir se débiner comme ça ! Va falloir qu'on te donne une leçon. Qu'est-ce qu'on pourrait bien te faire ?

— Moi, je sais, Field, répondit un des garçons. On l'emmène en balade près de l'étang.

— Ça te plairait, Johnny, une petite balade au bord de l'étang ? dit Field.

— Non, marmotta Maxwell.

— Alors on y va. Mais on voudrait pas que tu risques de te perdre en essayant encore une fois de te sauver. On va prendre des précautions. T'as de la ficelle, Sharp ?

Le nommé Sharp fouilla ses poches, en sortit un bout de corde crasseux.

— Au poil, approuva Field. Moi, je lui tiens les mains, toi tu lui attaches les poignets. Et serre bien.

Ils lui lièrent les mains derrière le dos, transformèrent sa cravate d'écolier en laisse et lui firent quitter l'allée pour prendre un sentier à travers bois. Field et Sharp ouvraient la marche; le troisième, que les deux autres appelaient Bouboule, suivait derrière en fouettant nonchalamment les jambes et les fesses de Maxwell avec une branche arrachée à un jeune plant.

Après quelques minutes de marche, le bois céda la place à une clairière. Le sol qu'ils foulaient devenait progressivement plus humide, et ils parvinrent finalement à un étang dont les herbes d'eau envahissaient les berges et au centre duquel flottait une pellicule verte. Maxwell connaissait l'endroit, ses bourreaux l'y avaient déjà conduit. Depuis deux mois, ils l'attendaient deux ou trois fois par semaine sur le chemin du retour et passaient une heure à le tourmenter. La première fois, John avait éclaté en sanglots quand les trois voyous avaient menacé de le jeter à l'eau et de le regarder se noyer, et la même scène s'était reproduite les fois suivantes : les trois garçons avaient cherché à le terroriser puis, las de l'entendre pleurnicher, ils l'avaient laissé partir. Mais lorsque Maxwell avait décidé de faire face, de ne plus pleurer, ils avaient à chaque séance monté d'un degré dans les humiliations qu'ils lui infligeaient.

L'étang était bordé, à l'une de ses extrémités, par un parapet que les autorités locales avaient jadis fait poser afin d'empêcher les promeneurs de s'aventurer trop près des rives envasées. Ses barres de fer, à présent rouillées et tordues, étaient encore solides et, quinze jours plus tôt, Field, Sharp et Bouboule y avaient attaché Maxwell, les bras écartés — pour la « crucifixion », avaient-ils dit. Puis ils s'étaient reculés, lui avaient lancé des cailloux dans les jambes, et John avait dû exécuter une danse grotesque pour les éviter.

Plusieurs heures après cette « crucifixion », John avait encore mal aux poignets à l'endroit où les liens avaient entaillé la peau. Cette fois aussi, la ficelle bon marché mordait dans sa chair et lui engourdissait les mains. Field tira brusquement sur la cravate de Maxwell et le poussa en même temps d'une bourrade à l'épaule. John s'affala sur le sol gorgé d'eau.

— Bon, qu'est-ce qu'on fait ? dit Field en posant le pied sur le ventre de sa victime pour l'empêcher de se relever.

Sharp se gratta la tête.

— On le crucifie encore un coup ? suggéra-t-il.

Le trio regarda les barres de fer du parapet. Au milieu de l'étang, une poule d'eau traçait un sillon dans le tapis vert. Le soleil disparut derrière un nuage.

Field eut un sourire narquois et baissa les yeux vers Maxwell.

— On l'a déjà fait, ça, remarqua-t-il. Faudrait pas trop se répéter, on finirait par barber notre petit Johnny. Les grosses têtes qui vont dans les écoles snobinardes, ça se contente pas de la routine, ça veut des distractions qui sortent de l'ordinaire, pas vrai ?

Le garçon ponctua sa question d'un coup de la pointe de sa botte dans l'estomac de John qui gémit de douleur.

— Si on le ligotait aux barres et qu'on se tirait ? proposa Bouboule. J'ai faim, moi.

— M'étonne pas de toi, fit Field. Tu penses qu'à ton gros bide. Attends un peu, j'ai une idée... Vous deux, aidez-moi à l'emmener au parapet.

Les trois garçons soulevèrent Maxwell, le portèrent près des barres de fer, contre lesquelles ils l'appuyèrent.

— Qu'est-ce que tu veux faire ? demanda Sharp à Field.

— Je vais l'attacher au parapet...

Après avoir marqué une pause pour préparer son effet, Field ajouta :

— Par les couilles !

— Salaud ! cria joyeusement Sharp avant d'éclater de rire.

Maxwell crut défaillir. Il voulut supplier ses tourmenteurs, mais sa langue resta collée à son palais. Déjà Field déboutonnait le pantalon...

Il contemplait son visage dans la glace en promenant le dos de la main sur ses joues pour éprouver la douceur de la peau fraîchement rasée et lavée. Après s'être aspergé aussi la nuque de lotion après rasage, il alla au placard chercher une chemise et une cravate. C'était une journée capitale de son existence, et il n'avait pas l'intention de laisser passer sa chance.

Puis il descendit et trouva sa femme assise dans le coin petit déjeuner, lisant le *Guardian* en fumant une cigarette. Elle lui tendit le pot à café sans lever les yeux de son journal et lui demanda :

— Que fais-tu aujourd'hui ?

— Journée chargée, répondit-il. Très chargée.

Il se versa une tasse de café noir et fort auquel il ajouta trois cuillerées de sucre.

— Si tout se passe bien, reprit-il, je rentrerai ce soir à la maison deux ou trois fois plus riche.

— Chouette. Et tu rentreras tard ?

— Probablement, marmonna-t-il en étalant une épaisse couche de beurre sur un toast froid. Tu sais ce que c'est...

Ann savait pertinemment ce que c'était, mais cela ne se traduisit que par une légère crispation de ses mains sur le *Guardian* et un silence qu'elle ne rompit qu'au moment où son mari s'apprêtait à partir.

— Téléphone-moi si tu rentres tard, fit-elle.

Il déposa un baiser rapide sur sa joue en lui disant au revoir. Après l'avoir regardé monter dans sa Rover, démarrer et descendre la rue, Ann retourna à la table, posa la main sur le pot à café, jugea qu'il était encore chaud et s'en servit une autre tasse. Elle reprit son journal, mais le reposa presque aussitôt sans en avoir lu une ligne.

Peut être devrais-je téléphoner à maman aujourd'hui et l'inviter à déjeuner dimanche, songeait-elle. Cela ne plairait pas à Michael mais se souciait-il, lui, de déplaire à sa femme avec ses périodes régulières pendant lesquelles il rentrait tard à la maison ? Périodes habituellement suivies, elle ne le savait que trop, d'une avalanche soudaine de voyages d'affaires pour lesquels, prétendait-il, il ne pouvait l'emmener. Pourtant Ann eût aimé l'accompagner à Paris ou à Rome à la place de sa maîtresse. Et puis un ou deux mois plus tard, tout rentrait dans l'ordre : fatigué de sa dernière conquête, Michael redevenait un mari aimant.

Pendant les périodes de vie conjugale harmonieuse, Ann délaissait beaucoup sa mère, elle en avait conscience. Aussi se disait-elle qu'il fallait absolument lui téléphoner aujourd'hui pour bavarder un peu avec elle à défaut de l'inviter à déjeuner. Car, après tout, à quoi bon avoir une scène idiote avec un mari qui rentrerait probablement (Michael ne mentait guère en ce qui concernait ses affaires) deux fois plus riche ce soir ? Oui, Ann téléphonerait à sa mère mais ne l'inviterait pas.

Michael eût été bien surpris s'il avait pu connaître les pensées de son épouse. D'abord, il aurait été ébahi d'apprendre qu'elle n'ignorait rien de ses infidélités intermittentes. En second lieu, il n'aurait jamais imaginé qu'Ann pût lui jouer la comédie. Lorsqu'il voulait quelque chose, il s'efforçait de l'obtenir. S'il réussissait, très bien; s'il échouait, il se persuadait en quelques semaines qu'il n'en avait jamais eu vraiment envie de toute façon.

Field savait que ses manières déplaisaient aux autres, qui considéraient comme de la brutalité ce que lui jugeait être de la détermination et de la franchise. On lui avait fait, dès l'école, une réputation de bulldozer. Mais c'est en fonçant droit devant soi — comme une brute, disaient les minus habens — qu'on réussit dans la vie, pensait-il en garant sa Rover dans l'emplacement réservé situé en face de ses bureaux. Field ne doutait pas que ses projets, s'il ne les avait gardés secrets, seraient apparus comme un exemple type de son arrivisme féroce. Mais, bon Dieu, il n'allait pas s'arrêter à cela.

Il y avait presque sept ans déjà qu'il s'était fait renvoyer de la société de presse pour laquelle il travaillait à l'époque. Pendant un jour ou deux, il avait eu l'impression que le monde s'écroulait autour de lui puis il s'était ressaisi. Il avait fait son chemin plus vite et mieux que ceux qui l'avaient viré. A présent, il représentait plus à lui seul que tous les directeurs de cette fichue société de presse, et s'il jouait bien ses cartes pendant le déjeuner, il aurait bientôt assez d'argent pour se l'offrir. Et ce sera la fin de la firme Communicado, se disait-il. Il liquiderait la masse, donnerait d'un coup de cravache le départ aux acheteurs qu'il avait déjà alignés : avant que les minables de la direction n'aient eu le temps de s'épousseter les fesses, il récupérerait l'argent qu'il avait emprunté et se retrouverait à la tête d'un joli compte en banque. En grimpant les marches qui conduisaient à son bureau, Field avait aux lèvres un sourire épanoui. « La vengeance est douce... », songeait-il.

Elle devint plus douce encore à mesure que la journée s'avançait mais, naturellement, Michael Field n'en laissa rien paraître à son invité de midi. Pendant le déjeuner, il lui exposa les perspectives quasi infinies de profit qui s'ouvrirait pour tout le monde si seulement son tempérament de fonceur et son habileté trouvaient les moyens de s'exprimer. Et l'homme qui allait lui prêter l'argent avait tout avalé. Du moins, c'est ce qu'avait cru Field, car il n'y avait pas que les pensées de son épouse qui lui échappaient. Le futur associé de Field avait quitté le restaurant à deux heures et demie en remarquant à voix haute qu'il lui faudrait se hâter s'il voulait arriver à la Chambre à temps pour les questions orales.

Field ne voyait quant à lui aucune raison d'écourter la célébration de sa victoire.

— Votre ami est parlementaire, n'est-ce pas, Mr. Field ? fit le maître d'hôtel, accouru sur un signe de Michael.

— Il tient à ce que nul ne l'ignore, dit Field en souriant. J'espère que cela n'embarrasse personne.

— Bien sûr que non. Nous en sommes ravis, au contraire, assura le maître d'hôtel. Désirez-vous boire autre chose ?

Field tira lentement une bouffée de son Montecristo avant de répondre :

— Apportez-moi un autre Remy-Martin. Un double, s'il vous plaît.

Le maître d'hôtel inclina la tête et s'éloigna. Quelques minutes plus tard arrivait le cognac, apporté non par un serveur mais par le propriétaire du restaurant en personne. Michael le connaissait depuis l'époque où tous deux végétaient encore, lui dans son premier emploi, le propriétaire dans sa première affaire, un petit restaurant italien toujours bondé et rétrospectivement (mais rétrospectivement seulement, pensa Field dans un accès de générosité) dépourvu de confort.

— Content de vous voir, Signor Mike, fit le restaurateur en posant le Remy-Martin sur la table. Celui-ci est offert par la maison, d'accord ?

— D'accord, Guido, répondit Michael en riant. N'hésitez jamais à m'inviter.

Field demeura au restaurant bien après l'heure de la fermeture à bavarder avec Guido en se servant régulièrement à la bouteille de cognac restée sur la table. Offert par la maison, n'avait cessé de répéter l'Italien, et Michael n'avait pu décemment recompter l'addition pour vérifier l'exactitude de cette déclaration. Dans le taxi qui le ramenait au bureau, il se demandait si c'était l'alcool ou le succès qui l'émoustillait à ce point. Il était 16 h 10 lorsqu'il franchit la porte de son bureau.

— Bien déjeuné ? s'enquit sa secrétaire.

— Excellemment.

— Vous avez l'air un peu...

— Et même beaucoup, la coupa-t-il. Vous avez tapé les lettres ?

Elle acquiesça d'un sourire.

— Je vais les signer, vous irez les poster immédiatement et vous rentrerez chez vous.

— Vraiment ?

— Oui. Moi-même, je serai probablement parti dans une demi-heure... Ah, une dernière chose avant que vous ne partiez : téléphonez à ma femme, prévenez-la que je rentrerai tard. Dites-lui que je dîne avec quelqu'un d'important pour l'affaire dont je lui ai parlé ce matin.

— Je l'appelle pendant que vous signez les lettres.

Field apposa sa griffe au bas des missives en écoutant d'une oreille distraite sa secrétaire expliquer au téléphone :

— Non, Mrs. Field, il n'est pas ici en ce moment. Je crois qu'il est passé chez les avoués pour vérifier des documents concernant l'affaire en cours... Non, je pense qu'il va les inviter à dîner... Oui, entendu, je lui demande de vous appeler s'il repasse avant mon départ...

— Bien joué, fit Michael à sa secrétaire en lui tendant les lettres.

Puis, après avoir aidé la jeune femme à enfiler son manteau, il retourna dans son propre bureau. Il consulta le mémorandum que sa secrétaire avait placé sur sa table, prit quelques notes, sortit et héla un taxi. Pendant le trajet, Field se dit qu'il fallait veiller aux apparences : des clients venaient fréquemment à son bureau, il convenait de ne pas leur donner une mauvaise impression. Et la meilleure façon de le faire, c'était de ne jamais se permettre le moindre geste équivoque... du moins au bureau.

Douze minutes plus tard, il sonnait à la porte de l'appartement de sa secrétaire.

— Tu as toujours l'air aussi émoustillé, lui dit-elle en ouvrant.

Glissant ses bras autour de son cou, elle l'embrassa à pleine bouche puis attira sa tête contre son épaule et promena sa langue dans son oreille.

— Le lit ou parquet ? murmura-t-elle.

Michael se dégagea, ferma la porte.

— Le lit, décida-t-il.

Dans la chambre à coucher, il dut s'appuyer au mur, submergé par une fatigue soudaine s'ajoutant aux vapeurs du Remy-Martin. Toutefois, son désir eut tôt fait de balayer ce malaise passager. Michael sentait que, cette fois, ça allait être fantastique. C'était toujours bon mais, parfois, la certitude s'imposait à lui que... Assez cogité, résolut-il en s'approchant lentement de la jeune femme. Il tira sur la blouse, arrachant les boutons.

— On dirait que nous sommes pressés, aujourd'hui, fit-elle.

Elle insinua une main entre les cuisses de son patron et massa le tendre renflement de l'entrejambe. Les doigts impatients de Michael continuaient à la déshabiller maladroitement. Quand elle ne fut plus vêtue que de sa culotte, elle échappa à ses mains avides et courut à l'autre bout de la pièce.

— Attrape-moi si tu peux, Michael.

Il se rua vers elle, mais elle sauta sur le lit en riant et se réfugia de l'autre côté.

— Raté, gloussa-t-elle. Allez, Michael, le grand costaud doit attraper sa femme s'il veut en user à sa guise.

Field resta un moment immobile puis, avec un sourire de loup, il ôta ses vêtements, accula sa secrétaire dans un coin de la chambre et la jeta sans ménagement sur le lit.

— L'homme-singe a capturé sa proie, fit-il en respirant bruyamment.

La jeune femme se tortilla de plaisir quand il s'abattit sur elle.

— Vas-y, Michael. Tu peux prendre ta récompense, maintenant.

Elle écarta les jambes, et il la pénétra. Au même moment, le piège d'acier se referma sur lui et le broya, provoquant une souffrance si intense qu'il ne pouvait crier. Field essaya frénétiquement de se libérer mais le piège ne desserrait pas son étreinte d'un pouce. De l'écume apparut aux commissures de ses lèvres tandis qu'il luttait sans comprendre contre la force implacable qui l'emprisonnait. Sous lui, la fille semblait sans vie, mannequin de plomb qui tirait sur ses testicules.

Il se souvint d'un article qu'il avait lu sur un blaireau pris au piège. La bête avait si longtemps griffé la terre en vain pour se dégager qu'elle avait creusé sa propre tombe. Les mâchoires accentuèrent leur morsure, et Michael eut brusquement l'impression que son cerveau coulait dans une mer de vomi, d'escalope à la crème et de Remy-Martin régurgité par son estomac. Au prix d'un effort inoui, il parvint à se redresser mais tomba à la renverse sur le sol, comme une masse, au pied du lit. Instinctivement, il se protégea le bas-ventre des mains, et ce ne fut qu'après quelques longs moments d'obscurité qu'il osa ouvrir les yeux et regarder.

La vue du sang coulant de son giron entre ses doigts pressés lui fut insupportable. Il ferma de nouveau les yeux et attendit, conscient que cela ne serait plus long maintenant. D'étranges images emplissaient son esprit tandis qu'une voix de femme très lointaine criait :

— Michael ! Michael ! Qu'est-ce qu'il y a ? Michael, je t'aime !

D'un autre coin de son cerveau surgissait avec force et netteté un souvenir d'enfance auquel il n'avait jamais repensé : ce gosse pleurnichard qu'il rossait de temps à autre dans l'allée avec Brian Sharp et Bouboule Drake. Et tandis que la sensation de sang s'écoulant entre ses doigts s'atténuait, les images devenaient plus floues. Il tombait, tombait dans un puits sans fond qui l'aspirait loin du monde, de ses bruits et de ses couleurs.

Michael Field n'entendit pas la portière de l'ambulance claquer.

— Le docteur reste là, fit le chauffeur à son compagnon. Va lui falloir un bon bout de temps pour calmer la fille.

— Qu'est-ce qu'il a eu ce type, à ton avis ?

— Sais pas. On dirait qu'il a clamsé en plein boulot. Crise cardiaque, probablement. J'ai rien compris à ce que la bonne femme racontait.

— Mais dans ce cas, on aurait dû remarquer les symptômes.

— Ouais, c'est ça qui est bizarre, hein ? fit le chauffeur en grimpant dans l'ambulance.

Il tourna la clef de contact, et le moteur se mit à ronronner.

— Bizarre, répéta-t-il en regardant dans son rétroviseur s'il pouvait déboîter. Il porte aucun des signes habituels, le type. On se croirait dans un roman d'épouvante, non ? « La victime meurt les mains sur les bijoux de famille, une expression de terreur indicible sur le visage. »

Le chauffeur embraya et, l'ambulance prit le milieu de la chaussée, emportant Michael Field vers la morgue.

CHAPITRE IV

— L'utilisation du circuit modifié conjugué à l'électrode circulaire sur trois de nos patients nous a fait découvrir un nouveau tracé dans l'électro-encéphalogramme. Les EEG que nous avons pris sur des volontaires de l'hôpital ne montrent cependant pas cette courbe, que nous ne trouvons que chez nos dormeurs.

L'homme traversa la pièce, fixa à l'aide de punaises un graphique sur le tableau faisant face au bureau de Graham.

— Est-ce l'un des nouveaux tracés, Mac ? demanda Tim.

— Oui. Je crois que je vais devoir vous l'expliquer car il ne ressemble guère à un électro-encéphalogramme classique.

Désignant l'une des rangées de lignes sinueuses, Mac poursuivit :

— Voici le rythme alpha. Je précise que cet EEG a été pris sur un volontaire, pas sur un de nos dormeurs, et voici des traces de béta et de théta. Le sujet étant en état de relaxation, les yeux fermés, le tracé correspond tout à fait à ce que nous pouvions en attendre. Vous remarquerez cependant sur la courbe du bas un autre ventre, pas très renflé, pas très régulier, que nous avons obtenu en utilisant l'électrode circulaire et le circuit modifié.

Mac épingla un second graphique sur le premier.

— Voici le résultat obtenu sur l'un de nos dormeurs. Barbara Daws, pour être précis...

Tim songea à la séduisante malade, fille d'un haut fonctionnaire, qu'une chute de cheval avait plongée dans le coma prolongé.

— Le tracé est totalement différent, reprit Mac. Il n'y a pas d'ondes alpha, et nous avons par contre des ondes delta, lentes et de large amplitude. Mais regardez la courbe du bas...

— Mac, voudriez-vous nous faire croire que cette courbe a été enregistrée sur un cerveau humain ?

Ed Sykes, le psychologue de l'équipe, avait posé la question sur un ton d'incrédulité complète.

— C'est exactement ce que je m'efforce de vous expliquer, répondit Mac. Je suppose que vous allez me dire maintenant que vous ne connaissez aucun être vivant capable de donner un tracé aussi régulier ?

— Absolument ! C'est une onde sinusoïdale presque parfaite.

— Je présume qu'il ne peut s'agir d'un effet produit par l'appareillage, fit Tim. Je m'explique : le circuit que vous avez construit dans l'intégrateur ne pourrait de lui-même produire cette courbe, n'est-ce pas ?

— Objection évidente, Tim, intervint Graham. Si évidente que même nous y avons songé.

Wagner rougit.

— C'est pourquoi nous avons enregistré le tracé de volontaires conscients avec le même appareil, expliqua Mac. Et vous avez déjà pu constater que nous n'obtenons pas le même résultat. Mais si vous trouvez les courbes de la fille stupéfiantes...

Il s'interrompit pour sourire de sa propre plaisanterie.

— ... regardez un peu celles de notre nouveau pensionnaire.

Mac fixa au tableau un troisième graphique dont la courbe du bas, encore plus régulière si possible, présentait une amplitude bien plus grande que toutes les autres.

— Maxwell ? demanda Tim.

— Oui. Un des premiers EEG que nous ayons enregistrés depuis son arrivée. Nous n'avons pas utilisé l'appareillage classique car nous étions si près de mettre au point le nouveau système que nous avons préféré attendre un jour ou deux avant de placer son cerveau sur enregistreur.

— Et combien de temps l'avons-nous enregistré ? fit Tim.

— Trente-six heures d'affilée. Pour la fille, nous avons utilisé la machine automatique : deux heures d'enregistrement, deux heures d'interruption pendant lesquelles nous enregistrons un autre malade.

— Qui, en l'occurrence ? demanda Sykes.

— Olson.

Du fait du très petit nombre de patients confiés à l'institut (dix - onze à présent avec Maxwell) les chercheurs les connaissaient tous par leur nom, et cette familiarité avait quelque chose d'étrange. Certains sujets se trouvaient à l'unité de recherche depuis des mois, voire des années, mais personne n'avait échangé un mot avec eux ou même ne les avait vus les yeux ouverts. Pourtant, les membres de l'équipe de Graham connaissaient les dormeurs probablement mieux que nombre de leurs relations.

Les parents, les épouses, les amis qui leur rendaient visite restaient souvent de longues heures à leur chevet, les larmes aux yeux. Ils leur apportaient des fleurs ou parfois même, espérant une amélioration, des fruits, des bonbons et des livres. On finissait par jeter les fruits quand ils commençaient à pourrir; quant aux bonbons et aux livres, ils faisaient en général leur réapparition quelques visites plus tard.

Au cours de leurs services de garde dans les salles, Tim Wagner et ses collègues avaient beaucoup appris sur leurs malades silencieux, notamment sur leur goût en matière de lecture et de friandises. Graham lui-même croyait à patience et longueur de temps. Même après quatre années — ou peut-être à cause de ces quatre années — de recherches sur les états de conscience altérés, il n'avait laissé se développer aucune hypothèse hâtive au sein de son équipe. L'indice capital que ses collaborateurs et lui-même cherchaient pouvait, pensait-il, surgir inopinément de n'importe où, y compris lors d'une conversation avec un parent ou un ami d'un dormeur. Il convenait donc de prêter une oreille attentive aux visiteurs désireux de parler et, d'une façon plus générale, de recueillir un maximum de renseignements sur les patients.

— Les résultats ont été soumis à l'ordinateur afin de déceler d'éventuelles récurrences, reprit Mac. Nous sommes certains d'avoir suffisamment de données pour poursuivre.

Alex Crispin, le physiologiste de l'unité, se pencha en avant sur son siège en carrant les épaules. D'un naturel taciturne, il retenait l'attention lorsqu'il prenait la parole et démontrait généralement par la pertinence de ses remarques que ses silences ne provenaient pas d'un manque de sociabilité mais de l'habitude de longuement réfléchir avant de parler.

— Mais Mac, tu n'as pas pu procéder à la même analyse avec les résultats obtenus sur les volontaires conscients, objecta-t-il.

— Je savais qu'on me ferait cette remarque, dit Mac en rougissant légèrement, et j'aurais parié qu'elle viendrait de toi, Alex. Bien sûr, je ne dispose pas de données suffisantes pour emporter ta conviction, mais je voudrais mettre l'accent sur le point suivant : le docteur Graham et moi-même avons passé le week-end à l'institut : nous avons enregistré nos propres ondes cérébrales pendant quinze heures chacun avec le nouvel appareillage, ce qui nous a donné plusieurs séries récurrentes confirmées par l'ordinateur. Je sais bien qu'il ne s'agit pas d'une preuve formelle mais en l'absence de certitude absolue, je vous propose d'accepter ces premiers résultats comme base suffisante pour élaborer une hypothèse de travail.

Crispin se renversa contre le dossier de sa chaise en hochant la tête. Il forma, en joignant le bout de ses doigts écartés une sorte de tente, qu'il fit basculer sur le pont de ses lunettes.

— Messieurs, je crois qu'il est temps à présent d'examiner en quoi consiste cette hypothèse de travail, conclut Andrew Graham. Je serai aussi bref que possible. Vous n'ignorez pas que si Mac et moi avons modifié les circuits de l'intégrateur, c'était dans le but de voir d'un peu plus près les complexes K. Vous savez tous à quoi ressemble une décharge de complexe K; vous savez qu'à la différence de certaines autres ondes, elle provient de toutes les zones du cerveau. Il y a plusieurs façons de provoquer cette décharge chez un dormeur : par exemple en lui murmurant son nom à l'oreille. On a prétendu que cette décharge, ou ce qui la cause, avait pour effet d'assourdir le stimulus d'éveil. Autrement dit, le complexe K serait lié au phénomène de non-éveil malgré un stimulus qui pourrait, qui devrait, même, interrompre le sommeil. Voilà pourquoi nous avons examiné les complexes K de nos patients. Chez les sujets inconscients du type de nos dormeurs, les stimulus habituels ne provoquent pas, semble-t-il, de complexe K. Mais par ailleurs, en utilisant l'appareil à EEG classique, nous obtenons des gribouillis qui n'existent pas chez un sujet normal et qui, nous le supposons, doivent avoir un rapport avec le complexe K. C'est pourquoi nous avons mis au point l'électrode circulaire. Depuis, vous le savez, nous nous sommes heurtés à un problème d'intégration des données recueillies. Mais si notre nouveau circuit est correctement conçu et si les données que Mac vient de nous présenter sont exactes, alors notre hypothèse de travail l'est aussi, fort probablement. Chez nos dormeurs, le complexe K pourrait bien prendre la forme d'une courbe régulière dont l'amplitude pourrait avoir un rapport avec la profondeur dans son sens courant : disons plutôt qu'il existe une relation inversement proportionnelle entre l'amplitude de la courbe et la probabilité d'un retour à l'état conscient.

— Alors, selon votre hypothèse, Barbara aurait plus de chance de se réveiller que ce Maxwell ? demanda Wagner.

Tim s'était souvent dit qu'il échangerait volontiers une demi-heure seul avec une Barbara Daws consciente contre toutes les heures qu'il avait passées auprès d'elle tandis qu'elle dormait.

— Il semblerait.

— Mais je ne vois pas comment vous pouvez parler d'hypothèse scientifique avant d'avoir trouvé le moyen de la vérifier par l'expérience, observa Crispin.

— Exact, reconnut Graham.

— Autre chose : vous dites que les sujets bénévoles étaient éveillés mais en état de relaxation. Par ailleurs, vous et Mac vous êtes enregistrés pendant quinze heures chacun. Avez-vous dormi pendant l'enregistrement ? Si c'est le cas, avez-vous été soumis à ce qui aurait pu constituer un stimulus du complexe K ?

— Aux deux questions je réponds oui, dit Graham. Mac a essayé de me réveiller à la fin d'une des périodes d'enregistrement pendant lesquelles je dormais, et j'ai produit un complexe K. Nous savons que cela tient au fait que nous procédions à un enregistrement double, avec à la fois un appareil à EEG ordinaire, à électrodes multiples, et avec un appareil à circuit modifié et électrode circulaire.

La tension monta de façon perceptible dans la pièce où les collaborateurs de Graham attendaient avec impatience de voir les résultats de l'expérience. Seul Mackenzie, l'expert en électronique, qui les connaissait déjà, restait détendu, appuyé contre le mur à côté du tableau.

— Eh bien, je produis une onde sinusoïdale qui n'a rien à envier à celle des dormeurs, annonça Graham en gloussant. Montrez-leur, Mac.

Mac fixa sur le tableau le dernier graphique qu'il tenait à la main. La courbe du bas, d'abord plate comme celle des sujets volontaires, se mettait, vers la fin du tracé, à onduler régulièrement sur une longueur très courte, légèrement, mais suffisamment pour se transformer en sinusoïdale.

Crispin se pencha de nouveau en avant, les yeux brillants derrière les verres épais de ses lunettes.

— Pas si vite, protesta-t-il. Vous ne vous attendez quand même pas à des applaudissements ?

Graham et Mackenzie se tournèrent vers lui.

— Que voulez-vous dire ? demanda le directeur de l'institut.

Il n'y avait dans sa voix pas la moindre trace d'animosité mais un soupçon de perplexité.

— Il y a une erreur quelque part ?

— Mets donc les graphiques de Maxwell et de Daws à côté de celui-ci, s'il te plaît, Mac, demanda Crispin.

L'électronicien s'exécuta avec des gestes hésitants puis s'exclama :

— Nom de Dieu ! Je n'avais pas remarqué ça !

Tim Wagner comparait en vain les trois tracés sans découvrir la bévue que Crispin avait aussitôt relevée. Il lança un regard interrogateur à Sykes, qui exprima son ignorance d'un haussement d'épaules.

— Comment cela a-t-il pu se produire ? grommela Graham.

— Je vais peut-être vous paraître idiot, fit Tim, mais j'aimerais qu'on m'explique la cause de ce vent de panique.

Mac indiqua successivement du doigt certaines parties des trois diagrammes.

— Si vous examinez les tracés ici, ici, et là, vous remarquerez une disparité d'amplitude entre les courbes. Il n'y a qu'une seule façon de l'expliquer et d'une certaine manière, il s'agit de ce qu'on pourrait appeler une erreur inhérente à l'appareillage. Lorsque nous avons enregistré le tracé d'Andrew, l'amplificateur devait être réglé sur une puissance supérieure à celle qu'il avait lors des deux autres enregistrements.

— Cela invalide-t-il forcément les résultats obtenus, questionna Sykee.

Mac et Graham s'apprêtaient à répondre lorsque Crispin les devança :

— Je ne pense pas, mais on peut dire que vous avez eu une veine insensée. Votre courbe présente une amplitude tellement faible, Andrew, qu'avec une amplification du même ordre que celles utilisée pour Maxwell et Daws, nous n'aurions jamais pu l'observer.

La nuit commençait à tomber lorsque Tim regagna son appartement. En grimpant l'escalier, il entendit les paroles d'une chanson qui lui parvenaient étouffées à travers le mur :

L'hiver a gelé les ruisseaux
Et fait taire les oiseaux
Le froid te fait frissonner
Mais bientôt reviendra l'été

Il glissa sa clef dans la serrure, sourit dans l'attente du couplet suivant :

Il jure qu'il ne se mariera jamais
Et voue au diable les câlineries...

C'était un de ses airs favoris, et Jenny l'avait, elle aussi, rapidement adopté. Tim avait effectivement juré, comme dans la chanson, qu'il ne se marierait jamais, mais après ces quelques jours passés avec Jenny, il ne savait plus très bien où il en était.

— Je suis ici, cria-t-elle de la cuisine.

Il jeta au passage sa serviette dans la salle de séjour en allant la rejoindre. Jenny leva les yeux des champignons qu'elle pelait au-dessus de l'évier et lui sourit.

— Alors, fit-elle. Dure journée à la morgue ?

Il l'embrassa dans le cou et huma le parfum lourd qui flottait toujours autour d'elle.

— Quelle façon grossière de traiter l'institut !

feignit-il de s'indigner. Nos malades ne sont pas encore morts, tu sais.

— Je sais, fit-elle avec un faux air contrit. Je n'aurais pas dû dire ça.

Tim noua ses bras autour de la taille de la jeune femme sans cesser de lui mordiller la nuque.

— Aucune importance, affirma-t-il. Continue à peler les champignons : je meurs de faim.

— Je ne peux pas préparer le dîner si tu me serres d'aussi près, protesta-t-elle en le repoussant d'un coup de rein.

Tim sentit le désir monter en lui. Jennifer était fort séduisante à son goût : il avait toujours aimé les filles un peu boulottes, qui offrent plus de surface à la caresse. Et dans le genre un peu boulotte, il n'avait jamais connu de femme mieux faite que Jenny. Il n'avait jamais rencontré non plus de fille qui lui eût révélé en si peu de temps autant de possibilités de l'anatomie humaine, et d'une manière qui l'avait bien plus impressionné que les cours de la faculté de médecine.

— Ça va prendre encore combien de temps, ce que tu prépares ?

— C'est du rizotto au foie. J'espère que cela convient à monsieur ?

— Super.

— Ce sera prêt dans une vingtaine de minutes. En attendant...

— En attendant, je nous sers deux grands vermouth avec beaucoup de glace et un zeste de citron.

— Tu m'ôtes les mots de la bouche, fit-elle avec un large sourire.

Au cours du dîner, Tim tenta de faire partager à la jeune femme un peu de l'excitation que les récents travaux de l'institut faisaient naître en lui. Elle l'écouta attentivement mais davantage, crut-il constater, par politesse que par intérêt réel.

— Ce que je ne comprends pas, dit Jennifer en se versant un autre verre de vin, c'est pourquoi cela te paraît si important. Tu me dis que vous allez probablement constater le même phénomène anormal chez tous vos dormeurs mais je ne vois pas où cela vous mène.

Tim tambourinait sur la nappe avec sa fourchette et contemplait les petits trous qu'elle y laissait.

— Je vais essayer de t'expliquer. Les sujets que nous gardons à l'institut sont tous inconscients. D'âge, de sexe et de constitution physique différents, ils ne présentent rien de particulier si ce n'est qu'ils refusent de se réveiller.

— Oui, ça, j'ai compris mais...

— Laisse-moi terminer. Avec le nouvel appareil à EEG, nous venons de découvrir chez eux une particularité...

— Mais tu m'as dit que dans le... comment ça s'appelle ? dans le tracé des ondes cérébrales du docteur Graham, vous aviez constaté la même chose, et que le phénomène s'est produit au moment où l'autre a essayé de le réveiller.

— C'est exact, mais cela n'a pas duré, tandis que chez nos dormeurs, le phénomène est constant et beaucoup plus puissant. C'est un peu comme un brouilleur d'ondes radio, si tu veux : une émission puissante et incohérente destinée à couvrir les messages dont on veut empêcher la réception. Oui, il s'agit peut-être de cela. Nous ne comprenions pas la « friture », le tracé tremblé que nous obtenions avec les EEG non intégrés. Pour poursuivre la comparaison, il fallait parvenir à capter, dans l'émission brouillée, le message originel sous-jacent. C'est ce que nous nous efforçons de faire avec les autres ondes cérébrales : elles sont toujours là, comme de juste, mais il y a maintenant en plus une autre onde, à laquelle Graham voudrait donner le nom de rythme zéta.

— Pourquoi ? demanda Jenny, qui jouait avec le pied de son verre.

— Parce qu'au fond, il est resté très gamin. Ce matin, pendant la réunion, il griffonnait sur son bloc avec un stylo feutre tandis qu'Alex discutait très sérieusement avec Mac. Soudain il a relevé la tête en déclarant : « Messieurs, nous donnerons à ce nouveau phénomène le nom de rythme zéta. » En quittant la pièce, j'ai jeté un œil sur ses gribouillis : de vrais dessins de gosse, des bonshommes figurés à l'aide de quelques bâtons, endormis dans un lit, une rangée de Z représentant leurs ronflements s'échappant de leur bouche.

Tim haussa les épaules.

— Et alors ? fit la jeune femme en lui rendant son haussement d'épaules.

Il s'aperçut qu'elle n'avait pas compris.

— Oh, zéta correspond à notre Z dans l'alphabet grec, expliqua-t-il.

— Je vais chercher le pudding. Tu veux de la glace ou du fromage ?

— Juste un autre verre de vin, merci. Mais que cela ne t'empêche pas de continuer sans moi.

En dépit de sa minceur, Tim Wagner était une solide fourchette mais lorsqu'une idée l'excitait — l'absorbait totalement conviendrait peut-être mieux — il perdait l'appétit.

Cela l'avait contrarié — bien qu'il se fût gardé de le montrer — d'avoir dû expliquer pourquoi Graham avait choisi la lettre zéta pour baptiser le nouveau rythme. Jenny aurait dû saisir immédiatement le rapport avec les Z du dessin, songeait-il. Mais comment l'aurait-elle pu, corrigea-t-il aussitôt puisqu'elle avait quitté l'école à seize ans ? Wagner se rendait compte qu'il allait probablement exiger trop de Jenny et de ses amis pendant les prochains jours, au cours desquels il se torturerait l'esprit, avec les autres chercheurs de l'institut, pour trouver une signification au rythme zéta et un moyen de vérifier expérimentalement les hypothèses avancées.

Jennifer revint de la cuisine avec un plateau de fromages qu'elle posa sur la table.

— Désolée d'être aussi obtuse, fit-elle en remplissant le verre de Tim.

— C'est moi qui devrait être désolé : piètre docteur que celui qui ne parvient pas à communiquer avec les gens.

— Continue, alors. Qu'est-ce qu'il fait, ce rythme zéta ?

— C'est ce que nous ignorons. Mais il semble possible que sa présence soit ce qui empêche les malades inconscients de se réveiller. On dirait une espèce de verrou électronique qu'il faut d'abord tirer pour pouvoir reprendre conscience.

— Alors tu dois trouver le moyen de forcer ce verrou ?

— De le crocheter plutôt. Il faudra opérer en douceur parce que nous ne savons pas ce que ce verrou bloque. L'onde elle-même n'est qu'une manifestation, l'effet d'une cause qui produit le rythme zéta, et c'est cette cause sous-jacente que nous devons tâcher de découvrir.

— Si vous y parvenez, vous pourrez réveiller vos dormeurs ?

— Pas nécessairement. Trouver la maladie derrière les symptômes ne signifie pas qu'on peut empêcher le patient de mourir. Toutefois, cela pourrait nous donner des indications sur la voie à suivre.

— Et des indications sur la cause du truc zéta, vous en avez ?

— Aucune. Si Graham a une idée, il se garde bien de nous la faire partager. Quel comédien ! Ce matin, par exemple, il a dirigé la réunion de manière à nous époustoufler avec son coup de théâtre : pas une seule fois avant le moment des révélations il n'a fait allusion à sa présence à l'institut avec Mac pendant le week-end. Je ne crois pas qu'il nous dévoilera ses batteries avant d'avoir échafaudé une mise en scène spectaculaire.

— Vous m'avez l'air d'une drôle d'équipe, à ton institut. Capricieux comme des artistes !

— Les hommes de science le sont souvent. D'ailleurs, pourquoi n'aurions-nous pas le droit de l'être ?

— Cela ne me dérange absolument pas, dit Jenny en caressant les boucles brunes de Tim. Au contraire, cela me plairait plutôt.

Il se renversa en arrière, blottissant sa tête entre les seins de la jeune femme.

— Je suis heureux que tu aies trouvé en moi quelque chose qui te plaise, murmura-t-il.

— Il y a beaucoup de choses qui me plaisent en toi.

Jenny se pencha, l'embrassa longuement puis se dégagea pour reprendre sa respiration.

— Beaucoup de choses, répéta-t-elle dans un souffle.

Quelques heures plus tard, étendu sur le lit, Jenny dormant contre son épaule, Tim repensa au rythme zéta. Pour l'instant le problème paraît insoluble mais je vais peut-être en trouver la clef dans mes rêves. Il songeait à ces savants qui, comme Kékulé ou Poincaré, s'étaient couchés la tête farcie de questions irrésolues et s'étaient éveillés avec la solution. Wagner sentait le sommeil le gagner lentement.

L'avantage, pensa-t-il, à demi assoupi, tandis que Jennifer se tournait légèrement dans son sommeil et se pelotonnait contre lui, c'est qu'il n'y a pas urgence. Si les malades dorment depuis des mois, ils peuvent certainement attendre encore une semaine ou deux que nous mettions au point de nouvelles expériences en vue de les réveiller.

La chaleur du corps de Jenny, sa douce pression contre le sien faisaient naître en lui des pensées érotiques diffuses et paresseuses. La simple présence de la jeune femme dans le lit le troublait, bien qu'il eût eu l'impression d'avoir assouvi pleinement son désir moins d'une demi-heure plus tôt. En se laissant glisser vers le sommeil, il se demanda quel effet une bonne séance de baisage avait sur les ondes cérébrales.

CHAPITRE V

Le couvre-lit aux rayures bleues et rouges était fait d'un tissu rêche, moins rêche toutefois qu'une couverture. Maxwell détestait le contact rugueux de la laine contre sa peau nue et lorsqu'il se couchait, il prenait toujours soin de recouvrir la couverture avec le drap, de manière à ne sentir que la fraîcheur du coton.

D'une étrange façon qu'il ne pouvait définir — et uniquement dans son subconscient — il savait qu'il était couché sous un drap et des couvertures, dans un lit net et soigneusement fait. Pourtant, en même temps, il était redevenu un garçon agenouillé sur le sol, le corps appuyé contre la courte pointe, les mains jointes comme pour la prière du soir. Mais il ne priait pas : il comptait les rayures de la courte pointe. Et lorsqu'il eut fini de les compter, il s'attaqua aux bandes verticales du papier mural tapissant sa chambre.

Du coin de l'œil, il apercevait son vieux nounours abandonné sur le plancher. La mère de John ayant décrété qu'il était trop âgé désormais pour dormir avec un ours en peluche, il le laissait dans un coin et feignait de s'en désintéresser. Mais au lit, dans le noir, le nounours lui manquait terriblement...

Il entendit une marche grincer dans l'escalier

et se mordit la langue d'appréhension. Il savait que son père défaisait sa ceinture en montant l'escalier d'un pas lent et lourd, que bientôt il entrerait dans la chambre, le bras déjà levé et que les coups de ceinture pleuvraient... John se retrouverait ensuite seul dans le noir à sangloter, révolté par l'injustice d'une punition sanctionnant une mauvaise action qu'il n'avait même pas eu conscience de commettre mais qui lui avait valu cet ordre péremptoire de son père : « Va dans ta chambre et attends que je monte. »

Sa mère n'avait pas réagi. John les détestait tous deux mais surtout il haïssait son père, qui ne faisait que le battre et ne lui parlait jamais. Si seulement il pouvait glisser sur la dernière marche, tomber à la renverse, se fracasser le crâne, se briser le cou... John essaya de prier pour faire trébucher son père mais il était déjà trop tard. Il entendit la porte de la chambre s'ouvrir derrière lui et les pas lourds s'approcher.

— Oh, quelle horreur !

— Quoi, mon amour ? fit Tim en levant les yeux de son bol de flocons d'avoine.

Jennifer, qui avait terminé son petit déjeuner, parcourait les titres du journal. Elle le passa à Tim en montrant du doigt un article situé au milieu de la première page.

UN PRÊTRE ASSASSINÉ DANS UN CIMETIÈRE

Les soupçons se portent sur des adeptes de la magie noire.

La police du Hampshire recherche des adeptes de la magie noire qui, estime-t-elle, pourraient faire progresser l'enquête sur le meurtre du Révérend Arthur Cheshire, vicaire de la paroisse de Barton, localité sise à quinze kilomètres de Portsmouth. Le corps du Révérend a été retrouvé ce matin dans

le cimetière adjacent à l'église, la tête fracassée.
Le sacristain du village, Mr. David Blake, qui a découvert le cadavre, a déclaré à la police que des bruits provenant du cimetière l'avaient réveillé dans la nuit. Selon Mr. Blake, le vicaire et lui-même savaient que cet endroit, situé à huit cents mètres du centre du Barton, était le théâtre de rites sataniques. Le sacristain estime possible que le Révérend, qui vivait dans le presbytère jouxtant l'église, ait été tiré de son sommeil par le grabuge et soit allé voir ce qui se passait.
« Je crois que c'est un de ces mécréants qui l'a frappé dans une de leurs transes diaboliques », nous a dit Mr. Blake. Le sacristain, dont le cottage est voisin du cimetière, pense l'avoir échappé belle : « Si j'étais arrivé le premier sur les lieux, c'est moi qu'ils auraient assassiné. »
L'inspecteur George Carver, du commissariat de Hants, nous a confié qu'un certain nombre d'objets retrouvés dans le cimetière ont été envoyés au laboratoire pour examen. Selon un communiqué de la police rendu public dans la matinée, une tombe au moins aurait été profanée. Nous croyons savoir, par ailleurs, qu'une femme aiderait la police dans son enquête.

Tim rendit le journal à Jennifer en marmonnant :

— Il y en a, des cinglés.

— Ça ne te donne pas envie de devenir méchant ?

— Non, pas vraiment. C'est horrible, tu as raison, mais cela ne m'affecte pas réellement. Nous sommes tellement accoutumés à la violence qu'un assassinat ne nous émeut plus guère. — Il consulta sa montre. — Bon sang ! Déjà ! Il faut que je me sauve. Ce matin, tous les membres de l'équipe sont censés exposer leurs brillantes idées sur les rythmes zéta et ce qui les provoque.

— Et tu as trouvé quelque chose ?

— Absolument pas. Que fais-tu aujourd'hui, ma chérie ?

— Je ne sais pas. Rien, je suppose. Je vais traînailler dans l'appartement, t'attendre, sentir mon appétit s'aiguiser...

— Tu sais où se trouve le réfrigérateur.

— Pour calmer ce genre de fringale, c'est toi qu'il me faut, répondit-elle avec un sourire radieux.

Wagner lui rendit son sourire, l'embrassa et partit pour l'institut. En chemin, il se demanda à quoi Jennifer occupait ses journées avant de le connaître. Depuis qu'elle s'était installée chez lui, elle semblait passer son temps à ne rien faire. Elle lisait parfois, mais Tim suspectait qu'elle ne parvenait pas à se concentrer sur un bouquin plus d'une dizaine de pages car, à plusieurs occasions, il avait trouvé en rentrant chez lui des livres sortis des rayonnages et abandonnés un peu partout. Peut-être, depuis qu'elle avait quitté l'école, Jennifer n'avait-elle rien fait d'autre que vivre avec divers hommes et satisfaire leurs besoins sexuels. Cela ne dérangeait pas Tim, qui trouvait dans son travail plus de stimulants intellectuels qu'il ne lui en fallait. A ce qu'il avait cru comprendre, Jenny avait fréquenté par intermittence les Beaux-Arts, soit comme étudiante, soit comme modèle quand elle manquait d'argent. Elle avait aussi été démonstratrice d'ustensiles ménagers dans les grands magasins. Ce qui fascinait Tim, c'était que, en dépit de son manque de culture, la jeune femme occupait pleinement son temps libre. Il se demandait cependant si elle se souviendrait plus tard de leurs conversations, s'il aurait eu sur elle la moindre influence.

A son arrivée à l'unité de recherche, le docteur Wagner trouva deux messages sur son bureau : un coup de téléphone de Stevenson, de Portsmouth, et une note lui demandant de passer voir Mac au plus tôt. Après avoir hésité, Tim résolut de s'occuper d'abord de Mac, qui en viendrait au fait en deux fois moins de temps que Stevenson. (Comme il devait le découvrir par la suite, il était par contre difficile de départager les deux hommes sur le plan de l'effet de surprise causé par leurs révélations — encore que les propos de Stevenson lui avaient d'abord paru, malgré leur intérêt macabre, sans aucun rapport avec ses préoccupations à l'institut.)

Tim parcourut les quelques mètres qui le séparaient du bureau de Mac.

— Vous vouliez me voir ?

— Oui, fit l'électronicien au crâne dégarni, avec un fort accent écossais. Maxwell, vous savez, le nouveau...

Tim acquiesça d'un signe de tête.

— D'après son tracé, reprit Mac, on dirait qu'il a rêvé cette nuit vers une heure du matin.

Wagner sentit des picotements parcourir son cuir chevelu.

— Vous en êtes sûr ?

— J'ai noté des modifications marquées de la réponse galvanique de la peau et des mouvements oculaires rapides.

Le jeune docteur examina les diagrammes couvrant le bureau de l'électronicien.

— On dirait que vous avez raison, admit Tim. C'est incroyable.

— Non, mon garçon. On ne qualifie pas d'incroyable un phénomène qu'on peut mesurer aussi précisément.

Mac tapota de la main les longues bandes de papier sur lesquelles un style silencieux avait tracé pendant la nuit des courbes rendant compte de l'état physique et mental de John Maxwell.

— C'est écrit là, reprit l'Ecossais. Mais c'est surprenant, je vous l'accorde.

L'un des phénomènes qui avaient le plus intrigué les chercheurs de l'institut était qu'apparemment aucun des dormeurs ne rêvait jamais. Tim se rappelait encore ce qu'à son arrivée à l'unité, deux ans plus tôt, Andrew Graham lui avait dit des rêves : un sujet qu'on ne traitait sur une base scientifique que depuis vingt-cinq ans, après des siècles de charlatanisme. Il y avait en effet un peu plus de deux décennies qu'on avait observé à travers les paupières closes des dormeurs les mouvements oculaires rapides (MOR) accompagnant le rêve. Cette découverte avait conduit à une série d'expériences qui avaient démontré que les fonctions corporelles du dormeur se modifiaient de diverses façons pendant le rêve. D'autres recherches permirent ensuite de découvrir que chaque individu, qu'il s'en souvienne ou non au réveil, fait plusieurs rêves chaque nuit et que, si on l'en empêche, il perd son équilibre mental et se met à errer au bord de la folie.

Pourtant, malgré cette apparente nécessité des rêves, les dormeurs de Graham ne semblaient jamais en faire. C'était, comme aurait dit Mac, curieux mais pas incroyable. Après tout, on avait aussi démontré que le rêve peut survenir pendant les périodes de ce qu'on appelle le sommeil orthodoxe, lorsque l'œil reste immobile. De surcroît, des chercheurs avaient découvert que certaines drogues empêchent de rêver et que la fréquence des rêves peut diminuer fortement chez des malades présentant certains troubles mentaux. La règle des quatre ou cinq rêves par nuit pouvait donc s'appliquer uniquement à des sujets en bonne santé, ce qui n'était pas le cas des dormeurs de l'institut.

— En a-t-il eu un seulement, ou est-il passé par un cycle normal ?

Un cycle normal signifiait un rêve toutes les quatre-vingt-dix minutes environ.

— Un seul rêve, répondit Mac. Depuis six jours qu'il est ici. Normal par sa durée et les réactions enregistrées.

— Alors il a opéré un retour à la normale ?

— Oui, si l'on peut qualifier son état de normal.

— Vous en avez parlé à Graham ?

— Non, il n'est pas encore arrivé. Il doit passer chez le dentiste ou je ne sais quoi. Mais j'ai pensé qu'il fallait avertir tout le monde sans attendre.

— Merci, Mac. Vous permettez que je jette un œil sur les tracés ?

— A votre guise. Installez-vous dans mon bureau si vous voulez : je dois aller à l'atelier régler les appareils. Certains résultats ne me satisfont pas; le système d'entraînement des bandes a peut-être besoin d'une révision. A tout à l'heure.

Wagner répondit par un grognement et se plongea dans l'examen des graphiques montrant les changements survenus huit heures plus tôt dans l'état de Maxwell.

Un point l'intriguait : si certaines données avaient été modifiées pendant le rêve, d'autres n'avaient pas bougé. Par exemple, la température du corps. Tous les patients de l'unité présentaient une température corporelle anormalement basse. Certes, la température du corps tombe pendant le sommeil pour grimper de nouveau au réveil, mais chez les dormeurs la chute était beaucoup plus accentuée. Ce phénomène contribuait d'ailleurs à ralentir le métabolisme, à diminuer la quantité de nourriture nécessaire pour les maintenir en vie, et donc à faciliter leur alimentation par perfusion intraveineuse.

Crispin, le physiologiste, avait calculé que grâce à ce ralentissement métabolique, les dormeurs auraient pu rester en vie, sans aucun secours, bien plus longtemps qu'une personne consciente privée d'eau et de nourriture. Il avait comparé leur état à une hibernation mais, comme il avait dû le reconnaître, si les patients hibernaient, c'était pour un hiver diablement long.

La température corporelle des dormeurs était restée anormalement basse malgré diverses tentatives pour la relever, notamment à l'aide de techniques mises au point pour soigner les cas d'hypothermie. Manifestement, le mécanisme régulateur de la température du corps continuait à fonctionner chez ces malades inconscients qui semblaient avoir réglé leur thermostat sur le niveau le plus bas.

Tim étudia attentivement la partie du diagramme indiquant la température de Maxwell sans noter aucune fluctuation pendant le rêve. Les seules modifications enregistrées concernaient les mouvements oculaires et la sudation des paumes de la main.

Après avoir examiné ces deux facteurs — MOR et réponse galvanique de la peau — sur les tracés de Maxwell, Wagner se rendit au secrétariat, y prit un gros volume et retourna dans le bureau de Mac. Il chercha alors dans l'index de l'ouvrage les références aux données quantitatives des MOR et des RGP. La comparaison entre les chiffres moyens notés chez les sujets bénévoles conscients et ceux du tracé de Maxwell révéla chez le dormeur des MOR normaux mais une RGP inférieure à la moyenne.

Tim reporta le livre au secrétariat puis regagna son bureau et resta un long moment immobile à contempler le téléphone. La vue de l'appareil silencieux lui rappela le message de Stevenson mais il voulait, avant d'appeler Portsmouth, se libérer l'esprit d'une préoccupation, d'un détail qui reviendrait l'importuner tant qu'il ne l'aurait pas examiné.

Il se pencha en avant, la main sous le menton, le coude posé sur le bureau, et s'aperçut, deux minutes plus tard, qu'il se rongeait l'intérieur de l'index. Il remarqua, entre les traces laissées par ses dents, une petite plaque rouge à vif : son doigt lui cuirait probablement dans l'après-midi et il se demanderait ce qu'il avait bien pu faire pour l'écorcher. Finalement, il tira son bloc-notes à lui, choisit un stylo à bille dans le pot craquelé, souvenir du Couronnement, posé sur son bureau et griffonna les mots : *le rasoir d'Occam.* Cela suffirait, il le savait, pour retrouver le fil que ses pensées avaient suivi.

Tim demanda à la standardiste de l'hôpital d'appeler Stevenson. Il espérait que la communication ne durerait pas trop longtemps car il se sentait prêt pour la pause café de la matinée.

— Bonjour, vieux, merci. Terriblement chic à vous de m'avoir rappelé.

La voix de Stevenson semblait encore plus affectée au téléphone.

— Nous avons un petit pépin, ici à Portsmouth — en fait, *j'ai* un petit pépin : toujours les mêmes qui récoltent les embêtements, on dirait. Enfin ! Mon vieux, c'est au sujet de Maxwell. Il ne s'est pas réveillé, non ?

— Toujours pas.

— Ennuyeux ça. M'aurait bien arrangé. Le renvoyer dans ses foyers aurait calmé sa mère.

Wagner se renversa sur sa chaise en levant les yeux au plafond, un plafond d'un vert « administratif » qu'on avait dû repeindre pour la dernière fois à l'occasion du Couronnement. Tim soupçonnait d'ailleurs ceux qui s'étaient chargés de l'opération d'avoir laissé le pot craquelé dans la pièce en partant.

Le jeune docteur se demandait si Stevenson en viendrait bientôt au fait ou s'il allait continuer avec ses digressions stupides. Il fallait qu'il parle à quelqu'un ce matin du *rasoir d'Occam* avant d'oublier son idée.

— Sa mère ? Quel rapport ?

— Elle a fait irruption ici ce matin, complètement affolée, vieux, au point que je lui ai finalement filé un sédatif. Elle veut récupérer son fils parce que c'est bientôt la fin du monde, que nous ne faisons pas bien notre boulot, quoi. Je lui avais pourtant expliqué quelques jours plus tôt que nous voulions transférer ce type chez vous, et elle avait signé les papiers sans trop d'histoires. M'avait même eu l'air de s'en fiche éperdument. Vous connaissez le genre : débordé par la moindre broutille...

Wagner se demandait si Stevenson voulait récupérer Maxwell, encore qu'il n'en vît pas l'intérêt. De toute façon, ce n'était pas à lui mais à Graham qu'il fallait adresser cette requête, et il en informa le médecin de Portsmouth.

— Non, non, vous n'y êtes pas du tout, vieux. Je ne veux pas que ce type revienne encombrer nos lits : il nous en reste déjà bien peu après le match de football d'hier soir. Non, revenons à la question, si vous voulez bien.

Tim rugit intérieurement : Stevenson n'ayant même pas effleuré la question, comment aurait-il pu y revenir ?

— Vous avez lu le journal ce matin ?

— Oui, oui ! s'énerva Tim. Ecoutez, docteur Stevenson, je suis ravi d'avoir de vos nouvelles et d'apprendre que vous vous intéressez toujours à Maxwell mais j'éprouve quelques difficultés à suivre cette conversation.

— Désolé, désolé. Excusez-moi.

Wagner crut déceler une certaine sécheresse dans le ton de Stevenson. A l'évidence, le médecin de Portsmouth n'aimait pas qu'on le brusque.

— Où en étais-je ? Ah oui, le journal : vous avez lu l'article sur le vicaire assassiné ?

Se souvenant de sa conversation avec Jenny au petit déjeuner, Tim acquiesça.

— Le crâne défoncé à coups de pierre tombale, le pauvre. C'est ce qui a mis Mrs. Maxwell en émoi, parce qu'il a fallu que la police aille le lui dire, et elle a pensé qu'il y avait un rapport, alors que Dieu sait que...

— Attendez, pas si vite, je vous prie. Pourquoi la police a-t-elle été trouver Mrs. Maxwell ?

— Eh bien, parce qu'on s'est servi de la pierre tombale pour écrabouiller le crâne du Révérend et qu'on a saccagé la tombe — la tombe et même les restes de...

— Oui, j'ai lu qu'il y avait eu profanation de sépulture, interrompit Tim pour essayer de mettre de l'ordre dans la conversation. Je crois que c'est une pratique courante chez les dingues qui pratiquent la magie noire.

— Exactement, mais comme il s'agissait cette fois de la tombe de Maxwell...

— Pardon ? Je ne vous suis pas.

— La tombe de Maxwell — Maxwell père, s'entend. Le regretté mari de Mrs. Maxwell.

— Vous voulez dire le père de notre Maxwell ?

— En plein dans le mille !

Le docteur Wagner frissonna légèrement sans savoir pourquoi, peut-être parce que le soleil, qui inondait la fenêtre de ses rayons, venait de se cacher derrière un nuage.

— Et c'est ce que Mrs. Maxwell est venue vous dire ?

— Exactement. Elle criait que tout arrivait en même temps, que c'était un signe... Un signe de quoi ? lui ai-je demandé. Un signe, voilà tout, et elle se disait convaincue qu'elle ne reverrait plus jamais son fils.

— Alors vous lui avez donné un calmant.

— Bien obligé, vieux. L'ennui c'est qu'elle va revenir et voilà pourquoi je vous téléphone, en fait. La presse locale met les bouchées doubles sur cette affaire : tôt ou tard, les journalistes auront l'idée d'aller voir les parents du pauvre type dont on a violé la sépulture. Et ils tomberont sur une vieille timbrée qui leur parlera de son fils qui ne se réveille plus et qu'on a remisé dans un centre expérimental plus ou moins secret.

— Formidable, grommela Tim, qui voyait à présent où Stevenson voulait en venir. Merci de m'avoir prévenu.

— Oui, j'ai tenu à vous avertir le plus rapidement possible. Et c'est vous que j'ai demandé parce que nous nous connaissons maintenant, sinon j'aurais demandé le grand patron. Le protocole et tout le bataclan, vous savez ce que c'est...

— S'il vous plaît, coupa Tim. Je peux placer un mot ?

Le silence se fit à Portsmouth, mais la respiration bruyante de Stevenson indiquait assez qu'il était prêt à s'engouffrer de nouveau dans la plus petite brèche.

— Le formulaire que Mrs. Maxwell a signé ne mentionne pas notre adresse. La lui avez-vous communiquée ?

— Non.

— Lorsqu'elle reviendra, pouvez-vous la laisser dans l'ignorance à ce sujet ? Et, pour l'amour du ciel, ne la donnez pas non plus aux journalistes s'ils viennent vous interroger. Du moins, pas avant qu'Andrew Graham ou quelqu'un d'autre de l'institut ne vous y autorise. Si la vieille dame fait du chambard, si elle prétend, par exemple, que nous la privons de son droit de savoir où se trouve son fils, répondez-lui que vous acceptez de l'emmener le voir, puis téléphonez-moi et nous prendrons des dispositions pour la visite.

— Entendu, vieux. A propos, vous parlez d'un truc, cette histoire de magie noire. Vous avez lu qu'une fille aide la police dans son enquête ?

— Oui mais je n'ai aucun détail.

— Une jolie minette de quinze ou seize ans, mais je ne pense pas qu'elle puisse vraiment aider les inspecteurs. On l'a retrouvée sous le porche de l'église, complètement nue et troussée comme une dinde de Noël. Nous l'avons placée sous traitement pour la remettre de ses émotions. D'après elle, la bande de farceurs qui l'avait ligotée voulait l'offrir en sacrifice.

Tim déglutit péniblement en se rappelant ce qu'il avait dit à Jennifer le matin même : « Cela ne nous affecte pas réellement. » A présent, il se dégoûtait d'avoir prononcé ces mots. Il se souvint d'un passage d'un poème religieux de John Donne où l'auteur affirme qu'aucun homme n'est une île et proclame catégoriquement : « Je suis concerné par l'humanité. »

Le jeune médecin sentit monter en lui de la pitié pour cette adolescente qu'il n'avait jamais rencontrée et de la haine pour ceux qui l'avaient avilie. Nous sommes dans le coup tous ensemble, se dit-il — le coup signifiant la vie des hommes. Puissions-nous ne jamais l'oublier, ne pas nous considérer comme une boule de billard qui en carambole d'autres et rebondit... Tim s'aperçut que tout en méditant, il avait machinalement pris congé de Stevenson et raccroché.

Lorsque son regard accrocha les mots inscrits sur son bloc, *le rasoir d'Occam*, il songea à les appliquer aux réflexions qu'il venait de se faire. Il avait éprouvé un sentiment de dégoût, qui l'avait conduit à l'idée que tout s'imbrique, que chacun est lié à autrui. Cela ne mène pas à grand-chose, conclut-il avec un haussement d'épaules. Il entoura les mots d'un trait, replaça le stylo dans le pot craquelé et alla boire un café.

— Alors le docteur Graham rentre, me dit qu'il m'a cherché partout — pendant le déjeuner, je suppose — et me demande pourquoi j'ai écrit *le rasoir d'Occam* sur mon bloc.

— Le rasoir de qui ? fit Jennifer.

Elle se retourna dans le lit et appuya la tête sur son avant-bras.

— *Le rasoir d'Occam.* C'est une réflexion philosophique qui dit à peu près qu'il ne faut pas expliquer les choses de façon compliquée quand on peut le faire simplement. Ou, si tu préfères, qu'il convient de ne pas compliquer inutilement les problèmes. Quoi qu'il en soit, j'avais écrit ces mots sur mon bloc avant de téléphoner à Stevenson pour ne pas oublier une vague idée qui me trottait dans la tête.

— Quelle idée ?

— Eh bien justement, fit Tim en se passant un doigt sur le nez, je ne parvenais pas à la saisir, mais quand Graham m'a posé sa question, elle m'est apparue en toute clarté. Ce qui m'avait toujours intrigué, c'est le fait que presque tout est normal chez nos dormeurs, excepté qu'ils ne se réveillent pas. Et voilà que nous découvrons dans leurs électro-encéphalogrammes un nouveau rythme qui semble les empêcher de reprendre conscience. Mac a répété l'expérience sur les autres patients : ils présentent tous ce rythme, quoiqu'il soit assez faible pour certains d'entre eux — faible par comparaison à celui de Maxwell, bien sûr.

« Ce matin, en examinant les tracés, j'avais remarqué que la RGP de Maxwell (c'est, disons, la propension d'un sujet à transpirer. On la mesure, entre autres, dans les tests de détecteur de mensonges), que cette RGP, donc, n'avait pas été modifiée autant qu'on aurait pu s'y attendre pendant le rêve. Par contre, les mouvements oculaires avaient subi un changement. Or personne n'a jamais vraiment lié les deux phénomènes : il semble en effet que le rêve s'accompagne toujours de mouvements oculaires mais qu'il n'y ait pas obligatoirement modification de la RGP. C'est pourquoi l'idée m'est venue que les MOR — pardon, les mouvements de l'œil — pourraient être fondamentaux pour le processus du rêve, tout comme le rythme zéta est fondamental pour le sommeil prolongé. Les dormeurs ne dépensent que le minimum d'énergie nécessaire pour entretenir *l'activité* à laquelle ils se livrent, quelle qu'en soit la nature. Voilà pourquoi j'ai pensé au *rasoir d'Occam* : nos malades veillent, si je puis dire, à ne pas compliquer leur vie en se livrant à des activités inutiles, et cela semble inclure jusqu'aux réponses physiologiques les plus ordinaires.

Jennifer se mordillait l'ongle du pouce.

— Mais où cela te mène-t-il ? demanda-t-elle.

— Nulle part, à vrai dire, sinon peut-être à l'hypothèse suivante : le point exact du cerveau où se trouve la cause de leur trouble pourrait être minuscule et situé de manière à pouvoir aisément commander tout le système et assurer son fonctionnement à l'économie. Il faut donc localiser ce point et voir si nous pouvons intervenir.

— Et vous y trouverez quoi ?

— Qui sait ? Des petits hommes verts venus de l'espace, peut-être. Si on éteignait, histoire de dormir un peu ?

Il lui caressa la joue.

— Ou autre chose, ajouta-t-il.

L'infirmière de nuit faisait au crochet un châle de bébé destiné à sa sœur, qui devait accoucher dans quelques semaines de son troisième enfant. Le travail, dans cette salle, était un peu morne mais cela ne la dérangeait pas, au contraire : ici, au moins, les malades ne la réveillaient jamais pour réclamer le bassin ou Dieu sait quoi. Par contre, elle n'aimait pas les appareils, même si elle n'avait pas à s'en occuper. D'ailleurs, elle en aurait été bien incapable : les longues bandes de papier portant d'étranges arabesques ne signifiaient absolument rien pour elle. C'était cependant une excellente infirmière, zélée, vigilante, prompte à remarquer une modification des courbes d'un graphique.

Sa montre lui apprit qu'il était 22 h 27. En ce moment, les appareils enregistraient les ondes cérébrales de la petite Daws. L'infirmière s'approcha de la jeune fille endormie et vit les globes oculaires bouger légèrement sous les paupières closes. La malade rêvait-elle ? Etait-ce signe qu'elle allait mieux, qu'elle se réveillerait bientôt ? Cela ferait tant plaisir à son père, songea l'infirmière. Le pauvre, il fallait voir sa mine lorsqu'il venait voir sa fille et restait à son chevet sans dire un mot. Au demeurant, c'était un gaillard au sang chaud, à ce qu'on disait : une de ses collègues lui avait raconté qu'il lui avait tenu des propos équivoques. L'infirmière de nuit pensa que cela ne lui arrivait plus à elle depuis longtemps. Non pas qu'elle en souffrît : elle n'avait jamais raffolé des hommes ni vraiment apprécié ce qui semblait les intéresser le plus. Sa sœur, c'était autre chose : deux mioches à moitié élevés et déjà un troisième en route : Elle retourna à sa chaise, reprit son crochet et sa pelote de laine.

La bande de papier glissait presque sans bruit sous les styles qui oscillaient de droite à gauche, traçant des courbes que les chercheurs de l'institut étudieraient le lendemain. Les mouvements oculaires de Barbara Daws ne laissaient aucun doute : la jeune fille rêvait.

Cela faisait plus d'une minute que son père se tenait immobile devant la cheminée. Depuis qu'il lui avait proposé et servi un verre de sherry, il n'avait pas prononcé un mot. Barbara savait qu'il se passait quelque chose, elle l'avait senti à la minute même où elle était rentrée à la maison pour les vacances. En fait, ses soupçons remontaient même à plus loin car il y avait déjà plusieurs mois que les lettres hebdomadaires que sa mère lui envoyait à l'université avaient changé de ton. Il n'y était plus question de « papa » mais de « ton père ». Pourtant, Barbara avait été surprise que sa mère ne soit pas venue l'accueillir à la gare. Elle avait facilement trouvé un taxi mais c'était néanmoins curieux.

Et puis il y avait eu cette note étrange que son père lui avait laissée pour lui dire que maman passait quelques jours chez tante Carol dans le Cumberland, que papa rentrerait probablement très tard parce qu'il dînait avec le ministre, qu'il y avait une côtelette dans le réfrigérateur si elle avait faim.

Bilbo, son frère cadet, n'étant pas encore rentré de pension, Barbara s'était retrouvée seule dans la maison dont le calme lui avait un peu fait peur. C'était un changement brutal avec la résidence universitaire où les autres filles vous envahissaient, et où le problème, rigoureusement inverse, consistait à se ménager quelques moments d'intimité et de solitude.

Elle avait regardé une dramatique à la télévision, une de ces pièces où les personnages échangent, dans un climat tendu à l'extrême, des répliques acerbes, dures, destinées à montrer combien il est difficile de communiquer véritablement. Cela s'était terminé par un plan général d'une table de dîner salie, couverte de reliefs : une carcasse de gibier dans une assiette, du beurre ramolli sur une soucoupe, un verre renversé près d'une tache humide. Barbara imaginait sans peine ce que le Dr. Simpson, son directeur d'études, aurait dit de ce « symbolisme inhérent, représentant avec une telle justesse les impasses de notre époque, vous ne pensez pas Barbara ? »

Elle était montée se coucher, seule, affectée par l'impression de solitude et d'étrangeté que dégageait ce soir-là la maison dans laquelle elle avait grandi.

Le lendemain matin, son père était venu l'embrasser en vitesse dans son lit, l'air terriblement pressé de partir pour le bureau, et lui avait demandé de ne pas faire cette triste mine : ce soir, ils dîneraient tranquillement ensemble et discuteraient de tout cela. Barbara n'avait pas eu alors conscience de la tristesse qu'elle éprouvait. A présent qu'elle regardait son père, grand et distingué, manifestement mal à l'aise devant la cheminée, elle doutait que le dîner allait être tranquille.

Albert Daws, que ses collègues de l'administration, ses relations dans les milieux industriels et les membres du *Club Athenaeum* appelaient Jack, remonta nerveusement son nœud de cravate. Il se sentait ridicule. La veille, il avait persuadé le ministre d'entreprendre une action qui affecterait la vie de dizaine de milliers de gens, déciderait peut-être de l'issue des prochaines élections, modifierait même le cours de l'histoire. Et il était là comme un imbécile, incapable de parler à sa fille.

— Ecoute, Babs, dit-il après s'être éclairci la voix.

Mais il s'interrompit aussitôt.

— Bon, reprit-il en posant son verre de sherry sur une petite table d'acajou. Inutile de tourner autour du pot. Je ne sais pas si tu l'avais remarqué quand tu vivais encore à la maison, mais Angela, ta mère et moi ne nous entendons plus depuis quelque temps déjà.

Barbara pinça les lèvres et se redressa sur le sofa dont sa main gauche, elle en prit soudain conscience, agrippait le bras tendu d'indienne.

— Tant que tu étais ici, nous nous sommes efforcés de continuer à vivre ensemble, dans ton intérêt. Mais à présent, c'est devenu bigrement difficile et la situation a évolué.

Barbara leva les yeux vers son père. Bien qu'elle le vît terriblement embarrassé, elle n'éprouvait pour lui aucune compassion. S'il ne s'entendait plus avec maman, c'était de sa faute à lui. Maman avait toujours été merveilleuse, elle ne pouvait être responsable d'une chose pareille.

— Que veux-tu dire ? bredouilla-t-elle.

— Nous avons décidé, ta mère et moi, qu'il vaut peut-être mieux nous séparer. A présent que tu es en âge de comprendre...

— Et Bilbo ? rétorqua Barbara.

— Brian, répondit le père, utilisant à dessein le vrai nom de son fils, aura bientôt seize ans. Ses études marchent bien, aussi bien que les tiennes, et nous espérons qu'il ira lui aussi à l'université.

Nous espérons également que vous continuerez à considérer cette maison comme la vôtre et que vous y viendrez chaque fois que vous en aurez envie. Lorsque la situation sera plus claire, maman reviendra ici — je veux dire, c'est elle qui gardera la maison...

— Vous divorcez ? fit Barbara.

Son père avait parlé de séparation, mais elle voulait une certitude absolue.

— Oui, répondit-il en retournant à la table où se trouvait la carafe de sherry. Ecoute, Babs, je sais que tu dois être surprise, peinée — encore un peu de sherry ? — mais nous sommes tous des adultes maintenant. Ta mère et moi espérions que tu comprendrais notre point de vue.

Barbara refusa le sherry d'un signe de tête en luttant pour retenir ses larmes.

— Maman et toi ? Qu'est-ce que tu veux dire ? qu'elle aussi veut divorcer ? Mais pourquoi ? Il y a des siècles que vous êtes mariés ! Pourquoi maintenant ?

Jack Daws se versa un autre verre et retourna devant la cheminée. Bien qu'il eût fait de son mieux pour développer l'esprit d'indépendance de ses enfants, songeait-il, Barbara était restée à dix-huit ans un véritable bébé sur le plan affectif. Elle n'accepterait pas aisément que « papa et maman » ne formaient plus depuis cinq ans au moins qu'un couple de façade, et avaient joué à son intention une comédie à laquelle ils mettaient fin lorsque leur fille quittait la maison.

— Ma chérie, on change en vieillissant, plaida Daws. Quand on a ton âge, on rencontre quelqu'un de charmant, on se persuade qu'on s'aimera toujours... Mais cela ne se passe pas ainsi. Après vingt ans de mariage, on ne ressemble pas plus au jeune marié qu'on a été que le jeune marié ne ressemblait au bébé qu'il avait été.

Daws se demanda s'il ne s'était pas embrouillé dans sa phrase plutôt alambiquée.

— Tu comprends ce que je veux dire ? ajouta-t-il.

— Je le comprends parfaitement, répliqua Barbara d'un ton rageur.

Elle se rappelait ce jour de sa petite enfance où, poussée dans la cour de l'école par une camarade, elle était tombée et s'était écorché le genou. Lorsqu'elle avait raconté la mésaventure à sa mère, elle avait éclaté en sanglots, bien qu'elle eût dû attendre pour cela toute la journée et que son genou ne lui fît plus aucun mal. Sa mère lui avait alors expliqué que lorsque les choses n'allaient pas, il ne fallait pas pleurer mais faire comme le méchant lapin de l'histoire de Beatrix Potter. Depuis, Barbara avait rendu coup pour coup quand on l'avait mise en colère, et aujourd'hui, décida-t-elle, il en irait encore de même.

— Ce que tu essaies de me dire, c'est que tu veux te débarrasser de maman parce que tu as rencontré quelqu'un d'autre. Voilà pourquoi maman est partie : pour que tu sois obligé de me parler. Tu t'es conduit comme un sale type, c'est à toi de rendre des comptes.

Barbara ne put empêcher les larmes de perler au coin de ses paupières. Daws regardait sa fille en se disant qu'il fallait la secouer un bon coup. Comme il aurait aimé lui révéler le nombre de fois où il s'était conduit en « sale type » avec des maîtresses de passage ! Mais, diplomate par profession, il devait s'efforcer d'aider chacun — y compris lui-même si possible — à garder son respect de soi.

— Ecoute, ma chérie, dit-il en allant s'asseoir près de sa fille sur le sofa. Je ne suis pas parfait. Tu peux me traiter de sale type si c'est ta façon de voir les choses, mais il n'en reste pas moins que maman et moi en avons assez l'un de l'autre. Nous avons décidé de nous séparer, d'un commun accord, en restant bon amis...

Une expression d'incrédulité totale se peignit sur le visage de Barbara.

— En tout cas, aussi bons amis que possible dans ce genre de situation, reprit Daws. Si tu veux rejeter la faute sur l'un ou sur l'autre, tu peux dire que je suis responsable. J'ai en effet rencontré quelqu'un, et il y a entre cette personne et moi ce qui ne m'unit plus à ta mère...

Dans le regard de la jeune fille, l'incrédulité fit place au dégoût.

— C'est arrivé par hasard, continua le père. Alors qu'il ne restait déjà plus rien entre ta mère et moi. Notre couple était mort, nous le savions tous deux, nous le savions depuis longtemps. Cette autre personne n'a fait qu'étaler sous nos yeux ce que nous refusions de reconnaître...

Suspendant sa phrase, il quêta du regard auprès de sa fille un peu de compréhension, à défaut de pardon. Il aurait aimé boire une gorgée de sherry mais il avait laissé son verre près de la cheminée, et il craignait que, en s'éloignant de Barbara, fût-ce de quelques mètres, il ne parvienne jamais plus à combler la distance qui les séparerait. Aussi attendait-il, immobile, la réaction de sa fille. Un frisson le parcourut lorsqu'elle murmura d'une voix étranglée la question redoutée :

— Je la connais, cette personne ?

Daws eut un hochement de tête hésitant.

— Qui est-ce ?

A la pensée qu'elle connaissait la femme qui avait trahi sa mère, qu'elle lui avait peut-être montré de la sympathie, Barbara aurait voulu disparaître sous terre. Il y eut un long silence pendant lequel le père et la fille s'épièrent.

— C'est Pat Green, dit enfin Daws.

Barbara eut l'impression que son cœur sombrait, traversait tout son corps et s'enfonçait dans le sol.

— Oh non, murmura-t-elle.

Mais au lieu de lui dire : « Réveille-toi, ce n'est qu'un mauvais rêve. Maman est là pour te le prouver », son père acquiesça de la tête en se mordant la lèvre inférieure. Barbara avait les yeux fixés sur lui mais ne voyait que Pat Green, son amie, la capitaine de l'équipe de hockey du lycée, qu'elle invitait le jeudi à prendre le thé avec papa et maman. A présent, elle comprenait pourquoi Pat, qui n'avait pu entrer à l'université, n'avait jamais répondu à ses lettres. Barbara avait attribué à un sentiment de jalousie ce silence de son amie, qui avait trouvé du travail à Londres... Londres où, bien sûr, elle rencontrait son père en cachette.

Barbara regarda cet homme qui lui faisait horreur. Avait-il couché avec Pat ? Elle imaginait les cuisses blanches et musclées de son amie frétiller de plaisir sous le poids de son père, tandis que maman attendait à la maison, se demandant ce qui se passait. Elle ne pouvait détacher son regard de ce père qui lui donnait envie de vomir, à qui elle aurait voulu hurler des obscénités.

— Salaud ! cria-t-elle. Dégueulasse ! Comment as-tu pu ?

Aveuglée par ses larmes, elle sortit de la maison en courant, se précipita à l'écurie et passa ses bras autour de l'encolure de son cheval. Puis elle le sella et partit au grand galop sans avoir recouvré son calme et se lança dans les bois à bride abattue. Le sabots de l'animal martelaient le sol au rythme de son esprit qui ne cessait de répéter : « Je te hais, papa. » Elle ne vit pas l'arbre, encore moins la branche qui la désarçonna, et tomba sur le sol, inconsciente.

CHAPITRE VI

Andrew Graham descendait Lower Regent Street d'une allure décidée, naviguant habilement parmi la foule des employés londoniens sortis déjeuner. Un pâle soleil d'automne baignait les immeubles, et le directeur de l'institut respirait à pleins poumons l'air vif qui picotait agréablement ses narines malgré les fumées dégagées par les diesels des taxis. Il s'engagea sur le passage protégé et, après quelques longues enjambées, tourna pour grimper les marches de l'Athenaeum.

Il se sentait d'excellente humeur après cette matinée passée à lire les dernières publications en matière de physique des particules, domaine qui naguère était le sien. Quoiqu'il n'eût aucunement l'intention de redevenir physicien à part entière, il tenait à rafraîchir ses connaissances, à balayer les toiles d'araignée de son esprit, en s'informant tous les deux ou trois mois des travaux les plus récents menés dans cette branche. Graham se sentait si guilleret que même la statue de bronze d'Athéna trônant sous le porche du club eut droit à un sourire.

Peu assidu à l'*Athenaeum,* le chercheur n'y déjeunait que rarement, lorsqu'il ne pouvait se dérober à l'invitation d'un autre membre. Il montrait alors dès le perron sa disposition d'esprit : s'il était d'une humeur massacrante — qu'un repas insipide ne ferait qu'aggraver — Athéna avait droit à une mine renfrognée. Si, par contre, il était joyeux, il la gratifiait d'un signe de tête, voire, comme ce jour-là, d'un clin d'œil. Peut-être parce qu'elle est la déesse de la sagesse, Athéna ne modifiait jamais en retour l'expression de son visage, quelle que fût la façon dont Graham la traitait. Peut-être, au plus profond de son cœur de métal, savait-elle que l'humeur des hommes à tôt fait de changer — comme Graham allait d'ailleurs le découvrir.

Après avoir franchi la porte battante, le savant s'approcha de la loge du portier.

— Bonjour, je m'appelle Graham, annonça-t-il. J'ai rendez-vous avec Mr. Daws. Il est arrivé?

— Je suis désolé, monsieur, mais Mr. Daws ne passera pas au Club aujourd'hui. Du moins à ce que j'ai cru comprendre.

Le ton déférent du portier intriguait Graham. L'homme prit sur un casier une feuille de papier pliée en deux.

— Vous êtes bien le docteur Andrew Graham? interrogea-t-il.

Le directeur de l'institut acquiesça.

— On m'a téléphoné un message pour vous, Mr. Graham. De votre bureau, je crois.

Tendant la feuille de papier à Graham, le portier ajouta :

— Il y a un Mr. Stope qui voudrait vous voir au sujet de Mr. Daws. Par ici, s'il vous plaît.

Le savant fourra le message dans sa poche et suivit le portier jusqu'à une petite salle située immédiatement après le hall. Quel malotru, ce Daws, pensait-il. Il aurait pu me prévenir qu'il ne viendrait pas au rendez-vous. Graham connaissait Stope, haut fonctionnaire, lui aussi, qu'il avait rencontré lors d'un précédent voyage à Londres, mais il n'avait pas l'intention d'aborder avec lui la question du fonctionnement de l'institut : en premier lieu, parce qu'il n'entendait pas perdre son temps à lui expliquer ce que Daws savait déjà; en second lieu, parce qu'il suffisait d'un haut fonctionnaire dans le secret des travaux poursuivis à l'unité de recherche.

Homme mince, grisonnant, âgé d'une cinquantaine d'années, Gerry Stope s'extirpa des profondeurs d'un fauteuil de cuir noir.

— Bonjour, Graham, fit-il, la main tendue, en remerciant le portier d'un signe de tête. Asseyez-vous. Je vais faire apporter du sherry.

— Pouvez-vous m'expliquer ce qui se passe? grogna Graham. Où est Daws?

— Asseyez-vous donc. Vous saurez tout dans une minute. Dites, peut-être ferions-nous mieux de ne pas élever la voix.

Va te faire voir avec ton étiquette de club, pensa Graham. Il prit néanmoins place dans un fauteuil en lançant un regard noir à Stope, qui commandait du sherry au garçon. Quand le serveur se fut éloigné, le haut fonctionnaire se pencha vers le chercheur et murmura sur un ton de confidence :

— J'irai droit au fait, Graham. Daws est mort, et tout le monde s'affole un peu chez nous.

— Daws est quoi? fit Graham en agrippant les bras de son fauteuil.

— Mort. Vous avez bien entendu. Pour l'instant, très peu de gens sont au courant mais, comme je vous l'ai dit, sa disparition a suscité un certain émoi. Une ou deux personnes...

Stope s'interrompit en voyant le garçon s'approcher avec la commande. Lorsque les deux verres de sherry furent sur la table et que le serveur se fut éclipsé, il reprit :

— Une ou deux personnes — dont vous, je le crains — vont se retrouver mêlées à cette affaire.

Le haut fonctionnaire goûta le sherry en fronçant les sourcils. Graham prit lui aussi son verre mais ne le porta pas à ses lèvres.

— Qu'ai-je à voir avec la mort de Daws ?

— Directement, absolument rien, convint Stope, mais certaines ramifications de l'affaire pourraient conduire à vous. Ecoutez, cela vous dérangerait beaucoup que nous déjeunions ensemble, dans un endroit où nous pourrions discuter sans avoir à chuchoter ? Si les membres du club font preuve de la plus grande discrétion quand la conversation d'une table voisine leur parvient par hasard aux oreilles, on ne peut pas toujours en dire autant des invités.

Stope se rapprocha encore de Graham.

— Ce type, dans le coin, murmura-t-il. Avec la barbe.

Levant les yeux, le directeur de l'institut découvrit un visage joufflu, des lunettes à montures métalliques et une barbe d'un blond roux. Leur propriétaire semblait en grande conversation avec quelqu'un que le dossier d'un siège masquait aux yeux de Graham. La façon dont l'homme tirait nerveusement sur sa barbe avec sa main potelée en écoutant son compagnon invisible rappelait un vague souvenir à l'homme de science.

— Oui, je le vois, répondit Graham à Stope.

— C'est un journaliste. Je crois qu'il écrit dans un hebdomadaire...

— Ah oui, fit le directeur, qui se souvint soudain d'avoir rencontré le barbu quelques mois plus tôt à l'occasion d'une conférence de presse donnée au CRM.

— Alors, reprit Stope, si vous n'y voyez pas d'inconvénient.

— D'inconvénient à quoi ?

Graham avait d'autant plus de mal à suivre la conversation qu'il s'obstinait à essayer de se rappeler le nom du journaliste : Martin, Martin quelque chose.

— A aller déjeuner ailleurs. Là où l'on ne pourra pas surprendre notre conversation.

Le chercheur vida son verre d'un trait, le reposa sur la table.

— Entendu. Vous m'avez intrigué avec votre histoire et j'ai hâte d'écouter vos explications.

Stope vida son verre à son tour et se leva. Aucun des deux hommes n'ayant de vestiaire, ils quittèrent le club sans attendre. Comme ils descendaient Pall Mall, le haut fonctionnaire montra à l'homme de science un bosquet de St James Park et se livra à des commentaires botaniques que Graham, dérangé dans ses réflexions et ignorant en la matière, se contenta d'accueillir par un grognement.

Ils pénétrèrent dans l'Old Admiralty Building, siège de l'Administration, par une entrée latérale. Un portier en uniforme était assis sous une pancarte enjoignant à toutes les personnes étrangères aux services de se présenter à l'entrée principale. Stope lui montra un laissez-passer en annonçant :

— Vous avez reçu pour consigne de nous laisser entrer, le docteur Graham et moi-même.

Le cerbère consulta le registre posé sur la table près de laquelle il était assis.

— C'est exact, monsieur. Voici son laissez-passer.

Il tendit à Graham un document temporaire, et les deux hommes entrèrent dans le bâtiment principal. Le directeur de l'institut perdit rapidement toute notion de la directon qu'ils empruntaient et laissa le haut fonctionnaire le guider le long de couloirs interminables percés de portes toutes identiques, le précéder dans des escaliers étroits conduisant à d'autres couloirs. Lorsque la moquette succéda au plancher, le savant supposa qu'ils approchaient de leur destination.

Stope le fit enfin entrer dans une petite pièce meublée d'une table dressée pour deux, d'une desserte couverte de bouteilles, de deux chaises et d'une table basse sur laquelle se trouvait un téléphone. Glissant la main sous la nappe, Stope appuya sur un bouton qui déclencha une brève sonnerie.

— Prenez place, invita-t-il. Voulez-vous boire un verre ? Un autre sherry, peut-être ? Sans être aussi bon que celui du club, le nôtre est passable.

— Je préférerais que vous en veniez au fait, répondit Graham avec brusquerie.

Une femme d'âge mûr vêtue d'une robe noire et d'un tablier blanc, coiffée d'un bonnet, entra alors avec deux bols de soupe qu'elle déposa sur la table.

— Boirez-vous du vin, monsieur ? demanda-t-elle à Stope.

— Il y a des côtelettes d'agneau au menu, n'est-ce pas ?

— Oui, monsieur.

— Du vin, Graham ?

— J'aimerais mieux un verre de bière, répliqua le chercheur, résolu à présent à se montrer désagréable.

— Blonde, brune, monsieur ?

— Blonde, fit Graham.

Et il porta à sa bouche une cuillerée de soupe aux pois.

— Pour moi aussi, s'il vous plaît, fit Stope à la femme.

La serveuse s'inclina et sortit.

— Ah la soupe aux pois ! s'extasia le fonctionnaire. On la fait plutôt bien ici.

Graham lança à son hôte un regard irrité.

— Stope, j'aimerais *vraiment* que vous en veniez au fait : vous m'avez arraché à l'*Atheaeum,* vous m'avez emmené dans une salle à manger privée de cette forteresse uniquement pour me parler de sherry et de soupe ?

— Excusez-moi. Je suis désolé. Je tenais seulement à m'assurer que vous êtes bien installé avant de commencer. L'ennui, c'est justement de savoir par où commencer...

— Vous me disiez que Daws est mort ?

— Oui, pauvre Jack. Mais je crois qu'il faut d'abord revenir sur certains événements. Voyez-vous, vous pourriez vous retrouver impliqué dans cette affaire si l'on parle un peu trop du Fonds spécial de réserve — vous savez, celui qui subventionne en partie vos recherches.

Graham laissa tomba sa cuiller dans son bol.

— J'ignorais que vous étiez au courant, fit-il.

— Jack Daws et moi étions amis depuis plus de trente ans. Cette affaire de fonds semi-secrets qu'il vous octroyait ne correspondait peut-être pas tout à fait aux meilleures traditions éthiques de nos services...

Stope leva la main pour dissuader le directeur de l'institut de l'interrompre.

— Je sais, poursuivit-il, vous allez me répondre que vos recherches méritent amplement ces crédits, que les fonctionnaires britanniques sont, la plupart du temps, trop aveuglés par des considérations terre à terre pour apprécier l'intérêt d'un travail scientifique, et que trop souvent la recherche se meurt faute d'argent. Vous avez peut-être raison et je n'éprouve pas le besoin de vous contredire nécessairement sur ce point : j'ai moi-même passé mon examen de bachelier ès arts, à Cambridge, en choisissant les sciences naturelles, qui m'intéressaient particulièrement à l'époque. Mais c'était il y a fort longtemps et, comme je viens de vous le dire, uniquement par inclination personnelle. Revenons à mon propos : Je voulais simplement souligner que les moyens utilisés par Jack pour vous subventionner n'étaient peut-être pas tout à fait appropriés, de notre point de vue. Et si quelque député a vent de fonds secrets versés à la recherche sans qu'il en soit rendu compte au Parlement, il voudra savoir pourquoi, pour qui, par qui et comment. Il ne faudra alors guère attendre pour que les tatillons de la « Société britannique pour la Responsabilité sociale des hommes de science », ou du « Conseil national pour les Libertés civiques », constituent un volumineux dossier accusant le gouvernement d'autoriser l'utilisation comme cobayes de malades non volontaires à des fins de recherches secrètes. Et, pour ces organisations, secrètes veut dire militaires, ce qui signifie que nous nous retrouverons avec un sacré scandale sur les bras.

Graham sentait la colère monter en lui. Saisissant des deux mains le bord de la table, il se résigna à la patience lorsque Stope s'interrompit une nouvelle fois pour laisser la serveuse débarrasser les bols et apporter la suite. Puis il coupa rageusement un morceau de sa côtelette et le mastiqua en agitant furieusement les mâchoires.

Le directeur de l'institut avait toujours soupçonné qu'il y avait quelque chose de suspect dans ces fonds que lui versait le Cabinet. Il avait travaillé assez longtemps dans la recherche pour savoir que rien n'est aussi irréprochable qu'il y paraît, même dans le monde prétendument pur de la science. A l'université, il avait connu des chercheurs qui, pour obtenir des crédits, attendaient que les autorités eussent annoncé dans quel domaine spécifique elles entendaient débloquer des fonds, et qui modifiaient alors la description de leurs programmes de recherches afin de les faire cadrer en apparence avec les directives gouvernementales. Ces savants n'avaient cependant jamais eu l'intention de s'écarter, fût-ce d'un pouce, de la ligne qu'ils s'étaient tracée pour les dix années suivantes ou même plus. Graham avait toujours pensé que lui, au moins, faisait œuvre importante, mais depuis qu'il avait abandonné le domaine de la physique, il n'avait pas été facile d'en persuader les autres.

Pas un instant il n'avait cru que le Conseil de la Recherche médicale reconduirait les crédits alloués à l'institut pour cinq ans, et l'offre du Cabinet lui avait paru fournir la seule perspective de poursuite ultérieure de ses travaux. Bien qu'il eût éprouvé quelque scrupule à accepter cette aide, il n'avait jamais douté que le Cabinet serait en mesure, au besoin, de justifier sans peine les crédits que le Fonds spécial avait accordés à l'institut. Stope venait pourtant de lui révéler que ce n'était pas le cas et qu'un scandale scientifique pourrait bien éclater. Une image surgit dans l'esprit de Graham avec une netteté déplaisante : celle d'une gravure, souvent reproduite, représentant la foule incendiant la maison et la bibliothèque de Joseph Priestley, savant du XVIIIe qui avait découvert l'oxygène.

Stope avala un morceau de côtelette et but une gorgée de bière.

— D'une certaine façon, il est heureux que Jack m'ait fait des confidences. Des rumeurs circulaient à son sujet; on suggérait même qu'il prendrait peut-être une retraite anticipée pour raisons de santé...

— Vous voulez dire qu'il menaçait de craquer depuis l'accident de sa fille ?

— C'est en partie l'explication. J'aimerais pouvoir dire en grande partie mais malheureusement, Jack avait aussi commis une ou deux peccadilles que certaines personnes refusaient d'oublier et s'ingéniaient à rappeler à d'autres. J'ajouterai, sans malignité excessive, que ces personnes se voyaient déjà dans son fauteuil. Quoi qu'il en soit, Jack m'avait fait des confidences sur les crédits que vous octroyait le Fonds et il m'avait semblé qu'on pouvait sans trop de peine régler cette affaire. Sans entrer dans les détails, disons qu'il aurait suffi de mettre rétroactivement ces crédits au compte d'un autre ministère et d'inscrire dans nos livres un prêt que le Fonds spécial aurait consenti à ce ministère, de manière qu'il puisse commencer à verser lui-même ces crédits dans le cadre d'une année fiscale postérieure à leur utilisation de fait, et...

Il mima de ses mains la rotation d'un mécanisme.

— Vous savez, les rouages dans les rouages, continua-t-il. Malheureusement, Jack n'a pas eu le temps d'opérer cette régularisation avant de... avant hier soir.

Le haut fonctionnaire repoussa ses côtelettes à peine entamées sur le bord de son assiette et y déposa soigneusement sa fourchette et son couteau.

— Comment est-il mort ?

— Je vous ai dit qu'il avait commis une ou deux peccadilles : sa mort a rapport à l'une d'elles. Pour parler crûment, Graham, Jack ne portait pas de pantalon quand il mort...

Le savant lança à Stope un regard perplexe.

— Je connais l'expression mourir les bottes aux pieds mais sans pantalon ?

— Cela veut dire qu'il était au lit !

Au ton de Stope, Graham comprit soudain.

— Pas dans le sien ?

— C'est exact. Il avait une liaison avec une fille qu'il rencontrait à Londres, dans un appartement. Lorsqu'elle l'a vu mort, cette idiote s'est mise à brailler dans la rue, ameutant tout le quartier. Par bonheur les hauts fonctionnaires ne font pas encore partie des célébrités du pays, et aucun des curieux que ses cris attirèrent chez elle ne reconnut Jack. Toutefois, il ne nous est guère possible d'affirmer qu'il est mort d'une crise cardiaque chez lui, dans les bras de son épouse...

La serveuse réapparaissant, les deux hommes se turent et gardèrent le silence tandis qu'elle débarrassait la table sans hâte.

— Fromage ou dessert ? proposa-t-elle.

— Quel dessert ? demanda Stope.

— Confiture de rhubarbe.

— C'est ce que je prendrai, merci. Et vous, Graham ?

— Rien, merci. Juste une tasse de café. La fumée vous dérange ?

— Pas du tout, répondit Stope en tendant un cendrier au directeur de l'institut.

Plongeant la main dans une de ses poches à la recherche de sa pipe, Graham trouva le message que lui avait remis le portier de l'*Athenaeum* et qu'il n'avait toujours pas lu. Il marmonna un « excusez-moi » à l'adresse de son hôte, déplia la feuille de papier. La lecture du message altéra de manière spectaculaire l'expression de son visage.

— Qu'y a-t-il ? demanda Stope. Des ennuis ?

— Un message d'un de mes collaborateurs. Très curieux.

Le chercheur laissa tomber la feuille sur la

table et tira sa pipe de sa poche. Stope se pencha pour lire la note : *le docteur Wagner a téléphoné. B.D. a rêvé hier soir à 22 h 30.*

— Qu'est-ce que cela veut dire ? fit-il. Qui est B.D. ?

— Barbara Daws. Vous saviez sans doute qu'elle fait partie de mes patients ?

Stope acquiesça d'un signe de tête.

— Connaissez-vous l'heure exacte de la mort de son père ? reprit Graham.

Le haut fonctionnaire se pencha de nouveau pour relire le message.

— Sapristi, c'est un peu fort. D'après le médecin qui l'a examiné, Jack Daws est mort entre dix et onze heures du soir... Mais que signifie cette histoire de rêve ?

— Je ne sais pas. Il se trouve simplement qu'il y a quelques jours encore, aucun de nos malades inconscients n'avait jamais montré les signes classiques caractérisant une phase de rêve. A présent, voilà que deux d'entre eux l'ont fait en l'espace de vingt-quatre heures. Et dans les deux cas, il s'est produit au même moment un événement grave concernant leur père — ou le cadavre du père.

Graham s'interrompit pour allumer sa pipe.

— Il ne s'agit peut-être que d'une coïncidence, reprit-il, mais j'aimerais que vous me parliez de la famille Daws. Que savez-vous des relations que Barbara avait avec son père ? S'entendaient-ils bien ?

— Y a-t-il vraiment un rapport quelconque ?

— Peut-être...

Le savant cacha mal son irritation d'être une nouvelle fois interrompu par la serveuse apportant le dessert de Stope et le café. Lorsque les deux hommes furent de nouveau seuls, le haut fonctionnaire reprit :

— Je ne vois pas trop à quoi cela vous servira. Daws avait des maîtresses, je vous l'ai dit. Il avait même failli quitter sa femme pour l'une d'elles — pas celle avec qui il se trouvait hier soir, d'ailleurs. Il est difficile au vieux célibataire que je suis d'analyser les raisons du comportements des gens mariés mais je sais qu'une des « petites femmes » de Jack, comme il disait, avait dû l'entortiller au point de l'amener à proposer le divorce à Angela, son épouse.

Stope s'arrêta pour porter à sa bouche une cuillerée de confiture de rhubarbe et fit signe à Graham de se servir de café.

— S'il n'y avait eu l'accident, ils se seraient probablement séparés, et Jack aurait épousé sa maîtresse. Mais à l'évidence, il se sentit coupable au point de plaquer la fille et retourna auprès d'Angela, qui accepta de rester avec lui à certaines conditions. J'ignore lesquelles, encore que Jack m'eût laissé entendre que les femmes peuvent parfois faire preuve d'une férocité peu commune. En tout cas, il avait sans aucun doute besoin d'Angela et, comme il le disait lui-même, l'accident ne se serait jamais produit s'il avait agi autrement.

— Comment cela ?

— Angela était partie quelques jours pour faire le point et Jack avait promis de rester à la maison pour parler aux enfants — Barbara quand elle rentrerait de l'université, Brian à son retour du pensionnat — de leur projet de divorce...

— Et bouleversée par la nouvelle, Barbara était partie galoper et avait fait cette chute de cheval ?

— Exactement. Je connais Barbara depuis sa naissance : elle n'aurait jamais cru sa mère capable d'une mauvaise action. J'imagine que l'annonce d'une séparation prochaine de ses parents lui avait causé un choc terrible.

Graham souffla vers le plafond un jet odorant de fumée bleue.

— Je ne cesse de me répéter qu'il ne s'agit que d'une coïncidence, murmura-t-il, plus à lui-même qu'à Stope. Mais si ce n'en était pas une ?

— Que voulez-vous dire, fit Stope en repoussant sa petite assiette. Ecoutez, vous pourriez peut-être me faire un peu confiance maintenant et m'expliquer ce que signifie ce rêve. Vous ne croyez pas vraiment qu'il y a un rapport, n'est-ce pas ?

— Je vous l'ai dit : je ne cesse de me répéter qu'il s'agit d'une coïncidence. Toutefois, il vaut mieux prendre toutes les précautions. Puis-je me servir de votre téléphone ? J'aimerais parler à mes collaborateurs.

— Laissez-moi demander la communication, suggéra Stope. Quand la standardiste entend une voix inconnue, elle enclenche la vitesse bureaucratique. Quel est le numéro ?

Une minute plus tard, Graham obtenait l'institut.

— Allô, Margaret ? Ici Graham. Tim est là ? — Il y eut une pause. — Tim ? Merci pour votre message... non, je viens juste d'en prendre connaissance en raison de circonstances plutôt étranges. Je ne peux entrer dans les détails maintenant mais je crois qu'il vaudrait mieux empêcher nos dormeurs de rêver. Il y a un dossier sur les drogues qui suppriment le rêve dans le deuxième tiroir de mon classeur — le scientifique, pas l'administratif. Je pense que vous y trouverez le nom d'un barbiturique quelconque qui fera l'affaire. Oh, j'y songe : vous pouvez aussi utiliser un des inhibiteurs MAO, le tranyl — quelque chose. En tout cas, choisissez le plus approprié et injectez-en une dose à chacun de nos patients... je ne sais pas quelle dose, c'est vous le médecin. Autant que vous l'estimerez possible sans risque. Tout ce que je veux, c'est qu'ils s'arrêtent de rêver. Il n'y en a pas eu d'autres, non ?... Bien... Non, je ne serai pas de retour avant votre départ : je rentre par le train de sept heures. Ecoutez, si vous êtes pressé de savoir, attendez-moi au café près de la gare... Oui, c'est celui-là... Non, cet après-midi, je vais demander conseil à un de mes vieux copains qui m'indiquera peut-être une ou deux directions dans lesquelles chercher... D'accord, à tout à l'heure.

Graham raccrocha et se tourna vers Stope.

— C'était mon assistant. Vous avez remarqué, je l'espère, que même avec lui j'ai pris garde de ne pas m'engager trop rapidement dans une hypothèse quelconque. Aussi ne vous attendez pas à ce que je vous en dise davantage pour l'instant. Si vous m'aidez à sortir de ce labyrinthe et à trouver un taxi, je dénicherai peut-être une piste dans les heures qui viennent.

Le savant vit que Stope s'apprêtait à protester.

— Et ces heures pourraient bien se révéler capitales, déclara Graham avec fermeté.

— Bien sûr, fit le haut fonctionnaire en se dirigeant vers la porte.

— Je suis désolé, Jen. Cela ne t'ennuie pas trop, tu es sûre ?

Wagner se pencha afin d'ouvrir à son amie la portière de la voiture.

— Non, pas du tout, assura Jennifer. J'aurais préféré que tu m'accompagnes mais...

La jeune femme laissa sa phrase en suspens.

— Ecoute, assieds-toi dans le fond de la salle, au bord de l'allée centrale : si je parviens à me libérer plus tôt, je prendrai un billet et je te chercherai dans le cinéma. Sinon, on se retrouve au café d'accord ?

— D'accord. N'aie pas l'air contrarié. Je sais bien que c'est important, et ça ne me dérange pas de voir le film seule.

Après l'avoir embrassé sur la joue, elle ajouta :

— Et je promets de garder tout le temps les genoux serrés.

Elle sourit, descendit de voiture, claqua la portière et se dirigea vers les marches du cinéma en adressant à Tim un signe de la main. Le docteur Wagner passa en première, démarra et prit la direction du *Café des Cheminots.*

Il attendait devant une chope de Double Diamond depuis vingt minutes lorsque Graham entra dans le bar, la démarche affairée, l'air plus volumineux encore que d'ordinaire dans son pardessus bleu foncé. Il repéra son assistant au premier coup d'œil, s'avança vers sa table et jeta sa serviette sur une chaise.

— Salut, Tim, fit-il. Merci d'être venu. Qu'est-ce que vous prenez ?

— Une autre D.D., répondit Wagner, qui vida sa pinte et la tendit à son patron.

Graham alla chercher la bière demandée ainsi qu'un grand whisky pour lui-même et s'installa à côté de Tim.

— Avez-vous administré les drogues aux patients ? lui demanda-t-il.

Le jeune médecin hocha la tête :

— J'ai trouvé exactement ce qu'il nous fallait. C'est un produit plus récent que la tranylcypromine et il a déjà été utilisé aux Etats-Unis dans les recherches sur la privation de rêve. Les Américains pensent qu'il peut empêcher indéfiniment un sujet de rêver sans avoir d'effets secondaires trop importants, à condition toutefois qu'on s'en tienne à des doses modérées.

— Parfait. Je suppose que vous voulez savoir maintenant pourquoi je vous ai proposé de me retrouver ici ce soir plutôt que d'attendre jusqu'à demain. La raison essentielle, c'est que je veux vous confier quelque chose. Vous me direz ensuite si vous me croyez fou. Après tout, c'est bien vous le type qui a écrit « *le rasoir d'Occam* » sur son bloc-notes.

Après avoir bu une gorgée de whisky, Graham résuma à son assistant les événements et découvertes de la journée jusqu'à son coup de téléphone.

— Etrange coïncidence, n'est-ce pas ? conclut-il. Le gars Maxwell, l'autre jour, décide de faire un rêve, ce qui n'était encore arrivé à aucun de nos dormeurs. Au même moment, à des kilomètres de l'institut, la tombe de son père est profanée. Hier soir, Barbara Daws se met à rêver, et son père meurt d'une crise cardiaque. Voilà deux éléments qu'un homme de science rationnel, terre à terre, n'oserait rapprocher — bien que les mettre en rapport constituerait à mon avis une initiative fort « occamienne ». C'est la raison pour laquelle j'ai passé l'après-midi avec de vieilles connaissances, à parler essentiellement de sciences occultes. Comme vous l'aviez probablement deviné d'après notre conversation au téléphone, j'inclinais déjà à penser qu'il pouvait y avoir un rapport entre les rêves de nos dormeurs et les événements réels concernant leurs parents proches. Voilà pourquoi j'ai tenu à m'assurer qu'ils ne rêveraient pas de nouveau avant que nous n'ayons pu réfléchir au problème.

— Et où votre réflexion vous a-t-elle mené jusqu'ici ? Vous ne suggérez quand même pas que les rêves sont liés aux autres événements ?

— Liés ? Si, probablement. Vous savez, j'ai

appris des choses facinantes cet après-midi. Par exemple, qu'une tribu indienne croyait aux rêves prophétiques et était persuadée que tout ce que chacun des membres de la tribu voyait dans ses rêves devait fatalement se produire. De sorte que si l'un des Peaux-Rouges disait à un autre : « A propos, j'ai rêvé que je me tapais ta femme la nuit dernière », le mari se contentait plus ou moins de lui montrer son teepee en lui répondant : « Vas-y, sers-toi. »

Graham avala une autre rasade de whisky.

— Pardon, je m'écarte du sujet. Il faut examiner sérieusement cette histoire de coïncidence si nous ne voulons pas patauger lamentablement, comme certains de nos collègues physiciens lorsque cet Israélien s'est mis à plier les fourchettes sans les toucher. Parce qu'ils ne comprenaient pas comment il faisait, ils étaient prêts à chambouler toutes les lois de la physique. Aucun savant véritable ne devrait jamais sous-estimer le pouvoir de l'intuition — et c'est sur une intuition que je vais jouer mes cartes.

Au niveau des apparences, nous nous trouvons en présence de deux événements malheureux mais qui n'ont rien d'extraordinaire : une tombe profanée, un homme d'âge mûr qui meurt d'une crise cardiaque. Pourtant, ces deux événements sont associés dans le temps à deux phénomènes qui ne s'étaient encore jamais produits : un rêve chez nos dormeurs. Et il se trouve que les deux premiers événements affectent l'un et l'autre le père de la personne qui rêve au moment où ils surviennent. Saviez-vous que Calvin Hall a souligné, dans les années cinquante, que ce sont les parents proches qui apparaissent le plus souvent dans les rêves ? Hall a également remarqué que les rêves désagréables sont plus fréquents que les rêves plaisants, et il n'est pas le seul à avoir fait cette constatation. A la fin du siècle dernier, Mary Whitten Calkins, la première à entreprendre une recherche systématique dans ce domaine aux Etats-Unis, a découvert que les trois quarts des rêves qu'elle notait — en se prenant elle-même et un collègue comme sujets d'expérience — avaient un caractère désagréable.

Tim porta sa chope à ses lèvres en songeant que Graham soignait encore plus ses effets qu'à l'accoutumée.

— Bon d'accord, mais cela n'établit aucun rapport entre les deux séries, objecta-t-il à son patron.

— Hormis un rapport circonstantiel. Nous savons que la dernière expérience consciente de Barbara Daws fut une dispute avec son père. Si son rêve d'hier soir concernait son père, il avait de fortes chances d'être déplaisant, me semble-t-il. J'ignore si Maxwell haïssait son père, mais là encore les probabilités permettent de le supposer puisque c'est le cas de la plupart des hommes.

Avec un large sourire, le directeur ajouta :

— Cette affirmation serait-elle trop freudienne pour vous ?

Tim haussa les épaules.

— Que viennent faire les sciences occultes dans cette histoire ? demanda-t-il. Vous dites que vous avez rencontré aujourd'hui des personnes qui s'y intéressent.

— Oui. Je ne m'en suis jamais occupé moi-même mais je connais un ou deux types qui les étudient. Avez-vous entendu parler de Gabriel Koppel ?

Wagner secoua la tête.

— Il enseigne à l'University College de Londres, reprit Graham. C'est un spécialiste d'une branche curieuse de l'anthropologie. De surcroît, excellent joueur de squash — c'est sur ce plan que se placent nos relations — et, surtout, passionné de sciences occultes. Je lui ai demandé quel rôle jouent les rêves dans l'occultisme, et nous avons bien entendu discuté d'oniromancie.

— Quoi ?

— D'oniromancie : la divination par les songes. Il a aussi mentionné une étrange secte sud-américaine dont je n'avais jamais entendu parler. Je ne serais d'ailleurs pas étonné que Koppel soit le seul à la connaître en Angleterre. Il semblerait qu'elle se soit constituée au XVIIe siècle sur la base d'un des cultes du peyotl. Les adeptes de la nouvelle secte continuèrent d'ailleurs à utiliser des drogues mais en affirmant qu'à travers les rêves qu'elles provoquaient, ils étaient capables d'agir sur le monde extérieur. Leur chef, prétendaient-ils, possédait une puissance telle qu'il pouvait se passer de drogue : il lui suffisait d'aller dormir et de rêver pour commander des actions à distance. L'Eglise catholique, qui opérait déjà dans le secteur à l'époque, y vit l'œuvre du diable et fit exterminer presque tous les membres de la secte alors qu'ils se trouvaient sous l'influence du peyotl. Seul le chef échappa au massacre.

« L'histoire devient ensuite assez embrouillée. Elle repose essentiellement sur des textes écrits par des jésuites, et donc partiaux, mais Koppel a aussi découvert des légendes locales transmises oralement. On prétend que le chef se serait réfugié dans une caverne écartée afin d'y attendre en dormant que le monde soit prêt à le recevoir. Cela rappelle un peu notre légende du Roi Arthur et de ses chevaliers, à cette différence près que pendant son sommeil, le chef aurait contribué à préparer le monde à sa venue en rêvant de ses ennemis.

— Et cela a marché ?

— Comment le savoir ? On sait toutefois de source sûre que l'année qui suivit le massacre des Indiens, une proportion élevée des jésuites de la mission voisine, responsable de la boucherie, mourut d'un mal mystérieux dont on trouve la description dans certains manuscrits. Bien sûr, on n'y souligne pas la ressemblance de ce mal étrange avec la paralysie générale progressive mais je veux bien admettre qu'un jésuite ait été incapable de reconnaître les effets de la syphilis. Les soldats qui avaient exécuté les basses œuvres furent tous assassinés dans leur lit, horriblement mutilés, alors que d'autres, qui dormaient dans le même baraquement mais n'avaient pas participé au massacre, n'eurent même pas une égratignure. Plus étrange encore, l'exterminateur en chef des sectes païennes, un certain père Garcia, traversait un cloître lorsqu'il fut soudain enveloppé par une colonne de feu qui le consuma presque entièrement. Mais pas complètement, a précisé Koppel, puisque certains fragments de ses ossements épargnés par le feu devinrent ensuite de saintes reliques.

Tim se renversa contre le dossier de sa chaise. Il avait fini sa bière pendant le récit de son patron et glissait à présent la main dans sa poche-revolver en quête d'un billet. Remarquant le geste, Graham vida son verre lui aussi.

— Cela donne soif de raconter des histoires, observa-t-il.

— Vous reprenez la même chose ?

— Je crois que je vais plutôt prendre une bière, comme vous.

Au comptoir, Wagner réfléchit en regardant la serveuse blonde à la mine de papier mâché tirer deux bières à la pression. Cela paraît tellement invraisemblable, se disait-il. Mais pour que Graham soit prêt non seulement à envisager une telle hypothèse mais encore à en discuter avec quelqu'un, il doit s'appuyer sur autre chose qu'une simple intuition.

— Alors vous croyez que les rêves deviennent réalité ? fit Tim à son directeur en posant les deux chopes devant lui.

— Pas au sens où on l'entend d'ordinaire. Toutefois, je me demande si dans certaines circonstances particulières...

Graham s'interrompit afin de boire une longue gorgée de bière.

— Ah, elle est bonne, reprit-il. Vous savez, je ne confierais pas à tous mes collaborateurs ce que je viens de vous dire. Pas pour l'instant en tout cas.

— Pourquoi m'avoir choisi pour confident ?

— En partie parce que vous êtes un brillant jeune chercheur et que je voulais connaître votre opinion; en partie parce que Mac n'était pas disponible : il rentrera assez tard.

— J'arrive en second dans l'ordre de préférence ?

— Cela chatouille-t-il votre amour-propre ?

— Je me sens au contraire comblé dans ma vanité : jamais je ne me serais classé si haut. Ecoutez, Andrew, il y a certaines observations que je voudrais vous faire sans attendre. Vous admettrez que votre histoire semble bigrement tirée par les cheveux ?

Graham acquiesça en hochant vigoureusement la tête.

— Mais elle cadre peut-être avec un détail qui m'intrigue, continua Tim. Aujourd'hui, j'ai examiné soigneusement tous les graphiques pour voir ce qui se passait chez les autres dormeurs au moment où Barbara rêvait, et j'ai fait une découverte curieuse. Nous avions remarqué, vous vous en souvenez, que Maxwell présentait un rythme zéta très fort, bien plus fort que tous les autres malades. Eh bien, pendant toute la durée du rêve de Barbara — et même une demi-heure avant et après — le rythme zéta de Maxwell a baissé d'amplitude alors que celui de la jeune fille grimpait. Je les ai mesurés en utilisant comme référence les variations d'amplitude des autres rythmes, et j'ai constaté que, à cinq pour cent près, la diminution de l'un correspondait à l'augmentation de l'autre.

Les paupières à demi closes, le directeur de l'institut observait son collaborateur.

— Continuez, Tim. Je vous retourne votre question de tout à l'heure : et alors ?

— Bon, mon histoire semble aussi absurde que la vôtre, je le crains. L'autre soir, je parlais à ma petite amie du rythme zéta, et elle m'a demandé pourquoi il se produisait. Comme je n'avais naturellement aucune réponse, j'ai biaisé par une plaisanterie en parlant de petits hommes verts...

Le docteur Wagner haussa les épaules avec embarras.

— Vous suggérez que nos dormeurs seraient victimes d'une forme de possession ? fit Graham.

— Je n'y avais pas songé avant que vous ne parliez d'occultisme, mais après tout pourquoi pas ? Oui, une sorte de possession démoniaque, comme auraient dit vos jésuites, ou en tout cas quelque chose qui s'est emparé de nos patients et les maintient endormis. Hier soir, le démon de Maxwell aurait troqué sa place avec celui de Barbara Daws.

— Mais pourquoi tourmenteraient-ils leurs parents ?

— Pour le plaisir de faire du grabuge, grommela Tim sans conviction.

Le jeune médecin haussa de nouveau les épaules. La conversation les entraînait vers des régions marécageuses où son esprit, formé à l'école du rationalisme scientifique, refusait de s'aventurer. La méthode scientifique tant célébrée qu'on lui avait présentée pendant toutes ses études comme l'unique moyen d'accéder à la vérité consistait pour une bonne part, il le savait à présent, à se poser uniquement les questions auxquelles on pouvait apporter une réponse claire et précise. En ce moment, il pataugeait au contraire, mais il se demandait si son avancée en terrain glissant ne se révélerait pas au bout du compte plus importante que ses cheminements sur des voies bien tracées.

— Quelle ironie du sort ce serait, gloussa Graham.

— Quoi donc ? fit Wagner, qui se demandait ce qu'il avait pu dire de si drôle.

— Que le démon de Maxwell s'évertue à faire du grabuge, à créer le chaos. Pardon, je vais m'expliquer. Avez-vous des notions de thermodynamique ? Il y a une centaine d'années, le physicien écossais James Clerk Maxwell avança une idée permettant, semblait-il, de contourner le second principe de thermodynamique — vous savez, celui que Flanders et Swann expliquaient par la formule : « On ne peut faire passer de la chaleur d'un corps froid à un corps plus chaud. » Supposons, se dit Maxwell, que nous ayons un récipient divisé en deux parties, l'une contenant des molécules froides, lentes, l'autre des molécules chaudes, rapides. Comme tout est affaire de moyenne, il y aura aussi, côté froid, quelques molécules chaudes. Au milieu du récipient, une trappe reliant les deux parties et un diablotin s'empressant de l'ouvrir dès qu'il voit une molécule chaude se diriger du côté froid vers le côté chaud. Ce diablotin — le démon de Maxwell comme on l'appela par la suite — créerait donc l'ordre à partir du chaos.

Graham s'accorda une rasade de bière avant de poursuivre :

— Toutefois, dans les années cinquante, Léon Brillouin démontra que, même alors, on n'échappe pas aux conséquences du second principe de la thermodynamique. Quoi qu'il en soit, voilà pourquoi j'ai trouvé amusant votre démon de Maxwell nouvelle version, celui qui crée le chaos à partir de l'ordre.

Le savant changea soudain de ton.

— Supposons qu'ils existent, ces démons. Se pourrait-il qu'ils soient en train de prendre leur revanche ?

— En quel sens ?

— Disons que Maxwell et Miss Daws n'aimaient guère leurs pères respectifs. Et ils seraient à présent possédés par des diables qui leur donnent le pouvoir de se venger.

Tim allait demander à Graham s'il suffit qu'un homme haïsse son père pour vouloir profaner sa tombe lorsque Jennifer vint rejoindre les deux hommes.

— Encore en pleine discussion ? dit-elle. Ou bien puis-je m'asseoir avec vous ?

Graham se leva tandis que Wagner regardait sa montre.

— Désolé, chérie, j'ai oublié l'heure, dit Tim. Docteur Graham, je vous présente mon amie, Jennifer Bright.

— Ravi, assura le chercheur avec chaleur en enveloppant du regard la silhouette rebondie avec des mines de gourmet savourant un vieux cognac. J'espère ne pas avoir complètement gâché votre soirée. Tim et moi avons eu une discussion abracadabrante — du moins, je commence à espérer que nous n'avons agité que des élucubrations. Il faut que je me sauve, à présent. Puis-je vous offrir un verre avant de partir ?

— Un gin-tonic, s'il vous plaît.

Graham apporta une autre tournée mais se contenta cette fois d'un whisky simple qu'il vida d'un trait avant de laisser seuls Tim et Jennifer.

— Votre discussion a été utile ? demanda la jeune femme.

— Etrange plutôt. Et le film ?

— Tarte. Un type du coin a essayé de me draguer.

Elle se mit à rire lorsque Tim feignit la colère.

— Mais je ne l'ai pas laissé faire, comme tu vois, ajouta-t-elle.

— Jen, fit le médecin en regardant d'un air pensif le fond de sa chope, tu crois aux phénomènes surnaturels ?

— Quelle drôle de question !

— Je commence à croire que nous vivons dans un drôle de monde.

— Pourquoi me demandes-tu ça ?

— Pour savoir, répondit Tim avec un haussement d'épaules. Nous ne nous connaissons pas très bien, n'est-ce pas ?

Jennifer le fixa de ses yeux marron en se demandant d'où lui venaient ces préoccupations et si elle pouvait contribuer à les dissiper.

— Est-ce que cela a de l'importance ? dit-elle en posant la main sur son bras.

— Peut-être pas, fit-il avec un pâle sourire. C'est si difficile de connaître quelqu'un : cela m'épouvante parfois.

Le silence s'installa entre les deux jeunes gens qui s'isolèrent dans leurs pensées, sirotant leur verre sans échanger une parole. Tim se sentit soudain fatigué et un peu effrayé. Il éprouvait au creux de l'estomac une sensation désagréable, comme si, au niveau inconscient, l'habitait un pressentiment de mauvais augure. En apparence, il venait de bâtir avec Graham une montagne sur de minces données, ce qui ne correspondait guère à un emploi judicieux du *rasoir d'Occam*. Pourtant, une logique démente semblait se cacher derrière leur hypothèse insensée selon laquelle les dormeurs étaient possédés.

Tim Wagner avait grandi dans une famille chrétienne mais ne débordant pas de ferveur religieuse. Sa mère l'emmenait à la messe à Noël et à Pâques tandis que son père demeurait à la maison à fumer sa pipe devant la cheminée. A son adolescence, ses parents lui avaient laissé le choix d'aller ou non à l'église, et il avait cessé de pratiquer. Peu à peu, supposait-il, il avait aussi cessé de croire, non seulement en Dieu mais aussi en Satan et en ses œuvres. S'il pouvait lui arriver de parler de « possession démoniaque », il n'y croyait pas vraiment au pied de la lettre. Et si les dormeurs étaient possédés, c'était, dans la logique de Tim, par quelque chose qu'une équipe d'hommes de science devait être capable de découvrir.

En tournant le coin de la rue avec Jennifer pour aller chercher sa voiture, le docteur Wagner s'interrogeait sur la nature de ce quelque chose.

CHAPITRE VII

Assis dans le salon attenant à l'arrière-boutique, Tim et Jennifer faisaient face à Mrs. Maxwell, qui se tordait nerveusement les mains. La vieille femme n'aimait pas répondre aux questions, surtout venant d'inconnus, même si l'un d'eux était médecin. D'ailleurs, elle trouvait Tim bien jeune pour être docteur.

En rentrant du *Café des Cheminots*, Wagner avait décidé que, pour tenter d'ajouter quelques faits aux maigres données que Graham et lui avaient prises comme base de départ, il se rendrait à Portsmouth, rencontrerait la mère de Maxwell et essayerait d'en savoir davantage sur les relations que le malade inconscient avait entretenues avec son père.

Stevenson avait arrangé la rencontre avec une bonne volonté que Tim n'avait pas récompensée en déclinant l'offre du docteur de Portsmouth de l'accompagner. Le collaborateur de Graham avait en effet estimé que Stevenson était la dernière personne à avoir dans les jambes lorsqu'on tente d'aborder les problèmes délicats de l'histoire d'une famille. Mais à présent qu'il avait entendu pendant plus d'un quart d'heure les échappatoires que Mrs. Maxwell opposait à ses questions, Tim commençait à douter de l'utilité de ce voyage.

Mrs. Maxwell paraissait dépourvue de vie, malgré les euphorisants que Wagner la soupçonnait de prendre à doses massives. Assise dans son fauteuil comme une poupée-chiffon mal rembourrée, elle parlait de sa vie avec son mari et son enfant d'une voix morne, comme si elle racontait l'histoire d'une autre famille ne l'intéressant guère.

— ... jamais méchant, mon mari, disait-elle, simplement sévère. Un garçon n'en souffre pas, au contraire. Plus tard, en vieillissant, il remercie son père de lui avoir donné le sens de la discipline. D'ailleurs, je ne me souviens pas d'avoir entendu John me parler de son père.

— Aurait-il pu lui en vouloir pour une raison quelconque et nourrir des ressentiments à son égard ?

— Je ne vois pas ce que vous voulez dire, docteur Wagner. Edward, mon mari, n'était pas homme à commettre une action qui aurait pu lui valoir la rancune de qui que ce soit. Bien sûr, il n'était pas parfait, je le sais. Il avait ses défauts mais nous en avons tous, n'est-ce pas ? Je ne me rappelle pas qu'il ait jamais fait quelque chose qui aurait pu susciter du ressentiment. En tout cas pas à John. Il voulait seulement lui apprendre à se débrouiller dans la vie. Mon mari reprochait parfois à son fils de ne pas se préparer aux difficultés de l'existence.

— Pour quelle raison, par exemple ?

— Je ne sais pas trop. John passait son temps à lire des livres sur la nature, et mon mari disait qu'il ferait mieux d'aller jouer au football dans la rue. Edward n'aimait pas beaucoup la nature. Les fleurs et les papillons, c'est bon pour les filles, avait-il coutume de répéter à

John. Il voulait que son fils devienne un homme.

Tim avait l'impression que la conversation tournait en rond sans le mener nulle part.

— Eh bien, Mrs. Maxwell, je crois que nous avons déjà abusé de votre temps, fit-il. Une dernière question : je suppose que votre fils ne tenait pas de journal intime ?

— Oh, mais si. Il y en a un plein carton dans sa chambre. Il a tenu un journal pendant des années, depuis qu'il était tout petit, et il ne s'est arrêté qu'à la mort de Sally. Sally, c'était sa femme, une femme charmante. Plus rien n'intéressait John sans elle, et je comprenais ce qu'il éprouvait : quand on perd quelqu'un tout d'un coup comme ça, qu'on se retrouve seul...

— Bien sûr, dit Jennifer avec douceur.

— Mrs. Maxwell, pensez-vous qu'il nous serait possible de jeter un œil sur ces journaux intimes ? demanda Tim, mal à l'aise.

— Mon Dieu, je ne crois pas que ça lui plairait, répondit la vieille femme, apparemment interloquée par la requête du docteur.

Wagner se pencha en avant et prit un ton grave et confidentiel :

— Je ne vous ferais pas cette demande si je ne pensais que ces journaux peuvent nous éclairer sur l'état actuel de votre fils.

— Vous voulez dire y trouver un indice qui vous aiderait à le guérir ?

— C'est possible.

— Dans ce cas, je peux difficilement refuser.

Mrs. Maxwell les précéda dans un escalier sombre conduisant à une chambre mal chauffée.

— Les voilà, dit-elle en tirant un carton de dessous le lit. Ils sont un peu poussiéreux, j'en ai peur. C'est qu'ils remontent à bien des années en arrière, vous savez. Je me suis souvent demandé ce qu'il pouvait bien y écrire mais je n'ai jamais regardé.

— Si vous voulez, Mrs. Maxwell, nous les lirons ici.

La mère de John sortit de la chambre en marmonnant une remarque indistincte. Manifestement, elle n'aimait pas voir un inconnu fourrer son nez dans les journaux de son fils, même si cela pouvait contribuer à hâter sa guérison, mais elle avait passé trop d'années à acquiescer docilement pour se mettre d'un seul coup à devenir récalcitrante. Aussi descendit-elle l'escalier et reprit-elle sa posture de poupée disloquée devant le radiateur à gaz.

Dans la chambre, Tim et Jennifer feuilletaient déjà les journaux, qui semblaient presque remonter à l'époque où John Maxwell avait appris à écrire. Ils avaient commencé par les plus récents, ceux qui concernaient sa vie d'homme marié. Bien que rédigés après la mort du père, ils pouvaient néanmoins, estimait Tim, receler un indice intéressant. Malheureusement, Tim et Jennifer n'avaient découvert jusqu'ici que des allusions rares et peu révélatrices du genre : « Mère triste au téléphone; c'est bientôt l'anniversaire de la mort de père. »

Ils avaient donc remonté dans le temps, étirant à l'envers le fil de la vie de John. Bientôt les allusions qu'ils cherchaient abondèrent; ils trouvèrent même un long passage écrit le jour de l'enterrement du père. John y avait décrit les funérailles, l'attitude de sa mère et de certains autres membres de la famille et avait conclu par cette phrase : « Ainsi il est mort; et il ne faut pas médire des disparus. »

— On dirait pourtant qu'il en crevait d'envie, remarqua Jennifer.

— Sans aucun doute. Continuons : toi, tu

commences par le début et tu suis l'ordre chronologique; moi, je vais en marche arrière.

Ainsi procédèrent-ils, parcourant les pages d'écriture serrée en quête de renseignements importants sur les rapports de Maxwell et de son père.

— Mrs. Maxwell n'avait pas tort de dire que son mari croyait aux vertus de la discipline, fit Jennifer en levant les yeux d'un des cahiers. Ecoute ça : « Encore battu. Pourquoi papa se met-il en colère contre moi ? J'aimerais tant savoir ce qu'il faut faire pour lui plaire. » C'était la troisième raclée de la semaine, et il écrivait ces lignes le jeudi.

— A l'époque, il ignorait encore ce qu'il allait découvrir ultérieurement, l'année où il entamait ce cahier-ci.

Indiquant du doigt le passage qu'il lisait, Wagner ajouta :

— A savoir que son père buvait. Le bon Edward rentrait probablement soûl tous les soirs et se vengeait des humiliations de la journée en battant son fils. Je crois que nous pouvons maintenant affirmer en toute certitude que Maxwell avait d'excellentes raisons de détester son père. Continuons quand même un peu, ne serait-ce que pour vérifier que leur affrontement a eu un caractère durable.

Ils reprirent leur lecture à la froide lumière d'automne qui tombait dans la pièce exiguë. Au bout de quelques minutes, Jennifer émit un sifflement.

— Tu as trouvé quelque chose ? demanda Tim.

— Je ne savais pas que les petits garçons pouvaient être cruels à ce point, répondit-elle. Il y a ici toute une page sur une bande de galopins qui lui administraient régulièrement une rossée quand il rentrait de l'école.

— Ce n'est pas ce que nous cherchons, Jen. Bon Dieu, on gèle ici... Si nous allions dans un pub manger un morceau ?

— Non, non, fit la jeune femme en repoussant la suggestion d'un geste de la main. Il faut que je lise ça. Pauvre vieux Maxwell, pauvre petit Maxwell plutôt. Ces voyous en avaient fait leur souffre-douleur et quand le père apprenait que son rejeton s'était fait mettre une volée, il réagissait, semble-t-il, en lui infligeant une correction supplémentaire. Ça alors ! C'est étrange...

— Allez, Jenny, on descend, j'ai faim. Il n'y a rien d'étrange là-dedans. C'est tout à fait ordinaire, au contraire.

— Non, pas ça. Maxwell s'est efforcé pendant plusieurs semaines de découvrir qui étaient ses bourreaux. Il a fini par trouver et il écrit : « Celui qui commence toujours s'appelle Michael Field. Il habite dans une des maisons appartenant à la ville. C'est lui qui entraîne les deux autres. Un jour, je lui ferai payer, à ce Michael Field. »

Wagner haussa les épaules.

— Aide-moi plutôt à remettre les cahiers dans le carton, dit-il. Je crois que nous avons trouvé ce que nous cherchions.

— Et peut-être bien plus, Tim : je connais un nommé Michael Field, j'ai partagé une chambre avec une fille qui sortait avec lui et ils essayaient toujours de me convaincre de coucher avec eux...

— Ensemble ou séparément ?

— Ensemble, bien sûr, mais cela ne me tentait pas.

— Il doit y avoir des milliers de Michael Field en Angleterre. Pourquoi veux-tu qu'il s'agisse du même ?

— Ce n'est pas impossible, et dans ce cas, il pourrait nous en apprendre davantage sur Maxwell. Je ne risque rien à téléphoner à mon amie...

— Si tu veux, mais appelle-la d'un endroit où on peut manger, d'accord ? Je meurs de froid dans cette chambre et mon estomac me reproche d'oublier son existence.

Ils rangèrent les journaux intimes, remercièrent Mrs. Maxwell, assurèrent que leur lecture s'était révélée fort utile et contribuerait peut-être au retour de John à la conscience et à la maison. Puis ils descendirent la route jusqu'à un pub victorien à façade de briques rouges, sale de l'extérieur et quelconque à l'intérieur. Accoudés au comptoir, trois clients d'âge mûr buvaient de la bière en dissertant sur les chances de Portsmouth dans le match de samedi. Dans un coin, il y avait un téléphone mural entouré d'une coque isolante. Après avoir réclamé des pièces de monnaie à Tim, Jennifer alla appeler son amie.

Tim s'installa à une table et se fit servir une assiettée de hachis aux pommes de terre. C'est chaud, jugea-t-il, bourratif et nourrissant.

Jenny vint le rejoindre et lui annonça, avec une désinvolture étudiée :

— Tu te souviens de ta discussion avec Graham au sujet des coïncidences ? J'en ai une autre à t'offrir.

— Laquelle ?

— Michael Field, celui que je connaissais, est mort il y a cinq jours. A ce qu'on raconte, il a cassé sa pipe d'une crise cardiaque en essayant de boucher un trou...

Elle fouilla dans son sac à la recherche d'une cigarette.

— Quel genre de trou ?

— Celui qui se trouvait entre les jambes de sa secrétaire, répondit Jennifer avant d'allumer sa cigarette d'une main tremblante. Tim, c'est le même Michael Field, j'en suis sûre. Il y a quelque chose de mauvais à l'œuvre dans cette histoire, n'est-ce pas ?

Wagner lui prit la main pour la rassurer.

— Il doit y avoir une explication rationnelle derrière tout cela. Je reconnais que cette affaire semble étrange, inquiétante, mais c'est souvent le cas lorsqu'on ne possède pas toutes les données nécessaires. Il faut d'abord nous assurer qu'il s'agit bien du même type. Détends-toi et avale ce verre, je vais t'en chercher un autre. Il y a un train pour Londres à deux heures : nous pouvons le prendre puis aller voir un film ou nous offrir un gueuleton avant de rentrer, si tu veux.

Jennifer eut un sourire un peu pâle.

— Tim, dit-elle, cette chose, quelle qu'elle soit, elle peut nous atteindre ?

— Grand Dieu, non ! s'exclama-t-il en riant. Je fais partie de ceux qui expliquent les phénomènes, pas de ceux qui les subissent.

Tim Wagner se sentait abattu. Depuis son retour de Portsmouth, il s'était vainement efforcé pendant quarante-huit heures de faire jaillir de son cerveau une nouvelle façon de considérer les données du problème. Andrew Graham avait réussi à obtenir certains renseignements sur le décès de Michael Field et conclu que, en toute vraisemblance, il ne faisait qu'un avec le Field mentionné dans le journal de Maxwell. A la réunion de la matinée, le directeur avait attiré l'attention de ses collaborateurs sur le fait que la mort de Field s'était produite avant que Maxwell n'ait été branché sur les appareils de l'institut.

— Deux coïncidences confirmées, une troisième possible, avait alors remarqué Alex Crispin. Cela vous suffit, à Tim et à vous pour vous précipiter chez le curé du coin en réclamant un exorcisme ?

Wagner n'avait jamais vu Alex aussi méprisant.

— Nous n'avons que faire d'un exorciste, avait répliqué Graham. Nous tâchons de trouver une explication à des événements en apparence étranges. Vous êtes physiologiste : comment expliquez-vous que deux sujets inconscients se mettent soudain à rêver alors que l'un d'eux ne l'avait pas fait depuis plusieurs mois qu'il se trouvait chez nous ?

— Je ne l'explique pas, Andrew, mais je ne me mets pas pour autant à conjurer les esprits.

— Et comment expliques-tu les variations inversement proportionnelles des rythmes zéta de Daws et de Maxwell pendant le rêve de la jeune fille ? demanda Mac.

— Je ne l'explique pas non plus. Mais je te rappelle que ce que nous avons appelé un rythme zéta est un effet encore inconnu en dehors de notre unité de recherche, et qu'il y a moins de deux semaines que nous l'avons découvert. Je ne crois pas que nous le connaissions suffisamment d'une manière générale pour chercher déjà des explications à telle particularité.

La discussion s'était poursuivie sur le même ton agressif, chaque chercheur mordillant les mollets des autres. Tous étaient irrités de se trouver apparemment dans une impasse. Tous, hormis Andrew Graham, qui avait offert à ses collaborateurs une de ses meilleures imitations d'Orson Welles d'humeur mystérieuse, refusant de s'engager et déclarant se livrer à d'importantes recherches livresques dont il ne voulait souffler mot pour l'instant.

Comme si cela n'avait pas suffi, Jennifer avait insisté pour que Tim les conduisît en voiture à Londres pour assister avec elle au vernissage d'une petite exposition, organisée à l'Imperial

College par l'une des innombrables connaissances de la jeune femme. Ils s'étaient retrouvés coincés dans un embouteillage sur Cromwell Road, et Tim fulminait derrière son volant tandis que Jennifer, assise à ses côtés, ne cessait de regarder subrepticement sa montre.

— Mais arrête pour l'amour du ciel ! explosa Tim.

— Je me demandais simplement si nous allions arriver en retard, répondit Jenny.

— Si cela t'inquiète tant, descends et fais le reste du chemin à pied. Je te rejoindrai là-bas quand j'aurai réussi à me tirer de cette pagaille.

— Mais non. Hou là ! s'écria-t-elle, renvoyée contre le dossier du siège par le démarrage brutal de la voiture.

La circulation avait reprit, et sept minutes plus tard, Wagner se garait dans Prince Consort Road. Les deux jeunes gens pénétrèrent dans la salle où avait lieu l'exposition, s'emparèrent au buffet de verres d'un sherry d'une vilaine couleur brune, puis commencèrent à défiler lentement devant les tableaux, collages abstraits faisant appel à toute une gamme de matériaux, du papier mâché à la toile de chanvre en passant par ce qui ressemblait à des cheveux. Jennifer ne cessait de tourner la tête en tous sens, promenant le regard parmi la cinquantaine d'invités présents dans la galerie.

— Je ne vois Padraig nulle part, répétait-elle.

Padraig était l'auteur des œuvres exposées. Il se passionnait pour la plasticité en tant que concept, expliquait Jenny, et Tim aurait certainement avec lui une conversation fascinante parce que, à une époque, le peintre affirmait que le corps de Jennifer était la quintescence de la plasticité.

— Regarde, murmura-t-elle en enfonçant son

coude dans les côtes de son compagnon. Tu vois ce type là-bas, avec une barbe et des lunettes ?

Tournant la tête dans la direction indiquée, Tim découvrit un petit homme mince d'une trentaine d'années portant une barbe noire hirsute et des lunettes à fortes montures, et qui fixait un tableau de ses yeux de myope en jouant avec un verre vide.

— C'est Padraig ? demanda Tim.

— Non, c'est Malcolm, un écrivain. J'avais oublié qu'il vient parfois à ce genre de trucs. Il va te plaire : il a fait des études en rapport avec la médecine autrefois, je ne sais plus quoi exactement. Viens, on va aller le voir.

Malcolm leur apprit que Padraig, terrorisé, disait-on, par son vernissage, avait remplacé son déjeuner par de trop copieuses libations et devait à présent dormir quelque part.

— Ce qui me fait penser, ajouta l'écrivain, qu'il est grand temps de sortir prendre une bière pour chasser le goût de cet infâme Sherry. Vous en êtes ?

Le trio descendit jusqu'au *Hoop and Toy* de South Kensington Station.

— Cela faisait des siècles que je n'avais plus mis les pieds ici, déclara Malcolm lorsqu'ils eurent trouvé un coin où s'asseoir. L'endroit a gardé son charme. Que prenez-vous, Tim ? Et toi, Jennifer, toujours au gin, je suppose ?

L'écrivain alla chercher les consommations et les posa sur la table. Dans un coin de la salle, un juke-box braillait. Tim se serait volontiers passé d'être venu mais il fallait bien de temps à autre composer avec le monde de Jennifer. Ils menaient une vie solitaire en dehors de Londres, près de l'institut, et ce n'était sûrement pas le meilleur moyen de faire durer leur liaison. Aussi Tim avait-il décidé de tenir le coup toute la soirée, bien que la conversation entre Malcolm et Jenny, sorte de commérage de bas étage, l'assommât prodigieusement.

Wagner avait découvert que les « études en rapport avec la médecine » de Malcolm consistaient en deux années de psychologie, domaine qu'il avait fini par abandonner pour devenir écrivain. Comme il s'ennuyait, Tim but un peu plus vite que d'habitude, si bien que lorsque le flot de ragots s'interrompit et que l'écrivain, lançant la conversation sur le terrain du médecin, laissa tomber une ou deux remarques étonnamment pertinentes, le chercheur parla des travaux poursuivis à l'institut plus qu'il ne l'aurait fait à jeun. Il conclut en laissant entendre qu'il se heurtait actuellement à un problème très complexe qui, une fois résolu, provoquerait un certain remous dans les milieux scientifiques. Avec un sourire bienveillant, Malcolm assura qu'il prendrait connaissance de cette découverte avec le plus grand intérêt le moment venu.

— Désolé, ajouta-t-il, mais il faut que j'y aille maintenant. Ravi de vous avoir rencontré. Nous nous reverrons peut-être. Salut, Jennifer. A un de ces jours.

Et l'écrivain les quitta avec un geste de la main.

— On rentre, maintenant ? fit Tim d'un ton boudeur.

— Tu es en état de conduire ?

— Je ne suis pas soûl, si c'est ce que tu veux dire.

— Alors rentrons. Tu t'es ennuyé ?

— Ton ami, dit Tim avec un mouvement de la tête vers la porte, il est plutôt blasé. Il aurait pu montrer un peu plus d'enthousiasme.

— Tu crois ? L'embêtant, avec lui, c'est qu'on ne sait jamais exactement ce qu'il pense. Quelle importance, de toute façon ? Rentrons et mettons-nous au lit.

Elle se pencha pour l'embrasser et chuchota à son oreille :

— Ça te plaira peut-être davantage.

Au même moment, dans un autre quartier de Londres, un homme dans la force de l'âge griffonnait sur un bloc, le téléphone coincé entre le cou et l'épaule.

— Ouais, j'ai saisi. Ouais... Ouais. D'accord, merci. Ça paraît intéressant, je vais m'en occuper. Merci du tuyau... Oui, Malcolm ! Je sais où envoyer le chèque. Salut, à un de ces quatre.

Il raccrocha, relut les gribouillis s'étalant sur la feuille de papier, les recopia soigneusement puis chiffonna l'original, le jeta dans la corbeille et sortit du bureau.

Andrew Graham tambourinait sur son sous-main avec un stylo-feutre. Il leva vers ses collaborateurs rassemblés dans son bureau des yeux courroucés.

— Je viens d'avoir au téléphone un jeune journaliste désagréable et fort importun qui veut savoir, au nom de la démocratie, ce qui se passe ici. Je lui ai fait observer que l'institut est une unité de recherche et que lorsque nous saurons nous-mêmes ce qui se passe, nous le publierons dans *Nature* ou quelque autre revue scientifique sérieuse. Ma réponse ne l'a pas satisfait. C'est le genre d'individu à baptiser « journalisme d'enquête » un article creux de trois mille mots nés de sa diarrhée verbale. Je ne crois pourtant pas qu'il va nous qualifier de « Belsen secret de la Grande-Bretagne » car il travaille pour ce qu'il est convenu d'appeler un journal de qualité. L'ennui, c'est que si nous intervenons pour faire caviarder son « enquête », il rédigera un autre article de trois mille mots laissant entendre qu'on l'a empêché d'écrire, ce qui alertera tous les autres journaux, et nous nous retrouverons un beau matin avec un institut envahi de journalistes. Je ne sais ni comment ni pourquoi la presse a subitement commencé de s'intéresser à nous mais en tout cas, il va falloir faire front. Si l'un d'entre vous est contacté, je préférerais qu'il ne rencontre pas seul les journalistes. Notre point faible, c'est que nous ne savons pas exactement sur quoi portent nos travaux, et les journaux auraient beau jeu de dénoncer le gaspillage des deniers publics. La recherche scientifique pâtit déjà suffisamment comme cela de l'indifférence et de l'ignorance de l'opinion en général pour qu'il soit inutile de donner lieu à une campagne hostile.

Il s'avéra toutefois, le dimanche suivant, que le journal en question ne jeta rien de bien palpitant en pâture à ses lecteurs, en tout cas pas sur le plan scientifique. Un de ses reporters avait découvert dans la semaine que, chaque année, plusieurs millions de livres sterling de fonds publics (« l'argent des contribuables ») tombaient dans des poches bien choisies grâce à diverses entorses à la loi. Ce *scoop* avait relégué l'article sur l'institut en douzième page, sur une seule colonne. Il s'y glissait bien une phrase condamnant au nom de la morale l'utilisation de « cobayes humains », mais Graham avait manifestement amadoué le journaliste qui l'avait écrit puisqu'il concluait que les travaux de l'institut « apporteraient peut-être une contribution importante à un problème médical peu connu mais très grave ».

Un surprise attendait Tim Wagner lorsqu'il se rendit au travail le lundi matin : l'article avait mécontenté au moins un lecteur du journal, et ce lecteur s'appelait Stevenson. Vexé sans doute d'avoir été exclu de la chasse aux journaux intimes chez Mrs. Maxwell, le médecin de Portsmouth s'indignait au téléphone de ce qu'il qualifiait de manœuvres à des fins publicitaires.

— Je vous ai envoyé Maxwell parce que je vous faisais confiance, hurlait-il à Tim. Et la presse vous présente maintenant comme un centre révolutionnaire pour cures miraculeuses !

(L'article ne mentionnait ni cures miraculeuses ni centre révolutionnaire mais la lecture des journaux du dimanche constitue un exercice relevant souvent de la sujectivité.)

— Que va penser le Conseil de l'Ordre de cette attitude ? continua Stevenson. Je sais que le type qui dirige votre institut n'est pas médecin mais vous, vous l'êtes, et je vous aurais cru plus respectueux des principes éthiques de notre profession.

— Stevenson, vous délirez complètement.

La veille, Tim s'était ébréché une dent sur un os de côtelette, et il éprouvait avec agacement la petite crête pointue du bout de la langue.

— Croyez ce que vous voulez, mon vieux, je connais la musique depuis plus longtemps que vous et...

— Ecoutez, Stevenson, si vous êtes inquiet, si vous avez des griefs à formuler, venez donc nous voir, nous vous expliquerons ce qui se passe. Je suis persuadé que si vous en saviez davantage sur nos travaux, nous n'auriez plus d'inquiétudes.

— Vous avez probablement raison, mon vieux.

Le ton de Stevenson s'était notablement radouci, au point que Tim se demanda si toutes ces lamentations n'avaient pas eu pour unique but d'obtenir une invitation, de rouvrir la porte que, pensait-il, Tim et Jennifer lui avaient claqué au nez à Portsmouth.

— J'ai justement une journée libre demain, poursuivit Stevenson. Est-ce que cela vous conviendrait ?

— Il faut que je voie avec le docteur Graham, mais je suis certain qu'il sera disposé à vous expliquer en quoi consistent nos travaux. Il en a une vue d'ensemble bien meilleure que la mienne. Ne quittez pas.

Wagner revint dans son bureau quelques minutes plus tard et confirma à Stevenson son rendez-vous avec le directeur de l'institut. Il prit ensuite des dispositions lui permettant de se libérer le lendemain pour aller accueillir le visiteur à la gare puis retourna à ses malades.

Depuis quelques jours, les rythmes cérébraux de tous les dormeurs avaient subi de légères modifications dont on pouvait attribuer l'origine aux drogues anti rêve que Tim leur administrait. Après une étude attentive des tracés en collaboration avec Ed Sykes, Wagner avait avancé, à titre d'hypothèse, l'idée que les ondes cérébrales des patients adoptaient des formes convergentes : alors qu'auparavant elles montraient des différences d'amplitude considérable de l'un à l'autre, elles avaient maintenant tendance à s'uniformiser, et ce phénomène était particulièrement marqué pour les rythmes zéta.

Andrew Graham et Mac n'avaient quasiment pas cessé de travailler ensemble, examinant toute possibilité d'erreur dans la conception du circuit modifié qui avait conduit à la découverte du rythme zéta. Le directeur restait aussi en contact permanent avec un collègue américain engagé dans les mêmes recherches et qui lui avait télégraphié lundi : OUI, IL EXISTE UN RYTHME ZETA, DÉTAILS SUIVENT. Ce message avait confirmé Graham et Mac dans leur conviction qu'aucun défaut de l'appareil ne leur avait échappé, et le directeur s'apprêtait à rédiger sur la question une communication qu'il enverrait à *Nature*.

Ce que Wagner avait observé, c'était que les rythmes zéta des onze dormeurs semblaient à présent approximativement de la même puissance et presque synchrones. Il s'était souvenu de la façon dont les ondes alpha des différentes parties du cerveau deviennent synchrones pendant une méditation profonde, signe, selon les adeptes de la méditation, que les deux parties du cerveau se trouvent en harmonie. Les dormeurs étaient-ils en train d'instaurer progressivement entre eux une sorte d'harmonie ? En ce cas, quel en serait le résultat ? Autre problème : la difficulté d'évaluer les effets qu'avaient pu avoir les drogues anti rêve. Tim n'avait trouvé nulle part de référence à des modifications d'EEG causées par ces substances sur des sujets normaux.

Au total, Wagner avait eu une journée pénible au cours de laquelle il avait beaucoup travaillé sans avoir le sentiment de progresser. Il passa la soirée à suivre d'un œil indifférent diverses émissions de télévision, et quand vint l'heure d'aller se coucher, il en était presque arrivé à attendre avec impatience la visite de Stevenson.

N'ayant pas très haute opinion de l'intelligence du médecin de Portsmouth, Wagner s'était attendu à le voir approuver vigoureusement du chef lorsque Graham lui avait expliqué l'hypothèse qu'ils tâchaient d'échafauder. A la surprise de Tim, Stevenson avait réagi comme Alex Crispin : ce n'est plus de la médecine, avait-il protesté, c'est de la sorcellerie.

Assis dans le bureau du directeur, Wagner écoutait les deux hommes discuter en se disant que, s'il n'avait pas fait partie de l'institut, s'il avait exercé dans un hôpital, comme Stevenson, il aurait lui aussi trouvé cette histoire ridicule. Toutefois, il aurait probablement eu le tact de garder son opinion pour lui en attendant de pouvoir accorder au problème la réflexion nécessaire.

Graham dirigeait habilement la conversation, en politique éprouvé qu'il était. Il avait acquis une solide expérience en la matière lorsqu'il avait dû lutter pour obtenir des crédits dans le domaine de la physique des particules à haute énergie. De surcroît, sa qualité de « transfuge » ayant abandonné un terrain de recherche pour un autre l'avait accoutumé à être traité avec méfiance. Il accueillait cette suspicion avec une humeur égale mais sans se départir d'une inlassable détermination à prouver la justesse de son point de vue.

Présentement, il écoutait une démonstration boiteuse de Stevenson se ramenant pour l'essentiel à l'idée que si l'on ne peut pas mesurer un changement dans la composition chimique du sang d'un patient, on ne peut déterminer ce dont il souffre. Graham tenait dans la main un stylo-feutre dont il laissait la pointe rebondir sur son buvard et y dessiner un chapelet de points bleus dont la forme était à moitié due au hasard.

— Mais, docteur Stevenson, je croyais que c'était précisément la raison pour laquelle vous aviez autorisé le transfert de Maxwell dans notre institut. Vous aviez dû admettre votre échec — du moins, à ce que m'a dit le docteur Wagner. Le laboratoire de biochimie de votre hôpital — un des meilleurs du pays, je le sais — n'avait probablement rien découvert d'anormal dans la composition chimique du sang de Maxwell. Nous avons étudié les résultats de vos analyses et nous les avons poursuivies, en vain nous aussi. Mais en faisant intervenir l'électronique dans l'étude du cerveau, nous parvenons à des résultats complètement différents. Venez donc voir ce que nous faisons.

Le directeur quitta son fauteuil en souriant.

— Même si vous refusez d'accepter nos idées, reprit-il, examinez du moins les appareils qui leur ont donné naissance.

Les trois docteurs gagnèrent la première des deux salles où se trouvaient les dormeurs. Stevenson regarda les six formes allongées, les réseaux de fils partant de chaque lit, pour la plupart de la bande métallique ceignant la tête de chaque malade, mais aussi de leurs yeux, du dos de la main, de la poitrine et d'autres parties du corps. A la tête du lit pendait un flacon à perfusion relié par un tuyau de plastique transparent à l'avant-bras de chaque dormeur ainsi alimenté par intraveineuse. Les draps cachaient d'autres tuyaux conduisant, sous le lit, à un récipient où s'écoulaient les déchets métaboliques.

Graham mena Stevenson à la rangée d'appareils électroniques située au fond de la salle et où aboutissaient tous les fils. Il lui montra une série d'appareils à EEG, ainsi que divers enregistreurs d'où sortaient sans interruption, à un rythme lent et constant, d'interminables bandes de papier millimétré.

— Nous avons une autre salle semblable de l'autre côté du couloir avec cinq autres sujets et un équipement identique, expliqua Graham. Nous comptons soumettre toutes les données recueillies à l'ordinateur, qui suppléera à notre œil et à notre cerveau.

Le directeur fournit ensuite au visiteur une énumération détaillée des informations enregistrées par les appareils. Il le fit d'une voix morne, et sans apparemment remarquer l'agacement croissant de Stevenson. Tim soupçonnait son patron d'ignorer délibérément l'irritation de l'intrus car jamais il n'avait entendu Graham parler de ses travaux avec si peu d'ardeur. Peut-être s'efforçait-il d'affaiblir la résistance de Stevenson en le faisant périr d'ennui.

S'il nourrissait cet espoir, Andrew Graham fut déçu.

— Docteur Graham, je crois que j'en ai suffisamment entendu, finit par dire Stevenson. J'ai l'impression que l'électronique vous obsède au point que vous en oubliez d'essayer d'améliorer la condition de ces malades. Je sais que vous n'êtes pas médecin mais, bon sang, vous travaillez dans un hôpital, cela devrait vous inciter à montrer un peu de respect pour le serment d'Hippocrate.

Tim vit le cou épais de son patron s'empourprer et son visage prendre une expression menaçante dont Stevenson, trop lancé, semblait n'avoir cure.

— Vous vous imaginez que vous pouvez piquer les malades des autres, continua le médecin, les flanquer au milieu de ce bric-à-brac et oublier qu'ils sont des être humains! Vous vous préoccupez de réunir des données. Mais si vous songiez un peu à les ramener à l'état conscient ? A quoi servira-t-il d'avoir accumulé des informations sans se presser si elles ne conduisent à aucun résultat avant que ces pauvres bougres ne soient trop vieux pour en profiter ? A quoi, je vous le demande ?

Tim attendait une explosion, mais Graham répondit d'une voix calme quoique glaciale et lourde de menaces. Il pria Stevenson de vider les lieux et ajouta :

— Certains supportent difficilement les imbéciles. Moi, docteur Stevenson, je ne les souffre absolument pas.

— N'ayez crainte, je m'en vais. Et sitôt rentré, j'entame les démarches pour récupérer mon malade, menaça Stevenson en montrant du doigt le corps de Maxwell. Je ne sais peut-être pas comment le guérir mais vous non plus. Au moins, il sera dans un hôpital de sa ville; sa mère pourra venir le voir, au lieu d'ignorer où se trouve son fils et d'avoir la visite de types comme le docteur Wagner, qui viennent fouiner chez elle et aggraver inutilement sa détresse...

Tim s'avança dans l'intention de protester, mais son patron ne lui en laissa pas le temps.

— Après avoir recommandé le transfert de Maxwell dans mes services, vous auriez le front de me le reprendre ? fulmina-t-il.

— C'est exactement ce que je vais faire.

— Vous commettriez une erreur stupide et dangereuse, à mon avis.

— Docteur Graham, je me fous de votre avis, rétorqua Stevenson. Moi je souscris au serment d'Hippocrate et je vois clairement où est mon devoir. Chaque jour, je dois affronter la mère de Maxwell. Vous croyez que j'aime me faire assaillir par les parents de mes malades ? Me voir accuser de m'être débarrassé de quelqu'un dont j'avais la charge et de l'avoir conduit dans un endroit où on le traite comme un « cobaye humain ? »

Wagner comprit d'où venait la fureur de Stevenson : Mrs. Maxwell avait lu le journal et deviné que l'institut dont parlait l'article était celui où son fils avait été envoyé. Trop faible pour faire face, Stevenson n'avait trouvé d'autre solution que de transformer son embarras en colère contre ceux qu'il jugeait responsables de la situation inconfortable qui était la sienne.

— Maxwell retourne à Portsmouth, affirma le médecin. Et l'affaire ne s'arrêtera pas là...

Sans compter les dormeurs, il y avait à ce moment-là cinq personnes dans la salle : Stevenson, Graham, Wagner, et deux infirmières affairées près des appareils, tendant l'oreille sans en avoir l'air pour écouter la querelle. Par la suite, en dépit d'un interrogatoire serré, aucune des quatre dernières ne fut capable de dire exactement ce qui s'était passé.

Il se passa en fait que Stevenson s'interrompit au milieu d'une phrase, brutalement, sans hoqueter, sans baisser la voix. Il s'arrêta simplement, se prit la tête à deux mains et se plia en deux comme un homme en proie à une vive douleur. Sur ce point les témoins furent unanimes. Tous s'accordèrent aussi à remarquer qu'ils auraient dû, dans un réflexe naturel, se porter au secours de Stevenson, mais aucun d'eux ne le fit.

A sa grande stupeur, Tim Wagner prit conscience, quelques instants plus tard, qu'il se trouvait dans la salle en compagnie de Graham, aux pieds duquel était prostré Stevenson. Son ahurissement provenait du fait qu'une seconde auparavant, il avait seize ans et découvrait avec sa cousine dans le grenier de son oncle en quoi les filles diffèrent des garçons. Il lui fallut quelques secondes de plus pour s'apercevoir qu'il avait en réalité près du double de cet âge et qu'il venait d'assister à une dispute enflammée entre Graham et Stevenson.

En regardant son patron, il sut que lui aussi avait été emporté le temps d'un instant dans quelque monde imaginaire. Les deux hommes se mirent en mouvement au même moment mais Tim savait déjà, sans avoir besoin de le toucher, que Stevenson était mort.

Agenouillé près du cadavre, il fit signe aux infirmières qui semblaient toutes deux hébétées. L'une d'elles, la tête légèrement renversée en arrière, la bouche ouverte, alanguie, avait un regard que Tim reconnut aussitôt à la lumière de son propre rêve de l'instant précédent. L'autre infirmière paraissait sangloter. Wagner s'approcha, claqua dans ses mains et les deux femmes sursautèrent.

— Que l'une d'entre vous se rende immédiatement dans l'aile principale et prévienne que nous avons un mort ici. Pas un de nos malades.

La plus proche des deux infirmières quitta la salle après un bref hochement de tête.

— Tim, venez voir, appela Graham d'une voix pressante.

Wagner rejoignit le directeur, qui examinait les bandes de papier sortant des appareils.

— Regardez, fit Graham en parcourant la rangée. Là, là et là : exactement pareil. Pour les autres, nous parlerons encore de crise cardiaque mais nous cacherons-nous à nous-mêmes la cause de la mort de Stevenson ?

Le jeune médecin remarqua que, cinq minutes plus tôt, les tracés indiquaient une légère modification de la réponse galvanique de la peau — un changement faible mais suffisant pour révéler une tension nerveuse accrue. Cette réaction avait été suivie, trois minutes plus tard, d'une soudaine flambée du rythme thêta, qui avait duré approximativement dix secondes sur tous les EEG.

— Docteur Wagner, dites-moi ce que vous savez du rythme thêta.

— On l'a longtemps associé aux perturbations émotionnelles. Grey Walter pensait même qu'il y avait chez certains psychopathes une décharge thêta lente caractéristique. Aujourd'hui, on estime que c'est un peu plus subtil que cela. Le rythme thêta a sa source dans l'hippocampe, profondément enfoui dans le lobe temporal..

— Et pour autant que nous sachions, le système hippocampien est le siège, le centre du rappel des souvenirs, acheva le directeur. A quoi pensiez-vous quand Stevenson est mort ?

— Comment ça ? fit Wagner en rougissant.

— Ne soyez pas stupide, Tim. Rien qu'à voir vos yeux, j'ai su que pendant un instant, vous étiez parti ailleurs, tout comme moi. Et à voir la couleur de vos joues maintenant, je dirais que vous étiez engagé dans ce qu'on appelle avec décence une activité érotique. Est-ce exact ?

Tim acquiesça.

— Moi aussi, avoua Graham. Je donnerais n'importe quoi pour avoir un tracé de mes ondes cérébrales à ce moment-là. Je me demande s'il montrerait une telle explosion du thêta. Regardez, ajouta-t-il en désigant les courbes, elles sont toutes synchrones. C'est stupéfiant.

— Vous croyez qu'elles ont produit les... hallucinations dont nous avons été victimes ?

— Quelle autre explication voyez-vous ? Et je crois aussi qu'elles ont causé la mort de ce malheureux.

— De Stevenson ? Pourquoi ?

— Parce qu'il menaçait d'emmener un des dormeurs. Je ne sais ni pourquoi ni comment ni même ce qui se passe dans leurs têtes, mais ils ont besoin les uns des autres. Et ils n'aiment pas qu'on les menace.

CHAPITRE VIII

Question 7. *Mr. Mark Spine* (South Hampshire) a demandé au Premier ministre s'il comptait se rendre à l'institut du Conseil de la Recherche médicale de l'hôpital général d'Ashridge.

Le Premier ministre : Je n'en aï aucunement l'intention.

Mr. Spine : M. le Premier ministre sait-il qu'au début de la semaine, un médecin de ma circonscription a trouvé la mort dans cet institut, où il se trouvait à titre professionnel; que cet institut a fait récemment l'objet dans la presse de commentaires laissant entendre qu'on y pratiquait des expériences sur des sujets humains sans leur autorisation; que cela constitue un pas de plus vers l'Etat policier que votre gouvernement...

(Cris de « démission ! » dans les travées.)

Le Président : Mr. Spine, veuillez limiter vos remarques au sujet débattu.

Le Premier ministre : Pour répondre à la question de Mr. Spine, j'ai été informé que le décès auquel il est fait allusion a été causé par une crise cardiaque, provoquée elle-même par des causes entièrement naturelles. Quant aux autres points soulevés, ils relèvent de la compétence de mon honorable collègue, le secrétaire d'Etat à l'Education et la Recherche scientifique, puisque l'institut en question est placé sous la responsabilité du Conseil de la Recherche médicale. Mon honorable collègue et ami m'a fait savoir que les travaux qui y sont menés concernent les états de conscience altérés et qu'il serait tout disposé à arranger une visite à l'institut de Mr. Spine, si ce dernier en exprimait le souhait. J'ajoute, pour ma part, que je serais ravi si cette visite pouvait contribuer à améliorer l'état de conscience de l'honorable député.

(Rires.)

— On discute vraiment de cette façon au Parlement ? demanda Wagner à Graham en lui rendant l'exemplaire du *Hansard* (1) que le directeur venait de lui montrer.

— Eh oui. Une vraie partie de volant !

— Mais si le ministère de l'Education et de la Recherche scientifique est responsable du CRM, pourquoi Spine ne s'en est-il pas pris directement au secrétaire d'Etat concerné ?

— Bonne question, approuva Graham, qui l'avait lui-même posée quelques heures plus tôt à l'un des hauts fonctionnaires avec lesquels il s'était réuni. Spine n'aurait pas eu de réponse avant une quinzaine de jours, c'est pourquoi il a profité de la séance de questions orales au Premier ministre. En outre, les questions posées directement au P.M. ont plus de chances d'être publiées dans la presse. L'ennui, c'est que le Premier ministre peut refuser de répondre aux questions qui semblent concerner directement tel ou tel ministère. Pour tourner cette difficulté, les députés lui demandent d'abord s'il a l'intention de se rendre ici ou là. Quand il a répondu par la négative, ils lui posent alors une autre question

(1) Compte rendu officiel des débats parlementaires. (N.D.T.)

d'éclaircissement qui leur permet d'en venir là où ils veulent.

— Dire que cette Chambre vote les lois ! soupira Tim.

— J'en ai bien peur, dit Graham. Quoi qu'il en soit, le Cabinet estime que le P.M. a fourni une bonne réponse, qui n'apportait guère de révélations. Cependant, il y a un risque que ce Mr. Spine vienne traîner ses guêtres par ici, et c'est pourquoi je me suis rendu à Londres ce matin. Pour résumer la réunion, le Cabinet veut d'abord s'assurer que Spine ne découvrira pas ici quoi que ce soit qui pourrait provoquer un scandale.

— Alors les députés vont venir nous rendre visite ?

— Oui. Mais si nous ne nous trompons pas sur ce qui se passe ici, l'inspection de l'unité par une troupe de fonctionnaires ou de parlementaires constitue vraiment le dernier de mes soucis. Naturellement, si nous leur révélons notre interprétation des phénomènes, ils nous passeront à tous deux la camisole de force et fermeront l'institut. Du moins, ils essayeront. C'est alors que cela deviendra vraiment amusant et que, de chez les dingues, nous nous offrirons une bonne séance de rigolade.

Il y avait de l'amertume dans la voix d'Andrew Graham. C'était un homme d'une force peu commune mais le problème auquel il se heurtait présentait une complexité plus rare encore. Tim se demandait si cela expliquait l'humeur versatile, irritable de son patron depuis quelque temps.

Wagner avait passé de nombreuses heures à étudier les données rassemblées sur les dormeurs, plus particulièrement celles fournies par les appareils enregistreurs au moment de la mort de Stevenson. Remontant ensuite dans le temps, il avait remarqué un détail auquel personne jusqu'alors n'avait prêté attention : pendant leurs périodes de rêve, Maxwell et Daws avaient également présenté des anomalies du rythme thêta. Il ne s'agissait pas cette fois d'une explosion synchrone, comme celle qui avait coïncidé avec la mort de Stevenson puisque, dans le cas des rêves, les rythmes des autres dormeurs n'avaient subi aucune modification anormale. Le plus inquiétant, dans la mort de Stevenson, c'était que la perturbation synchrone avait aussi été constatée chez les cinq dormeurs de l'autre salle. On eût dit que les onze cerveaux, reliés ensemble, formaient un seul réseau ou tout au moins partageaient des caractérisiques communes et réagissaient de façon identique.

Au cours de l'examen de ces données, Wagner s'était échiné à cerner quelques idées confuses qui ne cessaient de se dérober : les ondes thêta et les perturbations émotionnelles, les fantasmes érotiques, le lobe temporal et son rôle dans la résurgence des souvenirs. Il passa une nuit agitée, troublée par d'étrange rêves interrompus, mélange, apparemment sans signification, de souvenirs d'enfance et de créations monstrueuses de son imagination. A plusieurs reprises, il s'était réveillé en sursaut et, trouvant l'obscurité oppressante, il avait tendu la main pour sentir la chaleur et la fermeté rassurante du corps de Jenny étendu à ses côtés. La troisième fois qu'il se réveilla, il resta figé sur le lit, les yeux fixés sur la forme blanche fantomatique qui se tenait sur le seuil de la chambre, avant de s'apercevoir avec soulagement qu'il s'agissait du peignoir de son amie accroché à la porte.

Les rêves n'avaient pas apporté à Wagner la solution du problème mais, comme il l'avait dit à

Graham le jeudi matin (le jour des questions orales au Parlement et la veille de la discussion du directeur avec les haut fonctionnaires), le fait qu'ils l'avaient troublé lui avait fourni une amorce de piste. Car ces rêves semblaient établir une sorte de lien entre mémoire, fantasmes érotiques et perturbations émotionnelles.

— Je me suis rappelé votre remarque sur la fréquence plus élevée de rêves désagréables, avait dit le jeune chercheur à son patron. Désagréable n'est d'ailleurs pas le mot : menaçant conviendrait mieux dans bien des cas. Des personnages de nos rêves mettent en péril notre sécurité, tout comme les propos de Stevenson avant sa mort constituaient une menace pour... pour ce qui se passe à l'intérieur de la tête des dormeurs. Il menaçait de détruire une communauté qu'ils venaient de former : ils l'ont tué. J'ignore comment mais ils l'ont fait. Et la sexualité intervient dans le processus sous une forme ou sous une autre.

— Elle peut apparaitre comme effrayante, avait observé le directeur.

— Elle a effectivement un aspect menaçant mais ce n'est pas exactement ce que j'avais à l'esprit. Je pensais plutôt à Michael Field, aux pères de Maxwell et Daws. Nous pouvons supposer que Maxwell et Barbara ont fait un rêve dans lequel leur père leur apparaissait comme une menace. En outre, dans les trois cas, il régnait une atmosphère de forte sexualité au moment des événements. Pour Field et Daws, c'est particulièrement évident; pour le père de Maxwell, la profanation de sépulture s'est produite alors qu'étaient commis dans le cimetière des actes ayant un rapport avec la sexualité.

— Oui, la fille nue ligotée, se souvint Graham.

Mais si l'on en croit cette fille, il n'y a pas vraiment eu acte sexuel.

— Non, mais la scène a dû s'accompagner d'une tension sexuelle intense, probablement assez forte pour produire sur un tracé d'EEG les mêmes types de changement qu'un véritable acte sexuel. Je pense que ces modifications pourraient rendre le cerveau réceptif, d'une certaine façon, à une influence extérieure.

— Pas si vite, Tim. Car en ce cas, comment expliquer non seulement ce qui est arrivé au père de Maxwell mais aussi à Stevenson ? Un cadavre n'a pas d'ondes cérébrales, et je ne vois pas ce qui, dans notre querelle, aurait pu émouvoir Stevenson sexuellement.

— Votre objection tiendrait s'il n'y avait eu que des cadavres dans le cimetière. Ce sont les changements survenus dans le cerveau de *vivants* qui ont été mis à profit.

— Vous voulez dire qu'on aurait utilisé leur cerveau pour produire des effets du type « esprit frappeur » ?

— Exactement. Dans le cas de Field et de Daws, la personne qui constituait une menace pour le dormeur est aussi celle dont il a affecté le cerveau en suscitant une pulsion autodestructrice. Il est intéressant de noter que les trois morts ont été causées par des crises cardiaques, qui auraient pu avoir elles-mêmes pour origine des stress internes insupportables, comparables par exemple à ce qui se produirait si une partie de vous se retournait contre le reste de votre personne.

Tim avait marqué une pause.

— Quant à Stevenson, avait-il repris, je ne peux que supposer que les dormeurs ont provoqué en lui l'état adéquat pour le rendre réceptif. Nous avons nous-mêmes récolté quelques retombées, si je puis dire, qui nous ont expédiés pour quelques secondes dans notre monde sexuel imaginaire.

— En fait de théorie scientifique, on dirait plutôt un morceau de gruyère, avait remarqué Graham. Mais il se trouve que j'adore le gruyère.

Les deux hommes n'avaient plus discuté de la « théorie » du jeune médecin. Tim savait que Graham prenait le temps de ruminer son idée et peaufinait sans doute aussi les siennes propres, qui s'y adjoindraient peut-être pour former un tout cohérent. En attendant, il fallait trouver de quoi s'occuper. Quelques semaines plus tôt, le travail ne manquait pas, au contraire; l'institut bourdonnait, il faisait bon y mener des recherches passionnantes. Ce n'était plus le cas.

Wagner et Graham avaient quasiment exclu de leur réflexion les autres chercheurs de l'institut. Mac, qui connaissait le directeur depuis des années, en montrait une certaine irritation, quoiqu'il eût identifié les symptômes du mal : ce n'était pas la première fois que Graham s'emparait d'une idée et la triturait avec l'aide d'un seul collaborateur. « On ne peut pas discuter quand il y a foule, lui avait un jour dit Andrew. Lorsqu'on rumine une idée, il faut se la renvoyer de l'un à l'autre, mais ce petit jeu, on ne le pratique qu'en duo. Les autres, on les appelle plus tard, après ce stade créatif pour lequel le nombre idéal de joueurs est *deux*. » Bien que partageant totalement cet avis, Mac supportait mal que Tim, plus jeune que lui et qui ne connaissait pas Graham depuis aussi longtemps, eût été l'élu en cette occasion.

Ed Sykes, quant à lui, traînait dans les couloirs de l'institut. Tim ne pensait pas qu'il fût affecté par le ralentissement du travail. Depuis plusieurs années, Sykes préparait un ouvrage de psychologie, un de ces livres qu'on ne termine jamais, soupçonnait Wagner, et que les hommes de science s'inventent parfois, pour s'accrocher, lorsqu'ils ont compris que les découvertes fondamentales seraient faites par d'autres.

Alex Crispin ne venait plus à l'institut. Officiellement, il prenait des congés tardifs mais Tim savait que son départ avait été provoqué par une dispute avec Graham. Crispin n'aimait ni le gruyère ni les théories pleines de trous; il avait exigé que Graham abandonne ses élucubrations et revienne à une pratique scientifique rigoureuse.

Wagner devinait aisément la réaction que le directeur avait dû avoir car il l'avait déjà entendu exprimer son avis sur ce point : « On a besoin de principes scientifiques rigoureux *après* la découverte. Ils vous fournissent un cadre pour le tableau de la réalité que vous avez créé. Mais on ne commence pas par bâtir un cadre dans lequel on essaie de faire entrer le tableau. On commence par un sacré coup d'inspiration, en espérant terminer avec ce que les collègues reconnaîtront pour un nouveau chef-d'œuvre. »

Tim lança un regard à Graham par-dessus le bureau. Le soleil de l'après-midi inondait encore la pièce. Regardant sa montre, Wagner se dit que le week-end approchait et qu'il allait pouvoir oublier tous les problèmes de l'institut.

— Il faut donc nous attendre à ce que des importuns viennent salir nos couloirs bien propres avec leurs gros sabots boueux, conclut Graham. Qu'allons-nous leur raconter ?

— La vérité ? suggéra le jeune médecin.

— Mais qu'est-ce que la vérité ? comme quelqu'un l'a un jour demandé. Ignorons-nous ce qui se passe ? Si nous avouons à une délégation de parlementaires : « Désolé, nous ne comprenons rien », ils nous répondront : « Cessez de gaspiller l'argent du pays, renvoyez les malades d'où ils viennent... » Une menace en quelque sorte...

Posant les coudes sur son bureau, Graham fit de ses mains jointes un reposoir pour son menton.

— Vous imaginez ce qui arrivera si les dormeurs se sentent menacés, reprit-il. Nous commençons à discuter, et vlan ! d'un seul coup nous partons vous et moi pour une brève rêverie sexuelle et découvrons en reprenant conscience une dizaine de députés morts gisant sur le carrelage. On nous accuserait alors pour le moins de viol de l'immunité parlementaire, de haute trahison ou je ne sais quoi, et l'on nous enfermerait à perpétuité. Par ailleurs, si nous racontons à nos députés que ces formes inertes peuvent, sans même remuer dans leur lit, unir leurs forces contre quiconque tente de les séparer, et le tuer sur-le-champ, ils nous ferons d'abord enfermer et essaieront ensuite de liquider l'institut. Dans les deux cas, nous parvenons à la même conclusion. N'est-ce pas là ce que Ronald Laing appellerait un « nœud » ?

— Peut-être. Demandez à Ed, c'est lui le psychologue.

Graham se renversa dans son fauteuil.

— Nous n'avons que quelques jours devant nous, Tim. Mes amis si efficaces de la haute administration estiment que leurs copains parlementaires, qui le sont moins, mettront une semaine à constituer leur délégation. Entre-temps, nous sommes censés faire le ménage ici de manière que l'institut ressemble à l'idée que se fait un député d'un centre de recherche. Enfin !

Le directeur fourra dans une serviette de cuir fauve une pile de documents.

— Je rentre à la maison pour le week-end,

annonça-t-il en se levant. J'ai des tas de choses à lire. Une partie de mon esprit est en train de se vider, et chacun sait que la nature a horreur du vide. Aussi vais-je m'efforcer d'y loger quelques idées constructives. Avez-vous encore beaucoup à faire, Tim ?

— Non, répondit Wagner en se levant. Je dois simplement administrer aux dormeurs leur dose d'anti rêve.

Graham contourna son bureau et se dirigea vers la porte avec son collaborateur. Au moment de franchir le seuil, il posa la main sur l'épaule de Wagner et lui dit :

— Soyez prudent, Tim.

Tim Wagner gisait sur le dos dans une pièce sombre, les jambes prises sous un poids qui l'empêchait de bouger. Il entendait un bruit de battement d'ailes, comme si un grand oiseau le survolait. Les ailes gigantesques, plus noires encore que l'obscurité, s'agitaient au-dessus de lui.

L'oiseau, dont il ne percevait la présence qu'indistinctement, semblait planer. Tim imaginait un énorme bec crochu s'abaissant vers sa tête, mais il ne pouvait pas se protéger le visage. Bien que libres de toute entrave, ses bras refusaient de lui obéir. Il savait que, d'un instant à l'autre, le bec plongerait vers lui, déchiquetterait son visage d'un seul coup d'une douleur fulgurante.

Il se sentait inondé de sueur. Pourtant sa bouche était sèche, si sèche que sa langue boursouflée ne pouvait remuer. Le cri qui retentissait à l'intérieur de sa tête refusait de jaillir de sa gorge. Si seulement j'arrivais à remuer les jambes, pensa-t-il, à me tourner, à cacher mon visage dans... Dans quoi ? Les draps, le sable, la terre ? On eût dit qu'une poutre tombée d'un toit lui emprisonnait les membres inférieurs, dans lesquels il ne ressentait pourtant aucune douleur. Le battement d'ailes s'éloignait, l'oiseau géant prenait son élan. Un seul coup de bec, une douleur fulgurante et puis... Il y eut un bruit de faux, le plus rapide et le plus faible qu'il eût jamais entendu, tandis que l'énorme bec fendait l'air. Au dernier moment, un bruit assourdissant retentit, les bras de Tim lui obéirent de nouveau, il les leva vers son visage, pour se protéger, avec une telle violence que ses mains heurtèrent le bois du lit et qu'il se réveilla.

Le téléphone sonnait dans la pièce voisine. Tim s'aperçut que Jennifer avait glissé en travers du lit et qu'une de ses jambes reposait sur ses tibias. Il se dégagea, se leva, traversa la chambre à tâtons et se dirigea vers le téléphone dont la sonnerie insistante continuait à déchirer le silence de la nuit.

— Allô, fit-il d'une voix ensommeillée. Wagner à l'appareil.

C'était une des infirmières de l'unité de recherche. Elle avait déjà averti le docteur Graham, qui lui avait demandé de prévenir aussitôt le docteur Wagner : quelques minutes plus tôt, elle avait remarqué, ainsi que l'autre infirmière de garde, que les malades déployaient une certaine activité.

— Quel genre d'activité ? demanda Tim sur un ton impatient.

— J'ai décrit au docteur Graham ce que j'ai observé sur les tracés et, d'après lui, les patients sont en train de rêver. Il m'a chargée de vous demander si vous leur avez bien injecté la dose adéquate de drogue avant votre départ.

— Bien sûr que oui ! répliqua Tim sèchement.

Il s'excusa aussitôt : l'infirmière n'était pas responsable de ses ennuis.

— Le docteur Graham m'a dit aussi que vous sauriez si les malades ont besoin ou non d'une dose supplémentaire.

Tim se souvenait parfaitement d'avoir prévenu son patron qu'il n'avait trouvé, dans la littérature médicale, aucune indication sur les conséquences d'une utilisation prolongée du produit. Il se rappelait également lui avoir dit que la drogue ayant des effets secondaires, on ne pouvait dépasser une certaine dose par jour, et que, étant donné le métabolisme des dormeurs, il n'avait osé leur administrer que la moitié de la quantité recommandée.

Wagner ne pensait pas qu'il fallût leur faire une seconde piqûre, même si cela n'aurait fait que porter la dose au niveau normal pour une personne consciente. En outre, si la substance avait cessé d'agir, c'était parce que les dormeurs s'y étaient accoutumés, ce que les sujets normaux n'avaient jamais fait.

Pour expérimenter la drogue, on l'avait administrée régulièrement à des sujets conscients pendant des mois. Wagner, lui, ne l'utilisait que depuis quelques semaines. Assis dans la pénombre de sa salle de séjour, le récepteur du téléphone plaqué contre son oreille, il sentait le découragement l'envahir. Il se souvint de la terreur qu'avait provoquée en lui le cauchemar mais à présent c'était différent : il devait lutter contre un désespoir sans étrangeté mais aussi écrasant.

Après avoir posé à l'infirmière quelques questions dont il écouta à peine les réponses, il décida finalement de se rendre à l'institut. Lorsqu'il y arriva, les dormeurs avaient cessé de rêver depuis longtemps déjà. Il attendit avec Graham l'expiration d'un cycle normal de sommeil afin de voir si les malades n'allaient pas connaître, quatre-vingt-dix minutes plus tard, une nouvelle période de rêve accompagnée de mouvements oculaires rapides.

Mais rien ne se produisit. Les bandes de papier millimétré continuaient à sortir lentement des appareils enregistrant les ondes cérébrales, l'activité musculaire, le rythme respiratoire, la réaction de la peau, sans donner la moindre indication d'une phase de rêve. Peut-être rechargent-ils leurs batteries, se dit Tim alors que les lueurs roses de l'aube commençaient à éclairer la salle. Ce ne fut cependant que quatre jours plus tard qu'il parvint à rassembler avec Graham toutes les données sur la façon dont les dormeurs les avaient déchargées.

Dans les années 50 et 60, quantités de livres et d'articles, riches en anecdotes sur les « mystères-inexpliqués-qui-défient-la-science », s'étaient référés au cas de Mrs. Mary Reeser. Cette dame un peu boulotte, d'une soixantaine d'années, vivait dans un studio de St Petersburg, en Floride. Le 1er juillet 1951, à huit heures du soir, son fils l'avait laissée confortablement installée dans un fauteuil. Le lendemain, la logeuse de la vieille dame découvrait dans les débris du siège quelques restes calcinés, notamment un crâne considérablement réduit. Tout indiquait qu'il s'était dégagé dans le studio une chaleur intense, bien plus forte, par exemple, que si Mrs. Reeser s'était assoupie en fumant une cigarette et avait mis le feu à ses vêtements. Si l'on citait cet « accident » si fréquemment, c'était parce qu'il constituait peut-être le cas le plus ardu à expliquer de mort intrinsèquement impossible, de « combustion spontanée ». La palme fut pourtant ravie à Mrs. Reeser lorsqu'on retrouva les restes carbonisés de Margaret Maxwell dans l'arrière-boutique du magasin de Portsmouth.

Mrs. Maxwell ne fumait pas et il n'y avait même pas d'allumettes dans la pièce où l'on retrouva son cadavre. Si bien que le verdict de « mort accidentelle » ne satisfit personne, à commencer par les journalistes, qui montèrent l'affaire en épingle pendant plusieurs jours, exhumant de leurs archives non seulement le cas de Mrs. Reeser mais aussi des dizaines d'autres, faisant appel tant à la réalité qu'à la fiction et, dans ce dernier cas, se référant le plus souvent à *Bleak House* de Dickens.

La presse prêta moins d'attention à certaines tragédies qui se produisirent approximativement au moment de la mort de Mrs. Maxwell. Une jeune fille de South Kensington, identifiée par la suite comme Miss Pat Green, se tua en tombant du balcon d'un appartement où se déroulait une surprise-partie très arrosée. L'accident fut traité en fait divers banal par la presse locale et ne fut brièvement relaté que par un seul journal d'envergure nationale.

Quant aux trois crises cardiaques qui frappèrent des parents ou des collègues d'autres dormeurs, elles ne firent l'objet d'aucun article, et ce ne fut qu'après une longue et pénible série de coups de téléphone que Tim établit un bilan des événements. En demandant avec tact aux parents, aux relations des dormeurs, s'ils avaient récemment subi un deuil, il dressa une liste de onze morts présentant deux caractéristiques communes : premièrement, un des dormeurs connaissait la victime; deuxièmement, elle était passé de vie à trépas aux environ de deux heures trente le samedi matin.

Wagner soumit le résultat de son enquête à Graham le mardi soir.

— Je suppose que je dois vous présenter des félicitations pour votre travail, fit le directeur avec un signe de tête en direction du dossier que Tim avait posé sur son bureau.

— Je m'en passerais volontiers.

— Je vous crois sans peine. Je me demande si Alex Crispin resterait aussi sceptique en face de ces faits.

Graham leva les yeux vers le plafond, comme pour y chercher l'inspiration. Tim se renversa sur sa chaise, croisa les mains derrière la nuque et les dénoua aussitôt en prenant conscience qu'il avait eu un geste de défense.

— Dites-moi, Tim, vous êtes effrayé ?

— Je crois que oui.

— Je ne vous blâme pas, fit Graham d'un ton neutre, les yeux toujours fixés sur le plafond, gonflant et dégonflant ses joues d'un air pensif.

— Vous pensez que j'ai des raisons de l'être ? demanda enfin Wagner.

Le directeur lança un bref coup d'œil à son collaborateur puis se plongea de nouveau dans la contemplation du plafond.

— D'être quoi ? Effrayé ? Je ne sais pas. La peur est une sensation dont je n'ai jamais vraiment fait l'expérience. C'est une émotion plutôt négative, non ?

— Elle a probablement son utilité.

Craignant de passer pour un pleutre, Tim précisa aussitôt :

— En termes d'évolution, bien entendu.

Graham le gratifia à nouveau d'un coup d'œil avant de reprendre l'examen d'une zone particulière du plafond que rien ne distinguait pourtant des secteurs voisins.

— Je me le demande, Tim. Je me le demande.

— Vous avez une idée derrière la tête, n'est-ce pas ?

— Oh, j'en ai toujours des quantités.

— Et ce vide dont vous me parliez l'autre jour, vous l'avez rempli ?

— Peut-être, fit le savant en haussant les épaules. Peut-être pas. Au bout du compte, Tim, on finit toujours par céder aux Alex Crispin de ce monde. On est contraint de se livrer à une expérimentation quelconque qui entoure l'idée d'un cadre, la rend rigoureuse, comme on dit, *scientifique*. L'expérience, voilà ce qui nous attend toujours au bout du chemin, je le crains fort.

— Mais quel genre d'expérience ?

— C'est là le hic, le vide qui n'a pas été comblé.

Retrouvant soudain sa vivacité, Graham se redressant en ajoutant :

— Merci pour cette liste, Tim. Elle m'a convaincu que votre théorie ressemble moins qu'il n'y paraît à première vue à un morceau de gruyère. Les trous ont tendance à se remplir peu à peu.

Comprenant que son patron le mettait en douceur à la porte, Wagner se leva.

— Pourriez-vous demander à Mac de passer me voir ? sollicita Graham. Après tout, c'est le meilleur encadreur dont nous disposions.

Tim eut l'impression que le directeur aurait aimé accompagner sa remarque d'un sourire mais comment l'aurait-il pu avec, sur son bureau, un dossier racontant les circonstances dans lesquelles onze personnes avaient trouvé la mort samedi matin ? Au bout du couloir, onze autres personnes semblaient, pour un observateur non averti, dormir paisiblement, mais pour Wagner et Graham, leur sommeil était associé à des événements excluant toute idée de tranquillité.

CHAPITRE IX

Le lundi matin, Wagner sut qu'il se passait quelque chose à l'institut dès qu'il en franchit la porte. La fin de la semaine précédente avait été décourageante. La vérification des références suggérées par Graham n'avait en effet jeté aucune lumière nouvelle sur les problèmes de l'unité de recherche. De son côté, le directeur s'était enfermé la plupart du temps dans son bureau avec Mac.

Il régnait un calme surprenant dans le long couloir menant aux bureaux et aux salles. Une tête apparut dans l'entrebâillement d'une porte et Alex Crispin bondit littéralement dans le couloir.

— Tim, qu'est-il arrivé ? fit-il en se précipitant à la rencontre du jeune médecin. Vous êtes tous devenus fous pendant mon absence ?

— Que voulez-vous dire ?

— En arrivant ici, il y a une demi-heure, j'ai trouvé les infirmières à moitié hystériques, Andrew Graham endormi dans un des lits et couvert de fils ! Et Mac, à ce que m'a dit une infirmière, a été emmené dans l'aile centrale où on lui a donné de puissants sédatifs. Elle l'avait découvert tôt ce matin recroquevillé et gémissant dans un coin.

Tim sentit la peur lui picoter l'échine.

— Mon Dieu, murmura-t-il en entraînant Crispin dans son bureau. Je crois que Graham s'est livré à une expérience à laquelle il avait fait allusion la semaine dernière sans me dire en quoi elle consistait. A vrai dire, il s'était plus ou moins débarrassé de moi et m'avait envoyé chercher Mac, le seul, à son avis, capable de préparer une bonne expérimentation.

A peine avait-il allumé la lumière que Wagner remarqua l'enveloppe blanche posée sur son bureau. Il n'eut pas besoin de s'approcher pour y lire son nom et reconnaître l'écriture du directeur de l'institut.

— Attendez, fit-il. Cela nous aidera peut-être à comprendre la situation.

Il ouvrit l'enveloppe, en sortit l'unique feuille qu'elle contenait, la déplia. Son œil parcourait les mots par lesquels la lettre commençait : « Mon cher Tim, si vous lisez... » lorsqu'une explosion de chaleur balaya son esprit et qu'il se sentit catapulté dans l'espace. Ce n'était pas la Voie Lactée qui s'ouvrait devant lui mais une vulve géante, rose et brillante, vers laquelle il était projeté sans pouvoir résister. Il se souvint avec une précision effrayante de son premier réveillon à l'hôpital, au cours duquel il s'était retrouvé à deux heures du matin complètement soûl, la tête entre les jambes d'une infirmière grassouillette, suffoquant entre ces cuisses qui lui serraient les oreilles. Cette fois, il étouffait vraiment, il allait mourir asphyxié, anéanti par cette sexualité monstrueuse. La chaleur ne cessait de croître, rendant sa respiration de plus en plus difficile. Tim s'accrocha de toutes ses forces au souvenir de la purée de rutabagas, insipide et grumeleuse qu'on lui servait jadis en pension avec une régularité monotone. Aux rutabagas, il ajouta le poisson bouilli pas très frais, la crème-caramel gelée, l'attente de l'autocar sous une pluie battante, un matin de novembre sur une route de campagne, le bourdonnement têtu de la roulette du dentiste et un crachoir rempli d'expectorations verdâtres. L'hallucination s'évanouit soudain sous cette avalanche de pensées mornes et froides.

— Bon Dieu ! s'exclama Wagner en agitant sa main droite devant lui.

Une expression de stupeur peinte sur le visage, Alex Crispin regarda son collègue porter ses doigts à sa bouche et les lécher pour calmer la douleur de la brûlure. Ce qui restait de la lettre de Graham continuait à se consumer sur le sol, là où elle était tombée quand Tim l'avait lâchée. Le médecin éteignit les flammes d'un coup de talon.

— C'est insensé, bégaya Crispin. La lettre a pris feu toute seule.

— Je ne crois pas. Suivez-moi.

Crispin dans son sillage, Tim se précipita dans le couloir, pénétra dans la salle de gauche et consulta les tracés des dormeurs. Cinq sur six indiquaient une légère montée de l'activité thêta l'instant d'avant; le sixième montrait une amorce de courbe ascendante suivie aussitôt d'une descente rapide. Cette décroissance s'accompagnait, sur les cinq premiers tracés, d'une chute de l'activité thêta beaucoup moins rapide mais parfaitement synchrone. Sans même regarder, Tim sut que le sixième tracé était celui d'Andrew Graham. Il alla néanmoins vérifier et découvrit qu'il avait deviné juste. Cette constatation lui donna envie de se mettre à hurler car ce sixième tracé possédait aussi un rythme zéta de forte amplitude et presque synchrone avec les cinq autres.

Le jeune médecin résuma rapidement à Crispin les événements survenus depuis son départ en

« vacances » et l'explication qu'il en avait fournie avec Graham. Il pria son collègue de laisser temporairement de côté son scepticisme, requête à laquelle Crispin accéda d'autant plus volontiers qu'il venait de voir de ses propres yeux une manifestation du pouvoir des dormeurs.

— Mais vous ne savez pas en quoi consistait cette expérience, demanda Crispin lorsque Wagner eut achevé sa relation des faits.

— Non.

— Ces physiciens, tous les mêmes ! Leur domaine de recherche est un tel panier de crabes qu'ils rechignent toujours à parler à quiconque d'une expérience avant de l'avoir réalisée. Si Graham avait été biologiste, il vous aurait mis au préalable dans la confidence.

— Il a essayé, je crois. Cette lettre devait nous donner certaines indications sur ses conclusions.

— Vous n'avez pas eu le temps d'en lire une partie ?

— Seulement le début... encore que j'ai l'impression d'avoir saisi au vol un fragment de phrase concernant « d'autres copies » — d'autres copies de la lettre, sans doute, comme s'il avait eu le pressentiment qu'on nous empêcherait de la lire.

— Vous croyez qu'il aurait gardé un double de ses notes dans un des dossiers ? demanda Crispin.

— Regardons toujours.

La fouille des classeurs de Graham ne donna aucun résultat.

— J'ai une idée, dit Wagner.

Il téléphona chez lui et demanda à Jenny s'il avait du courrier. La jeune femme répondit que le facteur était passé sans rien déposer dans la boîte à lettres.

Où alors ? s'interrogeait Tim. Il appela le secrétariat de l'université où il avait fait ses études. Oui, répondit une secrétaire, il y avait eu quelques lettres pour lui deux ou trois semaines plus tôt mais elle avait fait suivre. Ne les avait-il pas reçues ?

Assis sur son bureau, Wagner continua à réfléchir au moyen qu'aurait pu utiliser Graham pour lui faire parvenir une lettre. Pendant ce temps, Crispin alla examiner Graham et les fils qui le reliaient aux appareils dans l'espoir de découvrir un indice quelconque sur la nature de l'expérience.

— C'est bizarre, fit-il, une fois de retour dans le bureau de Tim, Graham est branché sur l'équipement enregistreur comme les autres dormeurs, excepté en ce qui concerne l'électrode circulaire. Je ne m'y connais guère en électronique mais je dirais qu'elle semble reliée à deux circuits : un pour l'enregistrement, l'autre pour la transmission. Et ce dernier paraît être en liaison avec le circuit enregistreur de Maxwell. Pensez-vous que Graham s'efforçait d'entrer en contact avec les dormeurs ou d'affecter leurs ondes cérébrales avec les siennes, par une sorte de décharge d'amorçage qui provoquerait leur éveil ?

Absorbé dans ses réflexions, Tim n'écoutait que d'une oreille. Ils savent ce qui se passe, pensait-il, ils connaissent le contenu de la lettre et ont tenté de m'empêcher de la lire... Mais ce contenu, ils n'en n'ont pris connaissance qu'au moment où j'ai commencé à la lire, sinon, ils auraient détruit la lettre avant mon arrivée. Ils savaient peut-être que Graham l'avait écrite mais ils ignoraient où il l'avait déposée... ce qui signifie bien que Graham voulait me laisser un message, au cas où l'expérience tournerait mal. Il en a fait plusieurs copies parce qu'il craignait qu'on ne fît disparaître l'original... Mais il savait peut-être aussi qu'on ne pourrait détruire la lettre que lorsque j'aurais appris son existence... Si bien qu'il en aurait envoyé un double à une adresse où il faudrait que je me rende pour le prendre... Oui, bien sûr !

Wagner bondit de son bureau, adressa un bref salut à Crispin et quitta l'institut. Il lança sa voiture de sport à toute allure sur la route et lâcha un juron, deux minutes plus tard, lorsqu'il se retrouva pris dans un embouteillage. Après une attente exaspérante, il réussit à se dégager, fonça vers la poste, s'arrêta, descendit de voiture, courut à l'intérieur du bâtiment.

— Avez-vous du courrier pour moi ? demanda-t-il à l'employé préposé à la poste restante. Je m'appelle Wagner. Tim Wagner.

— Je vais voir, fit l'homme.

Quittant son guichet, il se dirigea lentement à l'autre bout du comptoir, franchit une porte et revint quelques instants plus tard porteur d'une enveloppe blanche.

— Wagner, dit-il. Docteur Tim Wagner, c'est ça ?

— C'est ça, répondit Tim avec un geste impatient vers la lettre.

L'employé la maintint hors de portée en réclamant :

— Une pièce d'identité, s'il vous plaît.

Tim fouilla nerveusement ses poches, trouva son permis de conduire et l'abattit comme une carte maîtresse devant le guichet. L'employé examina le document à loisir en se suçant les dents puis hocha lentement la tête et tendit l'enveloppe à Wagner.

— Merci, grommela Tim.

Et il se dirigea d'un pas vif vers l'une des tables encombrées de formulaires de télégramme et de stylos vides.

« Mon cher Tim, si vous lisez... » Rien ne se produisit. A l'instar des anguilles électriques, les dormeurs avaient, semblait-il, besoin de recharger leurs accus après chaque décharge. Il passaient par un temps mort pendant lequel ils ne pouvaient savoir ce qui se produisait ou, tout au moins ne pouvaient intervenir. Tim reprit sa lecture :

« ...cette lettre, c'est que l'expérience aura mal tourné. Voici brièvement ce que nous avons l'intention de tenter au cours du week-end : Mac va me brancher sur les appareils, comme les dormeurs, mais avec des liaisons additionnelles me reliant aux circuits enregistreurs. Il est possible que je puisse ainsi entrer en contact avec l'organisme qui, j'en suis maintenant convaincu, habite les dormeurs. J'ai exposé plus longuement mon hypothèse dans une série de notes qui se trouvent chez moi, dans le tiroir gauche de mon bureau. Je les ai volontairement laissées à mon domicile parce qu'il n'en existe pas d'autre exemplaire.

» Si vous lisez ma lettre, cela signifie peut-être que je ne m'étais pas trompé mais que cet organisme a eu le dessus. Il essayera sans doute de détruire mes notes. Je ne pense pas, toutefois, qu'il puisse connaître le contenu de cette lettre avant que vous n'ayez commencé à la lire. C'est la raison pour laquelle j'en ferai des copies que je vous adresserai par divers canaux car je crains que l'original n'en soit détruit avant que vous ne puissiez le lire en entier.

» Mes notes vous paraîtront peut-être délirantes, mais n'oubliez pas en les lisant que vous n'en prenez connaissance que parce que je ne suis plus en mesure de communiquer avec vous. Cette pensée devrait vous inciter à les considérer d'un œil moins sceptique. Amitiés. Andrew Graham. »

Tim avala péniblement sa salive en achevant la lecture de la lettre puis pénétra dans une cabine téléphonique, appela l'institut, demanda Crispin et lui lut le message de Graham.

— Vous savez où il habite ? demanda le physiologiste.

— Je peux trouver l'adresse dans l'annuaire mais je n'y suis jamais allé.

— Ne perdez pas de temps à chercher. C'est à quelques kilomètres d'ici. Il faut traverser la ville et... Ecoutez, attendez moi, j'arrive, vous n'aurez qu'à me suivre. Vous êtes au parking ?

— Non, je me suis garé carrément devant l'entrée de la poste.

— Vous étiez sacrément pressé ! A tout de suite.

Tim sortit du bâtiment. Lorsque la voiture d'Alex Crispin s'arrêta devant la sienne, le médecin venait de mettre un terme à une fastidieuse discussion avec un contractuel refusant d'admettre qu'on puisse être pressé au point de se garer en stationnement interdit. Wagner démarra, fit gronder son moteur dans le dos du contractuel qui regagnait le trottoir, déboîta devant une « mini » jaune dont le conducteur protesta d'un coup de klaxon, et prit le sillage de Crispin.

La maison de Graham, bâtisse partiellement en bois construite dans les années trente, se dressait sur une propriété de cinq mille mètres carrés, au bout d'une allée de gravier sinueuse, bordée de bosquets de rhododendrons. Derrière les fenêtres treillagées, rien ne bougeait.

— Il y habite seul ? demanda Tim.

Crispin acquiesça.

— Il a une femme de ménage qui vient trois fois par semaine : le samedi, le mardi et le jeudi, je crois.

— Nous sommes aujourd'hui lundi.

— Tout à fait exact. Ce qui veut dire que la maison est vide, fermée à clef, et que nous n'avons pas cette clef.

Wagner fit la grimace.

— Ne restez pas planté là, reprit Crispin. Suivez moi.

Les deux hommes gagnèrent l'arrière de la maison, dont Alex examina les fenêtres. Toutes étaient fermées.

— Vous allez assister à une indélicatesse, annonça-t-il à son collègue. Mais vu les circonstances, ce n'est guère plus condamnable que de se garer devant la poste.

Crispin ôta une de ses chaussures et, debout sur une jambe sur le patio de béton, il fracassa d'un coup de talon la vitre d'une des fenêtres de la cuisine. Puis il glissa précautionneusement la main par le carreau cassé et tourna l'espagnolette.

— Vous êtes plus petit que moi, dit-il à Wagner en se rechaussant. Je vais vous faire la courte-échelle et vous passerez par la fenêtre. Prenez garde au verre brisé en posant le pied à l'intérieur.

Moins d'une minute plus tard, le physiologiste entrait à son tour dans la maison par la porte de derrière, que Tim avait ouverte pour lui. Alex conduisit le médecin au bureau de Graham en observant :

— J'ai une bonne mémoire topographique. Andrew m'avait invité à dîner chez lui un soir qu'il recevait le professeur Buchan et nous avait fait à tous deux les honneurs des lieux. Jamais compris pourquoi un célibataire comme lui vivait dans une aussi vaste maison. Voici le bureau.

Quand ils eurent tiré les tentures qui masquaient les fenêtres, Wagner découvrit une pièce austère et froide où trônait un bureau ancien au plateau recouvert de cuir. Il ouvrit le tiroir de gauche, découvrit un dossier jaune clair portant l'inscription : *Notes sur le syndrome des dormeurs.* Il s'installa dans le fauteuil en bois à haut dossier et commença à lire, passant les feuillets à Crispin à mesure qu'il en avait terminé la lecture. Le manuscrit commençait ainsi :

« Ces notes, qui se présentent sous une forme légèrement brouillonne et décousue, ne sont pas destinées à la publication. Elles constituent un exposé sommaire des conclusions auxquelles je suis parvenu sur les raisons de l'inconscience prolongée de nos dormeurs. Les idées qui sous-tendent ces conclusions peuvent paraître quelque peu étranges mais elles sont d'une logique difficilement réfutable. Dès que j'aurai achevé la rédaction de ces notes, je rejoindrai Mac à l'institut pour entreprendre une expérience qui viendra, d'une façon ou d'une autre, à l'appui de mon hypothèse. Je crois malheureusement que je n'ai aucune chance d'y survivre si je ne me suis pas trompé.

» Mes notes seront probablement lues par des personnes possédant une formation médicale ou biologique (j'espère, mon cher Tim que vous en faites partie) et ne sachant vraisemblablement pas grand-chose des leptons et des hadrons. Peu importe. Qu'il leur suffise de savoir qu'il s'agit des deux types fondamentaux selon lesquels on peut ranger toutes les particules, du moins de l'avis des autres physiciens. Pour ma part, mes travaux en ce domaine m'avaient convaincu qu'il existait peut-être d'autres particules, bien plus petites que tous les leptons et hadrons connus. De fait, certains savants croient à l'existence de particules plus petites appelées quarks. Ils en distinguent six types différents à partir desquels toutes les particules seraient constituées.

» Quant à moi, j'envisageais des particules plus petites encore et j'avais poursuivi des recherches dans ce sens en dehors de mon travail officiel. On peut à mon avis avancer l'idée que toutes les particules seraient constituées à partir de quelques types de particules extrêmement petites, que j'ai appelées nullarks. Il n'y aurait en outre aucune relation directe quantitative entre la somme des masses des nullarks entrant dans la composition d'un lepton ou d'un hadron, et la masse de cette dernière particule plus complexe. (J'ai discuté de l'aspect mathématique du problème avec Dick Schrott, du M.I.T., que je n'ai pas convaincu, mais qui pourrait néanmoins apporter un certain soutien à ma théorie.) Les nullarks ont une masse des milliards de fois plus petite que tout ce que les physiciens ont considéré jusqu'ici. Par comparaison, cette masse nous apparaît nulle, d'où le nom de nullark. En faisant appel à la bonne vieille équation de De Broglie sur la dualité des particules en mécanique ondulatoire, on démontre aisément que si l'une quelconque des ondes connues du cerveau humain avait un caractère particulaire, elle aurait une masse comparable à celle des nullarks dont je postule l'existence.

» Pensez au nombre de pensées que les hommes ont pensé depuis leurs origines. Et même avant l'apparition de l'homme, les dinosaures devaient penser eux aussi, tant bien que mal. A chaque pensée correspond la production de nullarks d'une masse infime. La plupart ont une existence très courte, ce qui jusqu'à présent me posait un problème théorique que j'avais peine à surmonter. Pour contourner cette difficulté, j'ai envisagé l'existence d'agrégats de nullarks ayant une durée plus longue. Imaginez, dans une rame de métro bondée, l'interaction fantastique des nullarks produits par les pensées de tous les voyageurs !

» Autre aspect de ma théorie : la matière telle que nous la connaissons n'est qu'une des combinaisons possibles de nullarks. La mathématique des systèmes de nullarks permet de multiples solutions. La population du globe ayant connu ces dernières décennies une croissance galopante, le nombre de nullarks libres a considérablement augmenté, ce qui a entraîné la multiplication des agrégats. Il existe un ensemble de conditions dans lesquelles des agrégats particuliers de nullarks maintiendraient leur stabilité quasi indéfiniment : dans un flux de nullarks régulier et à forte concentration — en fait, exactement ce qu'on peut s'attendre à trouver dans le cerveau. Je crois que des agrégats de nullarks se sont emparés du cerveau de nos dormeurs et qu'ils utilisent ce système pour maintenir leur propre stabilité.

» Il est probable que dans de nombreux cas, la majeure partie — si ce n'est la totalité — de l'énergie de l'agrégat sert à maintenir sa stabilité : un peu comme ces peuplades primitives capables de survivre dans leur environnement mais sans plus. Il faut ici faire intervenir une autre composante. Les cerveaux des sujets dont les nullarks ont pris possession leur ont offert des environnements différents, certains plus hostiles que d'autres. Je crois qu'il convient de considérer ce qui se passe comme un accident de dimension cosmique. Les agrégats de nullarks, qui ne cessent de se former et de se dissoudre, ne peuvent acquérir de stabilité qu'en rencontrant un cerveau plongé dans un état de non-conscience : sommeil, coma, etc. Même alors, ils ne prennent pas toujours une forme stable. Je n'ai pas eu le temps de calculer les probabilités mais les onze cas que nous avons découverts semblent indiquer un niveau assez bas de coïncidences heureuses.

» Une fois devenu stable, l'agrégat évolue rapidement. Si vous lisez certains des livres posés sur le bureau où vous avez trouvé ces notes — *L'évolution chimique*, de Melvin Calvin, en particulier — vous constaterez à quel point il était logiquement nécessaire que la vie apparût sur la terre à partir de la matière inanimée. L'organisation dernière de la vie, dans toute sa complexité, n'est rien d'autre que le développement logique du processus. Les systèmes qui s'auto-organisent abondent dans la nature, et même au niveau immédiatement inférieur à la vie, il y a sélection ou, pour reprendre l'expression de Calvin, évolution chimique.

» C'est la lecture de ces ouvrages qui a comblé le vide de mon cerveau (Tim, vous êtes là ?). Le chaînon qui me manquait, c'était le lien entre ma théorie des nullarks et les dormeurs; à présent, il me paraît évident. Les agrégats de nullarks ont évolué. Notre pire erreur a probablement été de leur permettre de former une seule unité. Car ils ont réussi à prendre contact et à constituer, je crois, une entité unique pluri localisée. Ou tout au moins, c'est le but qu'ils poursuivent actuellement, ce qui expliquerait la violence de leur réaction à la menace de Stevenson d'emmener Maxwell.

» Maxwell est en un sens la clef de toute l'affaire. Son cerveau a dû offrir aux nullarks un environnement suffisamment favorable pour élever leurs ambitions au-delà d'une simple survie. Les autres patients n'avaient montré aucun signe de « coalition » avant son arrivée, pas plus qu'ils n'avaient rêvé. Et je pense que le rêve doit jouer un rôle capital, qu'il signale un stade nouveau dans l'évolution des agrégats de nullarks.

Si les nullarks constituent une nouvelle forme de vie, une combinaison de la matière différente de celle qui nous est familière, l'état conscient doit leur poser un problème. N'ayant pas de sens, comment font-ils pour appréhender le monde ? D'une certaine façon, ils ont des sens, ou du moins accès à la banque de données sensorielles que leur offre la mémoire de leur hôte. En laissant les dormeurs rêver et en sondant leurs souvenirs, les nullarks peuvent découvrir le monde « réel ». Mais les rêves sont souvent menaçants, en particulier lorsque le sujet revit une expérience pénible.

» Cloîtré à l'intérieur du cerveau, l'agrégat de nullarks — que j'appellerai désormais nullag — ignore qu'il ne s'agit que d'un souvenir et réagit violemment à la menace. Comment ? Je n'en sais rien mais sa réaction a des effets dévastateurs et qui se font sentir à distance. Si Maxwell, par exemple, éprouve à nouveau en rêve les frayeurs que lui inspirait son père, le nullag réagit en attaquant le père car il ignore à ce moment-là que ce père est mort et ne constitue plus une menace. Pour le nullag, le souvenir *est* la réalité. Par la suite, lorsqu'il aura sondé la mémoire de son hôte, il découvrira peut-être que le père ne présentait aucun danger mais il l'aura déjà « détruit ».

» La mort de Stevenson implique de surcroît que Super Nullag — l'agrégat d'agrégats qui s'est constitué — a désormais conscience de ce qui se passe autour de lui. Non seulement il peut puiser dans onze mémoires (pensez au pouvoir qu'il tire de la comparaison de multiples expériences, de la connaissance du monde qu'il en extrait), mais je le soupçonne également d'utiliser l'ouïe des dormeurs et peut-être même à présent des sens qui lui sont propres et sur lesquels nous n'avons pas la moindre idée (je songe, par exemple, à une sorte de télépathie).

» L'expérience à laquelle je vais me livrer consiste à essayer de prendre contact avec Super Nullag. A la différence des héros des bandes dessinées de ma jeunesse, qui désintégraient d'abord les extra-terrestres et posaient ensuite les questions, nous devons, je crois, considérer a priori toute forme de vie avec humilité et espoir. C'est ce principe que j'ai l'intention de mettre en application. Si j'ai raison et si j'échoue, il sera alors bien temps de dégainer les désintégrateurs, mais je ne vois guère comment vous saurez contre quoi et dans quelles directions les braquer. »

Suivaient la date et la signature d'Andrew Graham. Alex Crispin rendit les feuilles à Wagner en disant :

— Un sacré morceau à avaler d'un coup, vous ne trouvez pas ?

— Si, répondit Tim en hochant la tête. Devons-nous en conclure que Graham est tombé sous la coupe de Super Nullag ?

— Probablement. Andrew devait croire que si son intrusion déplaisait à la chose, elle réagirait comme elle l'avait fait face aux autres menaces.

— En le tuant ?

— Oui. Mais le nullag a pu se révéler plus intelligent que Graham ne le pensait et se contenter de le mettre K.O. A présent Super Nullag dispose d'un cerveau remarquable qu'il peut explorer s'il désire étendre sa connaissance de la réalité. Et si Graham ne s'est pas trompé, son cerveau en apprendra bien plus au nullag sur sa propre nature d'agrégat de nullarks qu'il n'en sait actuellement.

— Mais comment agit-il ? D'où tire-t-il son pouvoir ? fit Tim. Je suis sûr qu'il a tenté de me tuer ce matin, comme il l'a fait avec Mac. Mac était le seul à savoir en quoi consistait l'expérience et d'après vous, il est maintenant incapable d'additionner deux et deux.

— Il ne comprendrait même pas ce qu'est une addition, renchérit Crispin. On dirait qu'on a fait des nœuds avec ses synapses.

— Mais il n'est pas mort.

— Peut-être Graham s'est-il révélé plus coriace que le nullag ne croyait. Peut-être Andrew exerce-t-il encore quelque influence sur lui et a-t-il pu ainsi l'empêcher de tuer Mac. Et peut-être, en ce moment même, retarde-t-il son action de manière à nous laisser du temps avant la prochaine attaque.

— Ce matin, quand le nullag a essayé de m'avoir, j'ai riposté en pensant à des choses désagréables, comme de la purée de rutabagas, par exemple.

— Pourquoi ?

— Je ne vous l'ai pas dit ? Le nullag agit sur les gens en manipulant leurs fantasmes sexuels, en les plongeant dans une rêverie érotique qui les rend vulnérables à son assaut.

— Intéressant. Connaissez-vous les boniments pseudo-psychologiques de Colin Wilson sur l'élévation chez l'homme du sens de la réalité, de la faculté X, ce mystérieux pouvoir enfoui en nous qu'on ne découvre que brièvement, au moment de l'orgasme ? Peut-être qu'après tout, il y a quelque chose de vrai dans ce fatras.

— Il y a effectivement des modifications marquées de l'EEG pendant l'acte sexuel, observa Wagner.

Crispin claqua des doigts.

— Voilà que nous tenons un séminaire, dit-il. Nous ferions mieux d'agir.

— Comment ?

— Je n'en sais rien. Apparemment, nous sommes les seuls à avoir une idée de ce qui se passe. Je ne dis pas que j'adhère à votre théorie mais je reconnais qu'il se produit des phénomènes extrêmement étranges. Je crois que nous devrions nous séparer. Moi je vais aller trouver le professeur Buchan : d'abord parce qu'il a contribué à décider le CRM à financer les travaux de l'institut; ensuite, parce que si quelqu'un peut apporter un peu de rationnel aux notes de Graham, c'est bien lui. Vous, vous essayez de joindre le collègue américain avec qui Andrew était en contact.

Crispin décrocha le téléphone et composa le numéro de l'institut.

— J'appelle la secrétaire de Graham, expliqua-t-il. Elle va nous aider à mettre les choses en branle.

La conversation avec la secrétaire fut de courte durée. Tim vit les sourcils de Crispin se hausser de stupeur, ses phalanges se crisper et blanchir autour du récepteur.

— Oui, merci, dit enfin le physiologiste. J'arrive immédiatement.

— Que s'est-il passé ?

— Il y a huit minutes environ, répondit Alex d'une voix tremblante, tous les dormeurs ont cessé de vivre... y compris Graham.

— Mais pourquoi ? Si Super Nullag a besoin de...

— Peut-être n'a-t-il justement plus besoin de leurs cerveaux. Peut-être son évolution s'est-elle accélérée au cours des dernières vingt-quatre heures.

— Que va-t-il arriver maintenant, à votre avis ? bredouilla Wagner.

Crispin se couvrit les yeux de la main.

— Je crois — je dis bien je crois — que tous les démons de l'enfer vont se déchaîner.

CHAPITRE X

Pour aller de la maison de Graham à son appartement, Wagner quitta la route principale juste avant la ville et laissa Crispin continuer seul. Il ne vit donc pas le camion fou emboutir la voiture du physiologiste arrêtée à un feu rouge du centre. Le choc projeta la tête d'Alex en arrière avec une telle violence qu'il mourut sur le coup.

Lorsque Tim arriva chez lui, le facteur venait de déposer le second courrier de la journée et Jennifer avait placé l'enveloppe blanche sur la petite table de l'entrée. Le médecin ne se donna pas la peine de l'ouvrir, l'écriture lui ayant immédiatement appris qu'il s'agissait d'une troisième copie de la lettre de son patron.

Jennifer fut surprise mais ravie de ce retour inattendu de Tim. Depuis plusieurs jours, il se préoccupait tellement de son travail qu'il ne songeait guère à faire l'amour, et la jeune femme avait aussitôt conclu qu'il était rentré plus tôt pour rattraper le temps perdu. Bien entendu, il n'en était rien.

Wagner se demanda un moment s'il devait essayer de lui expliquer la situation mais décida finalement que ce serait trop long. Il voulait se rendre aux Etats-Unis le plus vite possible car il ignorait combien de temps Super Nullag mettrait à comprendre que Crispin et lui connaissaient son existence. Tim supposait en effet que le nullag ne s'accommoderait pas d'être découvert et chercherait à détruire les preuves de son existence, comme il avait tenté de détruire l'original de la lettre de Graham.

Le jeune médecin se posait la question capitale, littéralement de vie ou de mort, du rayon d'action de Super Nullag. La théorie de Graham n'expliquait pas comment le nullag agissait à distance ni d'où il tirait l'énergie nécessaire pour carboniser de vieilles dames ou faire périr de crise cardiaque des hommes trop portés sur l'acte sexuel. En fait, la question du *comment* importait assez peu. Elle trouvait probablement sa réponse, songeait Tim, dans le fait qu'un nullag est une combinaison des éléments fondamentaux de la matière ne suivant pas nécessairement les formes ayant donné naissance à la terre et à l'humanité. Ce qui importait, c'était que le nullag pouvait et voulait tuer. Il fallait donc à tout prix que Wagner réussît au moins à transmettre le peu qu'il savait avant de subir un nouvel assaut. Car en regagnant son appartement, Tim avait commencé à prendre conscience que la façon d'opérer du nullag privait le mot « fuite » de toute signification.

Tim se laissa progressivement envahir par le découragement. Pourtant, il restait sûr d'une chose : il ne voulait pas mourir. Au cours de ses études, il avait côtoyé, disséqué de nombreux cadavres et il ne désirait pas en devenir un. Wagner ne savait trop pourquoi il devait continuer à vivre — hormis par simple instinct de conservation — mais il savait en tout cas qu'il ne devait pas mourir maintenant, et surtout pas sous les

« coups » d'une créature totalement étrangère à l'humanité. Cette pensée le fit frissonner tandis qu'il sortait d'un placard un sac de voyage et commençait à y fourrer chaussettes et sous-vêtements.

— Que fais-tu ? demanda Jennifer. Tu ne t'en vas pas ?

Il s'arracha à ses réflexions pour lui répondre que si.

— Mais pourquoi ? Où vas-tu ?

Tim interrompit ses préparatifs pour prendre la jeune femme dans ses bras et la serrer contre lui.

— La situation est devenue grave, Jen. Andrew Graham est mort, ainsi que tous les dormeurs. Il faut que j'aille aux Etats-Unis en parler à certains savants.

Jennifer sentit la tension de son amant.

— Tu cours un danger ?

— Je ne sais pas, répondit-il avec un haussement d'épaules. Peut-être.

Remarquant la peur qui se lisait dans les yeux de Jenny, il poursuivit d'un ton rassurant :

— Tu n'as rien à craindre. Cela peut paraître idiot mais il n'y a qu'Alex et moi qui sommes en danger.

— Je ne veux pas qu'il t'arrive quelque chose.

— Moi non plus. Je veux rester avec toi.

Il avait sur le bout de la langue une demande en mariage qu'il ravala de justesse : ce n'était pas le moment de compliquer la situation. Il aurait tout le temps de lui faire cette proposition à son retour des Etats-Unis. Aussi, au lieu de demander à Jennifer si elle voulait devenir sa femme pour la vie, il la pria de lui préparer une omelette au fromage.

— Tu veux une bière pour l'accompagner ? proposa-t-elle.

— Oui, s'il en reste une au frais.

Tandis que Jen battait les œufs, Tim téléphona à la secrétaire de Graham pour la charger de lui retenir une place dans le premier vol pour les Etats-Unis. Comme il s'y attendait, il parla à une femme bouleversée par les douze morts survenues subitement à l'institut. Lorsque la secrétaire demanda quand Crispin et lui comptaient revenir à l'institut, Wagner marqua la surprise :

— Vous voulez dire qu'il n'est pas rentré ? Vous a-t-il téléphoné ?

— Non plus.

Impossible, songeait Tim. Alex aurait dû arriver à l'institut en même temps que lui à son appartement ou à la rigueur cinq minutes plus tard si les embouteillages l'avaient retardé. Et cela faisait plus d'un quart d'heure que Tim était rentré.

Crispin était-il allé déjeuner ? Wagner avait peine à l'imaginer, étant donné la gravité de la situation, mais il n'osait pas non plus songer à l'autre explication possible de sa disparition.

La secrétaire l'informa qu'elle ne pouvait s'occuper de déplacement coûtant plus de dix livres sans une autorisation signée du directeur. Graham étant mort, l'institut ne couvrirait les voyages d'aucun de ses membres avant la nomination d'un nouveau directeur.

Tim envisagea d'appeler le siège du Conseil de la Recherche médicale, à Londres, puis estima qu'il aurait plus vite fait d'avancer lui-même l'argent. Un coup de téléphone à sa banque lui apprit qu'il possédait juste de quoi acheter un billet aller pour New York et qu'il lui resterait encore quelques livres pour l'hôtel et le voyage jusqu'au M.I.T. Il espérait qu'au cours de sa conversation avec Schrott, il se montrerait assez convaincant pour qu'on lui paye le billet de retour.

Il téléphona ensuite à une agence de voyages locale qui promit de le rappeler avec tous les renseignements sur le prochain vol pour New York. Jennifer revint dans la salle de séjour avec deux assiettes contenant une substance jaune et glutineuse flanquée de tartines beurrées. Ils s'assirent à la table l'un en face de l'autre, tendus comme des amants conscients que tout est fini mais manquant de courage pour l'admettre.

Tim aurait voulu rassurer Jennifer, lui dire que son inquiétude, son irritation n'avaient rien à voir avec elle, qu'il l'aimait toujours et que tout s'arrangerait bientôt. Mais il n'avait jamais su mentir de façon convaincante et de plus, comment aurait-il pu feindre de croire que tout allait s'arranger alors que Super Nullag hantait son esprit comme les images de film d'épouvante avaient naguère envahi ses rêves de petit garçon ?

Jennifer repoussa son assiette sans avoir touché ou presque à son omelette. Tim s'efforça de lui sourire.

— C'est si grave ? demanda-t-elle.

— Impossible à dire.

— Tu ne veux pas m'en parler ?

— Je le voudrais bien mais cela prendrait du temps. Il faut que je parle à quelqu'un qui puisse comprendre...

La voyant prendre un air blessé, il poursuivit :

— Ne te vexe pas. Je voulais dire, un homme de science, qui comprendra pleinement ce que je lui raconte. Moi-même je suis loin d'avoir tout compris et je suis pourtant le mieux placé...

Il allait ajouter « excepté Alex » mais il prit soudain clairement conscience que sa phrase restait exacte sans cette précision : il était vraiment le mieux placé pour comprendre parce qu'il n'y avait plus d'Alex. Tim ignorait comment, quand et où, mais il savait que Crispin était mort et cette certitude l'emplissait d'une peur glacée, cristalline.

Cette terreur apparemment dure comme le diamant fondit et se fendilla soudain lorsqu'une onde de chaleur le frappa brutalement et le jeta au sol. La pièce se mit à tourner dans un halo semblable à celui qui monte d'une route goudronnée par un jour de canicule. Les murs bougeaient, la pièce devenait un kaléidoscope où les rectangles se transformaient en ellipses. La fenêtre disparut derrière un nuage de brume bleue; la salle de séjour exhalait une odeur de sexe. Quelque part, d'un univers lointain, l'appelait une voix de femme qu'il reconnaissait vaguement bien qu'elle lui parût distante de milliards d'années-lumière.

Il se remit péniblement debout, suffoquant dans cette chaleur sèche qui lui craquelait la peau. Des images sexuelles déferlaient sur lui, clouant son esprit au pilori, l'écrasant sous le poids des corps de toutes les filles qu'il avait eues, de celles qu'il n'avait pas eues. Tim s'écroula de nouveau sous des tonnes de chair. Il ne pouvait que se traîner sur le sol en balbutiant : « du porridge de la veille », en essayant de susciter cette image dans son esprit, de submerger son cerveau de crème-caramel gelée, de thé tiède, de soda éventé. Sa gorge se desséchait sous l'effet d'une soif brûlante mais moins brûlante toutefois que les désirs qui consumaient le bas de son corps et qu'il s'efforçait de conjurer en invoquant toutes les expériences désagréables qu'avaient connues ses sens : les mixtures qui lui avaient soulevé le cœur, les odeurs qui l'avaient fait frémir de dégoût, la musique de Stockhausen et la sonnerie du réveil, le contact d'œufs de grenouille glissant entre ses doigts par un matin frileux. La chaleur diminua mais la pièce restait une fournaise : les murs s'effondraient autour de lui, une poutre en flammes faillit s'abattre sur ses jambes; des éclats de verre fusaient dans la pièce, des pans de plâtre croulaient dans un nuage de poussière. L'image kaléidoscopique changea tandis que Jennifer hurlait quelque part. Tim vit la chaîne stéréo tomber de son support, le plancher onduler en une série de vagues. S'empoignant la tête à deux mains de désespoir, Wagner se contraignit à mitrailler son propre esprit d'images mornes, ternes, écœurantes ou simplement désagréables.

Le calme étant presque revenu, Tim put relâcher sa pression et se limiter à une ou deux pensées déplaisantes, ce qui lui permit de s'apercevoir que les murs étaient toujours debout, que la pièce ne brûlait pas et que tout y était en ordre. Seule l'image vacillante de Jennifer s'entourait encore d'une brume déformante qui la faisait ressembler à un ensemble de plusieurs silhouettes superposées, comme dans un « Palais des glaces ». De ce mirage émanait un brouhaha de voix, profondes et lentes, aiguës et rapides, qui toutes criaient :

— Recule ! N'avance pas ! Ne t'approche pas de moi !

Tim vit la forme composite et tremblante battre en retraite devant quelque chose qui n'était pas là. Il tenta de se lever, de s'approcher de Jenny mais ne réussit qu'à remuer une main et à marmonner qu'elle devait penser à ce qu'elle aimait le moins. Mais Jennifer semblait ne plus évoluer dans la même dimension que lui; elle se trouvait sur un autre plan où elle se débattait contre un monstre qui la menaçait.

La jeune femme continuait à reculer, sa voix

prenait le ton plaintif d'une petite fille appelant à l'aide. Tim vit l'image tremblée de sa maîtresse reculer encore pour échapper au mal qui la poursuivait, briser les vitres de la fenêtre et, comme au ralenti, basculer à l'extérieur.

La brume s'évanouit instantanément et Wagner entendit le bruit sourd que fit le corps de Jennifer en tombant dans l'allée de béton, six mètres plus bas. Il gagna la fenêtre en titubant, se pencha et n'eut pas besoin de faire appel à ses connaissances médicales pour savoir que la poupée désarticulée qui gisait sur le sol était morte.

Il se retourna, examina la pièce. Sur la table il y avait deux assiettes; l'une ne contenait plus que quelques miettes blanches et jaunes; dans l'autre, près de l'omelette intouchée, une tartine où se voyait la trace des dents.

La chaîne stéréo n'avait pas bougé de place, pas plus que la pile de disques en désordre qui se trouvait dessous. Sur la cheminée, la pendule égrenait son tic-tac au-dessus du faux feu de bois dont les tisons ne rougeoyaient plus parce qu'il fallait changer l'ampoule. Il était deux heures moins vingt-cinq. Rien dans la pièce n'avait changé.

Tim sentit son estomac se soulever. D'un pas lent, il traversa la salle de séjour où régnait à présent un calme qui le terrifiait plus encore que l'assaut qu'il venait de subir. Le téléphone se mit à sonner. Tim ne décrocha pas.

— Pas de réponse, fit l'employée de l'agence de voyages en raccrochant. Ce type me fait tout un cinéma pour avoir une place sur le prochain vol pour New York et il n'attend même pas qu'on le rappelle.

Elle fit passer son irritation dans les petits coups de lime énergiques qu'elle donna à l'un de ses ongles.

— Les gens sont débiles, commenta l'homme installé derrière le bureau voisin en caressant sa moustache. Tu fais quelque chose ce soir, Cynth ?

La fille leva les yeux vers lui.

— Pas avec toi en tout cas, répondit-elle avant de lui tourner le dos.

— Compris, fit l'homme.

Et il se remit à chercher un gagnant dans la course de quatre heures.

Dans son appartement, Tim Wagner parcourait la salle de séjour à petits pas en titubant comme un ivrogne, passant machinalement en revue ses possessions et ne sachant que faire. Il se demandait s'il allait mettre un disque, s'installer dans un fauteuil et attendre la fin du monde en écoutant de la musique. La police, pensa-t-il soudain. Les voisins ne tarderaient pas à découvrir le corps étendu dans l'allée, ils reconnaîtraient Jennifer, ils monteraient chez lui quatre à quatre.

Sans plus réfléchir, il empoigna le sac de voyage posé sur le sol, prêt pour le départ, et quitta l'appartement. Afin d'éviter le cadavre de Jenny, il fit rouler sa voiture sur la prétendue pelouse pour laquelle il payait, ainsi que les autres locataires, des charges exorbitantes. Puis il appuya sur l'accélérateur sans un regard en arrière pour les dégâts causés à l'herbe ou pour le corps de sa maîtresse.

En approchant de la grand-route, il se dit qu'il devait prendre une décision. Jusqu'ici il n'avait fait que fuir, avec la vague intention de se rendre à Heathrow (1) et d'essayer d'y obtenir une place sur le premier avion en partance pour les Etats-Unis. Il prit alors conscience qu'il n'avait pas emporté son passeport, qui devait d'ailleurs être

(1) Aéroport de Londres. (N.d.T.)

périmé. Parvenu au croisement, il décida de prendre la direction du nord.

Il y avait peu de circulation en ce milieu d'après-midi et Tim se maintenait à cent dix sur la voie centrale, opérant de temps à autre une incursion sur la troisième voie pour doubler les rares voitures se trouvant sur son chemin. A l'est de Coventry, il changea de direction et, quelques minutes plus tard, s'arrêta à l'aire de service située entre Coventry et Birmingham.

Il entra dans la cafétéria mais n'ayant pas envie de s'asseoir, il en ressortit aussitôt, prit un café à un distributeur automatique et le sirota en faisant le tour de l'aire de stationnement. Il éprouvait dans la nuque une douleur due à la conduite et à la tension nerveuse des dernières heures. Après avoir consulté sa montre, il estima qu'il était encore trop tôt pour téléphoner à Marjorie, qui n'était probablement pas encore rentrée de son travail.

Tim remonta dans sa voiture et se remit à rouler sur le ruban de goudron monotone, toujours identique. Seules les indications de son compteur kilométrique lui donnaient le sentiment d'avancer. Il faisait sombre lorsqu'il s'arrêta de nouveau, cette fois à l'aire proche de Newcastle-under-Lyme. Une cinquantaine de kilomètres le séparaient encore de sa destination : la maison des environs de Macclesfield où vivaient sa sœur et son beau-frère.

Au téléphone, Marjorie se montra surprise mais ajouta que bien entendu, Colin et elle seraient ravis de le voir, qu'elle n'avait rien prévu d'extraordinaire pour le dîner mais qu'il y en aurait assez pour trois. Après l'avoir informée de l'heure approximative de son arrivée, Tim retourna d'un pas lent à sa voiture.

L'air s'était rafraîchi depuis le coucher du soleil. Tim s'arrêta au bord de la route, le dos voûté, les mains dans les poches et frissonna. Il se demanda ce qui se passait en ce moment à l'institut, à son appartement.

Ses voisins étaient tous rentrés chez eux à présent. Lequel d'entre eux avait découvert Jenny ? Un poids oppressant s'abattit sur sa poitrine quand il pensa au corps magnifique gisant sans vie dans l'allée. Il aurait voulu rester avec elle, caresser une dernière fois ses longs cheveux bruns.

A l'institut et ailleurs, on devait se demander où il se trouvait mais il ne voulait prévenir personne : une vague intuition lui disait que Super Nullag le localiserait moins facilement s'il se cachait de tous.

Tim était seul maintenant à connaître l'existence de l'étrange organisme que les dormeurs avaient abrité. Il fallait absolument qu'il reste en vie, qu'il prenne contact avec des savants qui, ayant fait preuve d'intérêt pour les travaux de Graham, n'accueilleraient pas son histoire par un grand éclat de rire. Le médecin imaginait aisément la façon dont réagiraient certaines sommités scientifiques britanniques s'il allait les trouver. Elles s'esclafferaient en entendant parler du « monstre » et riraient probablement encore au moment où il les frapperait.

Si Tim pouvait passer quelques jours tranquilles chez Marjorie et Colin, il aurait le temps de s'organiser, de faire renouveler son passeport, par exemple, d'emprunter de l'argent pour le voyage, d'ajouter son témoignage écrit à celui de Graham au cas où il lui arriverait malheur... Parcouru d'un frisson qui n'était pas entièrement dû au froid, Tim se dirigea vers sa voiture pour entreprendre la dernière partie du voyage.

— C'est oncle Tim, c'est oncle Tim, s'écria sa nièce Sarah.

Colin Bigsby se leva de son fauteuil où il lisait une histoire à sa fille, et alla accueillir son beau-frère. Marjorie sortit de la cuisine en relevant d'un geste nerveux la mèche de cheveux qui lui tombait sur les yeux.

— Tout est prêt, annonça-t-elle. Nous t'attendions pour passer à table.

— Raconte-moi une histoire, oncle Tim, réclamait la petite fille en pyjama rose en dansant autour de lui.

— Une autre fois, dit Colin. Nous allons manger maintenant. Tim a faim et il est fatigué par le voyage. Va mettre tes pantoufles, Sarah. Tu sais ce que maman dira si elle te voit encore marcher pieds nus.

La famille et l'invité s'installèrent autour d'un ragoût de mouton pâle et fade dont la première bouchée rappela à Tim que sa sœur n'avait jamais excellé dans l'art culinaire. Sarah jouait avec la viande trop cuite en faisant les yeux doux à son oncle. Elle lui demanda s'il restait longtemps, jusqu'à dimanche au moins, pour l'emmener au parc jouer avec son nouveau cerf-volant. Marjorie ne cessait de répéter à sa fille de se taire et de manger. Colin, lui, se taisait et mangeait. Tim n'arrivait pas à savoir si son beau-frère aimait la cuisine de sa femme, s'il la détestait mais n'osait pas protester, ou s'il l'engloutissait avec indifférence.

N'ayant jamais été très attaché à sa sœur, Tim l'avait un peu perdue de vue lorsqu'elle s'était installée dans le Lancashire après son mariage. Colin travaillait comme expert comptable pour une grande firme de Manchester et Tim ne trouvait jamais grand-chose à lui dire. De son côté, Colin ne comprenait pas qu'après des études de médecine on puisse faire autre chose qu'ouvrir un cabinet quelque part et mettre une plaque de cuivre à la grille de son jardin. Wagner avait un jour essayé de lui faire saisir l'importance de la recherche scientifique mais le beau-frère avait répondu que lorsqu'on a comme lui vu autant de chiffres et de comptes, on ne croit plus guère que la recherche en elle-même puisse être payante.

Marjorie et Colin constituaient cependant tout ce qui restait à Tim de famille et chez eux au moins il était sûr de ne pas être dérangé. S'il s'était réfugié chez n'importe lequel de ses amis, il aurait probablement eu grand-peine à le persuader qu'il n'avait pas pris quelques jours de congés pour lui offrir à boire dans tous les pubs. Et il lui fallait plus que jamais garder les idées claires.

Lorsqu'ils passèrent au pudding au caramel qui suivait le ragoût, Colin se mit à questionner son beau-frère :

— Quelle surprise de te voir, Tim. On t'a donné des vacances, comme ça, d'un seul coup ?

Le médecin avalait son pudding le plus vite possible, avant qu'il n'ait eu le temps de lui laisser un goût dans la bouche.

— Pas vraiment, répondit-il. En fait, il s'est produit des phénomènes étranges sur lesquels je dois rédiger d'urgence un rapport. J'ai pensé que je trouverai ici le calme nécessaire. J'espère que vous ne m'en voudrez pas de m'imposer ainsi.

— Non, non, fit Colin sur un ton qui ne l'engageait pas. Nous te voyons si rarement, et Sarah est toujours si contente de tes visites.

— Tu veux du café, Tim ? proposa Marjorie en relevant de nouveau la mèche rebelle.

Elle s'assit à la table sans avoir enlevé son tablier. Tout comme sa mère, songeait Tim, elle ne manquait pas une occasion de souligner que le travail d'une maîtresse de maison ne se termine jamais.

— Oui. Noir, s'il te plaît.

Il reposa sa cuiller dans son assiette à dessert de manière à dissimuler le gros morceau de pudding qu'il n'avait pas mangé. Peine perdue :

— Oncle Tim n'a pas fini son dessert ! s'exclama Sarah.

— Il n'a peut-être plus faim, dit Marjorie.

— Moi, quand j'ai plus faim, tu m'obliges quand même à finir mon pudding, rétorqua la petite fille à sa mère.

— Ça suffit, Sarah, intervint Colin. D'ailleurs, il est l'heure d'aller te coucher.

— Je peux pas rester pour parler à oncle Tim ? fit l'enfant sur un ton cajoleur.

— Pas ce soir. Tu auras tout le temps de lui parler demain, en rentrant de l'école. Sois sage maintenant : lave-toi les mains et au lit. Maman montera te border dans une minute.

— Pas maman. Oncle Tim, exigea Sarah.

— Tu montes te coucher si oncle Tim vient te border ? transigea Colin.

La petite fille hocha la tête.

— Alors entendu. Tu veux bien, Tim ?

Tim acquiesça et prenant sa nièce par la main, il l'entraîna vers l'escalier. Au premier étage, il la regarda se laver les dents puis sauter dans son lit et tirer les couvertures sous son menton.

— Tu vas rester longtemps, oncle Tim ?

— Nous verrons, dit-il en se penchant pour l'embrasser.

Il éteignit la lumière de la chambre d'enfant, descendit et alla à la cuisine proposer son aide à sa sœur. Marjorie regarda son frère avec cette expression à la fois vide et sérieuse qu'il lui avait toujours connue, aussi loin que remontât sa mémoire. Bien qu'elle n'eût que trois ans de plus que lui, elle lui avait toujours donné l'impression d'appartenir à la génération antérieure à la sienne.

— Tim, tu as des ennuis ?

— Dans un sens, admit-il. Je ne peux pas t'expliquer.

— Tu n'as pas fait quelque chose... quelque chose que tu n'aurais pas dû faire ?

Pour la première fois de la journée, Wagner eut envie de rire. Sa sœur devait le soupçonner d'avoir pratiqué des avortements illégaux et d'être venu se réfugier chez elle pour échapper à la police.

— Ce n'est pas ce que tu crois, répondit-il. Je n'ai violé aucune loi. Je vais essayer de vous expliquer pourquoi j'ai débarqué chez vous à l'improviste. Laisse le plateau, je m'en occupe.

Portant le plateau, Tim passa dans la salle à manger. Marjorie le suivait et fermait les lumières derrière eux. Assis dans un fauteuil, Colin tirait sur sa pipe en regardant la télévision.

— Bon programme ? s'enquit Tim.

— Oh, je viens juste de la brancher, fit Colin entre deux bouffées de fumée. Pour les informations. J'aime bien savoir ce qui se passe dans le monde.

Repoussant à plus tard ses tentatives d'explication, Wagner s'installa lui aussi dans un fauteuil en attendant la fin du journal télévisé. Marjorie s'empara du *Manchester Evening News* et partagea son attention entre les mots croisés du quotidien et le poste de télévision.

S'il avait eu le temps de les préparer, se dit-il plus tard, sa sœur et son beau-frère n'auraient pas éprouvé un tel choc en voyant son visage apparaître sur l'écran.

« La police et les autorités médicales du Bedfordshire enquêtent sur une mystérieuse série de morts survenues aujourd'hui à l'hôpital général

Ashridge, à l'Institut de la Recherche médicale sur l'altération des états de conscience. »

Le journaliste s'interrompit lorsque l'écran montra une photo sans grand intérêt de l'hôpital mentionné.

« Un certain nombre de patients y sont en effet décédés en fin de matinée dans des circonstances obscures, reprit-il. Selon des informations non confirmées, le docteur Andrew Graham, directeur de l'institut, aurait également trouvé la mort. Plus tard dans la journée, au domicile d'un des chercheurs de l'institut, le docteur Tim Wagner... »

La photo de Tim succéda à celle de l'hôpital.

« ... Miss Jennifer Bright, son amie, a été retrouvée morte après avoir apparemment fait une chute de la fenêtre de l'appartement. Le docteur Wagner n'a pas reparu depuis qu'il a quitté l'institut, dans la matinée, et la police le recherche afin de l'interroger. »

Le visage de Tim céda la place à celui du journaliste.

« Au Moyen-Orient... »

Colin continuait à tirer sur sa pipe sans broncher et lorsque Marjorie s'adressa à son frère à voix haute, il réclama le silence d'un chut énergique : le rite des informations passait avant tout.

Ce ne fut qu'après le bulletin météorologique que Colin se leva, arrêta la télévision et dit en se tournant vers Tim :

— Je crois que tu ferais mieux de tout nous raconter.

CHAPITRE XI

Tim n'entendit pas la sonnette de la porte lorsqu'elle retentit pour la première fois. Il avait passé toute la matinée dans la salle à manger, tapant fébrilement sur la vieille machine à écrire de Colin une relation des événements. La veille, après l'annonce de la mort des dormeurs à la télévision, il avait tenté d'expliqué à Colin et à Marjorie pourquoi il avait dû s'enfuir.

— Et si la police te trouve ici ? avait demandé sa sœur.

Elle lui avait paru se préoccuper davantage de la réaction des voisins que du sort de son frère. Ce ne fut qu'après les avoir persuadés tous deux qu'il avait simplement besoin de calme pour rédiger un document qui, précisément, ferait la lumière sur cette affaire, que Tim avait obtenu d'eux la permission de rester. Encore avait-il fallu qu'il promît à Colin de se présenter à la police avant le lendemain soir au plus tard.

Mais Tim n'avait aucunement l'intention de tenir sa promesse. Sitôt qu'il aurait terminé son rapport, il se rendrait à Manchester, remplirait une demande de passeport (il espérait que la police ne le recherchait pas encore très sérieusement) et quitterait le pays par le premier avion.

La sonnette retentit de nouveau. Cette fois, Wagner releva la tête des feuilles qu'il était en train de relire et corriger, mais il ne bougea pas. Au troisième coup de sonnette, il se leva en pestant et alla ouvrir, prêt à envoyer au diable sans ménagement le voisin ou le représentant en aspirateurs qui l'importunait. Sa stupeur fut totale quand il se retrouva face à face avec Andrew Graham.

— C'est impossible, bégaya-t-il. Votre secrétaire m'a dit hier que vous étiez mort.

— Ai-je l'air d'un fantôme ? demanda Graham.

— Non, convint Wagner en secouant la tête. Pas le moins du monde. Entrez donc.

Tim s'écarta pour laisser passer la robuste carcasse de son directeur, qui l'effleura au passage.

— Qu'êtes-vous venu faire ici ? fit le médecin.

— Vous parler, répondit Graham en entrant dans la salle à manger.

Remarquant la machine à écrire et les feuilles de papier, il ajouta :

— En plein travail, on dirait.

Tim acquiesça de la tête. Il n'arrivait pas à ouvrir la bouche tant il se sentait soulagé de revoir son patron vivant. A présent, tout le travail de la matinée devenait inutile mais quelle importance !

— Allons dans la pièce voisine, proposa enfin Wagner. J'ai tellement de questions à vous poser. J'ai l'impression de m'être conduit comme un imbécile en prenant la fuite, mais, vous comprenez, votre secrétaire m'avait annoncé votre mort et hier encore à la télévision, un journaliste parlait de votre décès comme d'une nouvelle presque officielle. J'ai pris peur en croyant être le seul à savoir.

Graham avait toujours eu un sourire de loup mais celui qu'il adressa à son collaborateur donnait à sa bouche un pli plus cruel que jamais. Sans attendre l'invitation de Tim, il s'installa dans un fauteuil du salon avec l'autorité d'un homme qui garde en toutes circonstances le contrôle de la situation. Wagner opta pour le sofa, où se trouvait un journal du matin dont un titre accrocha son regard : UN MÉDECIN RECHERCHÉ DANS LA TRAGÉDIE DE L'INSTITUT. Malgré la présence de Graham, Tim ne put s'empêcher de continuer à lire. Une phrase du second paragraphe de l'article lui sauta au yeux : « Le docteur Andrew Graham, directeur de l'institut, dont la mort a été confirmée hier soir par un porte-parole du Conseil de la Recherche... »

Tim se tourna vers son visiteur, qui le regardait avec une expression familière. Pourtant, en le fixant dans les yeux, il découvrit soudain qu'en dépit des apparences, ce n'était pas du tout Andrew Graham qui se tenait devant lui. Son esprit vacilla, plongea dans un abîme de désespoir tandis qu'un vers de l'*Ozymandias* de Shelley lui revenait en mémoire : « Considère mon œuvre, toi le tout-puissant, et désespère ! »

— Intéressante citation, fit l'apparence, mais qui ne vous sera d'aucun secours.

— Qui êtes-vous ? réussit à articuler Wagner en forçant les muscles de sa gorge à se dénouer.

— Vous connaissez la réponse, Tim. Vous avez passé la matinée à écrire sur mes origines. Me voici pour confirmer la justesse de votre démonstration.

Tim voulut répondre mais cette fois les mots ne franchirent pas ses lèvres.

— Vous éprouvez des difficultés à parler, reprit la chose. Peu importe. Vous me voyez — du moins vous en avez l'impression — mais je suis aussi à l'intérieur de vous-même. Vous voulez savoir comment je peux prendre l'apparence de votre chose-Graham ? Voici la réponse : j'ai évolué, en grande partie grâce à votre chose-Graham car lorsqu'il a pris contact avec moi, je me trouvais à un stade de développement bien inférieur. Il existe chez vous une théorie de l'évolution que vous appelez « la survie du mieux adapté ». Votre chose-Graham a tenté de me détruire, j'ai évolué au cours de la bataille que nous nous sommes livrée. Vous remarquerez que c'est moi qui ai survécu même si, pour l'instant, j'emprunte la forme extérieure de votre patron.

Tim porta les mains à sa tête, à l'intérieur de laquelle la voix débitait ses phrases monotones.

— Vous et les vôtres, vous êtes des dinosaures, condamnés à disparaître pour céder la place sur cette planète à une forme de vie supérieure. C'est un processus inéluctable mais qui aurait sans doute duré plus longtemps si la chose-Graham ne nous avait pas fait cadeau de son cerveau en tentant de nous chasser de ceux des autres. Sans lui, sans sa puissance mentale, vous seriez mort maintenant : lorsque vous lisiez sa lettre, à l'institut, et que nous vous avons attaqué, il avait encore assez de force pour détourner les plus violents de nos coups. Voilà pourquoi nous avons dû quitter nos hôtes. Nous avons pensé — pour la première fois nous le pouvions — qu'il devait être possible de les abandonner...

Une idée traversa l'esprit de Tim.

— Non, vous vous trompez. La chose-Graham l'a sans doute compris mais n'en a pas parlé dans ses notes. A un certain niveau d'organisation, ce qu'il appelait les agrégats de nullarks ont effectivement besoin d'un flux de particules pour se maintenir mais cette nécessité disparaît au stade suivant d'organisation, d'un niveau supérieur. Nous avons atteint ce stade. Et nous sommes capables de choses que vous ne pouvez concevoir. Regardez, par exemple...

Wagner vit les contours de Graham devenir flous, se dilater, former un nuage vaporeux puis se condenser de nouveau, non plus en Andrew Graham mais en John Maxwell. Le processus se répéta en sens inverse, Graham réapparut.

— Je n'ai aucune raison de prendre forme humaine lorsque ce n'est pas nécessaire mais ça l'est probablement pour le stade suivant de mon développement.

Après un silence, le nullag reprit :

— J'ai troublé votre esprit en utilisant indifféremment le « je » ou le « nous ». Pour moi — pour nous, si vous préférez — singularité, pluralité ne veulent rien dire. Seule une partie de moi vous parle; le reste accomplit ailleurs d'autres tâches. Plusieurs autres moi vous ont par exemple cherché dans d'autres endroits où vous auriez pu vous réfugier. Pourtant, chacun de nous sait ce que font les autres. Nous sommes un.

— A quoi cela vous sert-il ?

— A croître et à nous développer. Nous devons encore évoluer. Dès que nous avons été capables de savoir quelque chose, nous avons pris conscience du processus évolutif que nous suivons. En un sens, toute l'évolution antérieure préparait notre venue.

— Et la race humaine ? demanda Tim.

Le nullag haussa les épaules d'une façon si caractéristique d'Andrew Graham que Tim tressaillit.

— Vous êtes condamnés, comme les dinosaures, à cette différence près que vous ne connaîtrez pas une extinction totale. Nous ne savons pas encore dans quelle voie nous allons évoluer mais il semble probable que nous aurons encore besoin pendant un certain temps d'une source de nullarks, avec lesquels nous construirons des formes plus complexes et variées — formes au sens où nous l'entendons, bien sûr : mon apparence extérieure actuelle n'est qu'une illusion que je crée; notre base matérielle réelle, vous ne la comprendriez pas.

Comme la chose-Graham l'a écrit si pertinemment dans ses notes — à ce propos, elles ont été détruites hier soir dans l'incendie de sa maison. La police voudrait vous poser quelques questions là-dessus également puisque des témoins vous ont identifié comme l'un des deux rôdeurs aperçus sur les lieux le jour du sinistre — la combinaison de particules fondamentales qui s'est produite sur terre n'est qu'une des solutions possibles d'une équation complexe. Nous constituons une meilleure solution.

— Mais sans nous, vous ne seriez pas là, objecta Wagner.

— Exact. Et sans les espèces dont vous descendez vous ne seriez pas là non plus. Quel respect leur montrez-vous ? Tout comme nous, votre forme de vie a été impitoyable. Nous devons agir de même : l'évolution est une question de survie. Dans un premier temps, nous garderons un certain nombre d'entre vous ainsi que des spécimens d'autres espèces dont le cerveau produit de grandes quantités de nullarks. Ce matériau de construction nous permettra de continuer à évoluer. D'ores et déjà, nous estimons qu'il nous faudra acquérir des dimensions bien supérieures afin d'explorer la galaxie, savoir si nous sommes seuls ou s'il y a d'autres planètes sur lesquelles l'équation des particules fondamentales a aussi trouvé ce que nous considérons comme la solution la plus satisfaisante.

— Vous allez traiter les êtres humains comme du bétail ?

— L'esprit de votre chose-Graham m'a appris l'histoire des dinosaures. Ces animaux furent sans doute trop stupides pour se rendre compte qu'ils disparaissaient de la surface du globe à cause de changements climatiques, aussi n'ont-ils probablement jamais ressenti l'indignation que vous éprouvez. Mais cette indignation face à votre liquidation ne constitue pas une raison suffisante pour que vous ne cédiez pas la place à d'autres.

— Nous nous battrons.

— Vous ne le pouvez pas, vous le savez bien. Tous les êtres humains produisent des nullarks, indépendamment de leur niveau culturel. En fait, nous pensons même que certains individus que vous jugez idiots constituent les sources les plus prolifiques. Ce qui nous intéresse, c'est la quantité de nullarks avec lesquels nous bâtissons, pas leur origine. L'organisme qui les produit ne doit pas être en mesure de nous nuire et de notre point de vue, les plus intelligents d'entre vous sont pour nous des éléments pathogènes. La partie de moi qui se trouve dans votre esprit constate que vous saisissez pleinement le sens de cette remarque.

Le nullag se leva du fauteuil en changeant de forme. Le cerveau de Tim s'embrasa comme un morceau de papier aspiré au centre d'un feu de bois. Jennifer s'approchait de lui, nue, provocante. Malgré la douleur qui lui transperçait le crâne, il tendit les bras vers elle. Plus question de rutabagas, de poisson pas frais : il ne pensait qu'à trouver un réconfort dans le contact de sa chair contre la sienne. Comme il la cherchait à tâtons, son bras faucha l'air et passa à travers l'apparition, à travers les seins, le ventre et les cuisses. L'obscurité emplit ses yeux, un puissant tourbillon l'engloutit.

Il tournait, suspendu dans le noir; son être se désintégrait molécule après molécule, sc reconstituait, devenait autre. Il s'amenuisait lentement, irréversiblement. En moins de trente secondes il disparut, ne laissant dans la pièce qu'un faible remous de l'air, comme des poussières impalpables dans un rayon de soleil. Si un chimiste avait alors analysé, à l'aide d'instruments perfectionnés, les élements composant la pièce, il aurait découvert un certain nombre d'anomalies : une haute concentration d'électrons localisée dans un morceau de plâtre; sur la cheminée, un minuscule éclat de bois rendu radiocatif par des atomes de carbone possédant des particules nucléaires supplémentaires; devant l'âtre, un tisonnier de fer montrant unc curieuse teneur en phosphore.

De la créature ayant emprunté l'apparence de Graham, aucune trace. Dans la pièce voisine, les feuilles de papier posées à côté de la machine à écrire se soulevèrent, volèrent jusqu'à la cheminée et s'y enflammèrent spontanément. Elles brûlèrent avec une intensité surprenante jusqu'à ce qu'il n'en restât plus que de minuscules fragments calcinés.

La maison redevint aussi tranquille que d'ordinaire, lorsque Colin et Marjorie étaient au travail et Sarah à l'école.

En rentrant, Marjorie s'aperçut aussitôt de ce calme.

— Tim, appela-t-elle. Tu es là ?

Sarah, qu'elle avait prise en passant chez la mère de Colin, monta l'escalier conduisant au chambres. Elle redescendit quelques secondes plus tard avec Tim, qui tenait à la main son sac de voyage.

— Salut, Marje, dit-il. Je ne t'avais pas entendue rentrer.

— Tu as écrit ton rapport ?

— Oui. Je vais aller trouver la police maintenant et tout deviendra clair.

— Tu ne reviens pas ?

— Non, je rentre. La police voudra certainement que je retourne à Londres.

— Où vas-tu aller ? Dans ton appartement ?

— Je te tiendrai au courant. Sarah, oncle Tim doit partir, maintenant. Tu m'embrasses ?

Il se pencha, serra la petite fille dans ses bras en recueillant soigneusement le mince filet de particules émises par les pensées bouillonnantes de l'enfant.

— Dis au revoir à Colin pour moi, fit Tim en se dirigeant vers la porte.

Ce ne fut qu'au dernier moment qu'il se souvint que lorsque il prenait l'apparence d'un être humain, il devait ouvrir les portes et non passer au travers.

Il monta dans sa voiture, adressa un dernier signe de la main à Marjorie et Sarah avant de tourner le coin de la rue. Le Super Nullag se mit alors à songer à l'avenir. Pendant un certain temps, il lui faudrait garder la forme de Tim, qu'il avait prise à l'arrivée de Marjorie. Elle lui permettrait de rencontrer toutes les autres choses humaines qui pourraient soupçonner son existence. Puis, lorsqu'il se serait occupé d'elles — ce qui ne devrait pas prendre longtemps — il mettrait fin à cette inconfortable phase de forme matérielle, se réorganiserait, passerait au stade suivant de son évolution et prendrait possession de la terre.

IMPRIMÉ EN FRANCE PAR BRODARD ET TAUPIN
7, bd Romain-Rolland - Montrouge.
Usine de La Flèche, le 13-09-1978.
6286-5 - N° d'Editeur 3968, 3e trimestre 1978.